Reise Know-How im Internet

Aktuelle Reisetipps und Neuigkeiten
Ergänzungen nach Redaktionsschluss
Büchershop und Sonderangebote

www.reise-know-how.de
info@reise-know-how.de

Wir freuen uns über Anregung und Kritik.

Weitere KulturSchock-Titel:

Ägypten, Argentinien, Australien, Brasilien, China/Taiwan, Cuba, Finnland, Golfemirate und Oman, Indien, Iran, Japan, Jemen, Kaukasus, Laos, Marokko, Mexiko, Pakistan, Polen, Russland, Spanien, Thailand, Türkei, Ungarn, USA, Vietnam

KulturSchock – Familienmanagement im Ausland
KulturSchock – Leben in fremden Kulturen

Sam Samnang
KulturSchock Kambodscha

„In diesem Land gibt es eine Hierarchie von Ministern, Generälen, Astronomen und anderen Bediensteten. Unter ihnen stehen alle Arten von kleinen Angestellten, die sich nur dem Namen nach von unseren unterscheiden. Meistens werden Prinzen als Amtsträger ausgewählt. Wenn sie keine Prinzen sind, bieten sie ihre Töchter als königliche Konkubinen an."

Chou Ta-Kuan, Gesandter des chinesischen Reiches, 13. Jahrhundert

Impressum

Sam Samnang
KulturSchock Kambodscha

erschienen im
Reise Know-How Verlag Peter Rump GmbH
Osnabrücker Str. 79
33649 Bielefeld

© Peter Rump
1. Auflage 2005
Alle Rechte vorbehalten.

Gestaltung
Umschlag: Günter Pawlak (Layout), Klaus Werner (Realisierung)
Inhalt: Günter Pawlak (Layout), Klaus Werner (Realisierung)
Abbildungen: Claudia Götze-Sam und Sam Samnang (gs),
Klaus Werner (kw), Andreas Neuhauser (an)

Texte über Schimpfwörter: Claudia Götze-Sam

Lektorat
travel@media, Bielefeld

Druck und Bindung: Fuldaer Verlagsanstalt, Fulda

ISBN 3-8317-1294-8
Printed in Germany

Dieses Buch ist erhältlich in jeder Buchhandlung Deutschlands,
der Schweiz, Österreichs, Belgiens und der Niederlande.
Bitte informieren Sie Ihren Buchhändler
über folgende Bezugsadressen:

Deutschland
Prolit GmbH, PF 9, D-35461 Fernwald (Annerod)
sowie alle Barsortimente
Schweiz
AVA-buch 2000, Postfach, CH-8910 Affoltern
Österreich
Mohr Morawa Buchvertrieb GmbH,
Sulzengasse 2, A-1230 Wien
Niederlande, Belgien
Willems Adventure, Postbus 403,
NL-3140 AK Maassluis

Wer im Buchhandel trotzdem kein Glück hat,
bekommt unsere Bücher auch über unseren
Büchershop im Internet: www.reise-know-how.de

Wir freuen uns über Kritik, Kommentare und Verbesserungsvorschläge.

Alle Informationen in diesem Buch sind vom Autor mit größter Sorgfalt gesammelt und vom Lektorat des Verlages gewissenhaft bearbeitet und überprüft worden.

Da inhaltliche und sachliche Fehler nicht ausgeschlossen werden können, erklärt der Verlag, dass alle Angaben im Sinne der Produkthaftung ohne Garantie erfolgen und dass Verlag wie Autor keinerlei Verantwortung und Haftung für inhaltliche und sachliche Fehler übernehmen.

Der Verlag sucht Autoren für weitere KulturSchock-Bände.

Sam Samnang

KulturSchock
Kambodscha

Vorwort 8

Wendepunkte in der Geschichte Kambodschas 11

Gründungslegende 11
Die frühen Khmer-Reiche Funan und Chenla 12
Die Angkor-Zeit 13
Die Nach-Angkor-Periode 13
Die Kolonialzeit 14
Von der Unabhängigkeit bis 1970 20
„Es lebe die Republik!" 23
„Es lebe das Demokratische Kampuchea!" 27
Eine neue rote Fahne 30
Kambodscha wird wieder Königreich 33
Der Staat im Wandel 36

Religion und die kambodschanische Gesellschaft 43

Der Theravada-Buddhismus 43
Was lehrt Buddha? 46
Woran glauben die Menschen? 47
Das Mönch-Dasein 51
Beziehungen zwischen buddhistischen Institutionen und Laien 53
Andere Religionen und Volksglauben 55

Der Platz des Einzelnen in der Gesellschaft und in der Familie 65

Von Mensch zu Mensch 66
Der Mensch, die Götter und die Seelen der Vorfahren 70
Der Mensch, seine Körperteile und -produkte 71
Kruasa – die Familie 73
Geschlechterrollen 90

Wovon leben die Leute? 101

Auf dem Lande 101
Das Leben der Arbeiter 111
Die Cyclo- und Mopedtaxi-Fahrer 118
Die Goldverkäuferinnen 125
Die Staatsdiener 129

Alltag und Lebensweise   141

So wie man isst, so ist man   141
Bekleidung   153
Wohnen – gestern und heute   161

Vom Umgang mit der Seele   175

Umgang mit Spannungen im Alltag   175
Verwünschungen   184
Bewältigung der Vergangenheit   185

Künstlerisches Schaffen   205

Architektur und Plastik   206
Musik   218
Theater   221
Film   222
Malerei   222

Kambodschaner verstehen   225

Die Khmer-Sprache   225
Das Khmer-Alphabet   227
Sprechverhalten   228
Nonverbale Kommunikation   230
Begrüßung   235
Anrede   236
Besuche   239
Geschenke   243

Anhang   245

Ausgewählte Quellen   246
Literaturempfehlungen   247
Ausgewählte Internetseiten zu Kambodscha   249
Register   256
Übersichtskarte Kambodscha   262
Der Autor   264

Vorwort

Kambodscha ist ein buntes Gemisch, ein bewegliches Gebilde unterschiedlichster Ethnien und Kulturen. Die Kambodschaner sprechen den Landesnamen *kampuchia* aus. Was das genau bedeutet, ist bis heute nicht ganz geklärt. Viele Historiker meinen, dass der Name von dem brahmanischen Heiligen *Kambu* stammt, der vor Urzeiten die himmlische Nymphe *Mera* geheiratet und eine Dynastie gegründet hat. Dieser Heilige soll der Urvater der Angkor-Könige und der späteren Kambodschaner sein. Leute mit schwarzem Humor erklären den Namen des Landes auch so: *Kampuchia* setzt sich aus *kam* (schlechtes Karma), *puch* (Abkunft) und *chia* (gesund sein, gut gehend) zusammen. Daraus lässt sich dann folgender Satz bauen: *Kam muay puch moen chia* (Schlechtes Karma verfolgt das Leben der gesamten Abkunft und es wird nie besser). So ließe sich die Geschichte des Landes, die mit unzähligen Kriegen verbunden ist, verstehen und auf zynische Weise die eigene Identität begreifen.

Nicht wenige sind auf die vielen Kriege in der Geschichte sogar stolz, denn sie verstehen sich als Abkömmlinge von Kriegern: *Khmer puch neak chambang* (Die Khmer sind eine Kriegerrasse). Kambodscha kennt aber nicht nur Kriege, sondern zählte zeitweise auch zu den Hochkulturen. Die Vorfahren der Kambodschaner hinterließen ihren Nachkommen Hunderte von Tempeln, die heute noch existieren und Besucher aus aller Welt anziehen. Einer der berühmtesten ist der Tempel Angkor Wat. Für die Kambodschaner ist er ein steinernes Zeugnis ihrer ruhmreichen Geschichte. Die Angkor-Ära wird so zur Quelle der Identität der Kambodschaner. Übrigens: Das Wort „Kambodschaner" bezeichnet nicht nur eine ethnische Gruppe wie „Deutsche" oder „Franzosen", sondern alle Menschen, die in Kambodscha leben. In Kambodscha selbst verstehen sich die Menschen als Khmer, Kuay, Samrae, Chinesen, Cham usw. Insgesamt gibt es über zwanzig ethnische Gruppen. Die Khmer machen etwa neun Zehntel der Bevölkerung aus. Ihre Kultur ist deshalb die prägende im Lande, aber sie ist nicht die einzige. Kulturvermischung findet durch das Zusammenleben in der Nachbarschaft, Heirat, gemeinsame Geschäfte, die Medien und viele Ereignisse des Alltags statt.

Diese Bemerkungen zur nationalen und ethnischen Identität sollen zunächst einen kleinen Eindruck von der Komplexität der kambodschanischen Kultur vermitteln. In den einzelnen Kapiteln dieses Buches erfährt der Leser Schritt um Schritt die Auflösung des Rätsels um einzelne Momente des kulturellen Geflechtes wie z. B. Geschichte und politisches System, religiöse und künstlerische Vorstellungen, Hierarchie- und Gruppendenken, Haltung zur Familie und zu den Geschlechtern. Auch die Lebensweise verschiedener Berufsgruppen und die Art und Weise, wie die Menschen ihren Alltag gestalten, wie sie mit der schweren Vergangenheit umgehen, werden besprochen. Im Rahmen dieser Darstellungen werden Werte, Normen und Verhaltensweisen der Kambodschaner in bestimmten Situationen vorgestellt. Das Buch bietet dem Reisenden somit die Möglichkeit, Dinge, die ihm fremd erscheinen, einzuordnen. Er erhält Hintergrundinformationen, die sein individuelles Bild von der kambodschanischen Gesellschaft objektiv abrunden.

Das Buch will aber auch demjenigen, der sich eingehender mit der Denkweise der Kambodschaner und seinen eigenen Vorstellungen von Kambodscha auseinandersetzen möchten, zur Seite stehen. Vor allem wer sich längere Zeit im Land aufhält und viel mit den Menschen dort zu tun hat, könnte nach anfänglicher Euphorie ein Tief erleben. Die gewaltige Macht, die diese Wandlung bewirken kann, ist nichts anderes als der kambodschanische Alltag. Dieser kann sehr spannend sein, eine große Bewunderung oder gar flammende Liebe für das Land bewirken, er kann einem aber auch eine gehörige Portion Stress bereiten und zwar spätestens dann, wenn nicht alles so läuft, wie man es sich vorgestellt hat, wenn man erlebt, dass sich die Vorstellungen von „wunderbaren" Menschen nicht erfüllen, wenn man sieht, dass das, was man sagt oder tut, von den Leuten überhaupt nicht verstanden wird.

Wenn der Stress überhand nimmt und die „freundlichen" Kambodschaner nur noch „faule", „gierige", „unehrliche", „korrupte" Typen sind, wenn nicht mehr hilft, dass die Kambodschaner Angkor haben, dass ihre Kultur Großartiges zu bieten hat und dass einige von ihnen auch fleißig und ehrlich sind, dann wird es Zeit, etwas zu unternehmen. Spätestens dann empfehle ich, dieses Buch aus dem Regal zu holen und zu lesen und mit anderen über die Probleme zu diskutieren.

„KulturSchock Kambodscha" vermittelt dem Leser ein Bild von den Maßstäben, mit denen die Kambodschaner ihr Verhalten begründen. Damit will es den Leser dazu anregen, über eigene Werte und Normen nachzudenken und negative Wertungen über Verhaltensweisen der Einheimischen zu überprüfen. Es will dazu beitragen, die Handlungsmaßstäbe der Kambodschaner zu verstehen und Stereotype abzubauen. Vielleicht gelingt es dem einen oder anderen aufgrund der Auseinandersetzung mit der eigenen und der fremden Kultur, Respekt für die einheimische Kultur dort aufzubringen und seine Perspektive in Bezug auf das Fremde zu erweitern, ohne dabei die eigene Identität zu verlieren.

Sam Samnang

WENDEPUNKTE IN DER GESCHICHTE KAMBODSCHAS

Gründungslegende

Im Geschichtsunterricht lernen kambodschanische Schüler verschiedene Legenden über die Gründung des Khmer-Reiches kennen. Einer dieser Legenden zufolge kam **Buddha** kurze Zeit vor seinem Tode in Begleitung des Mönchs *Ananda* auf eine Insel mit einem großen Thlok-Baum. Auf dem Baum lebte eine Eidechse, der Buddha etwas zu Essen gab. Er sagte voraus, dass diese Eidechse im nächsten Leben als **Preah Thaong,** Sohn des Königs *Intapath,* geboren und ein großes Reich regieren würde. Die Bevölkerung des Landes jedoch würde nicht ehrlich sein, was er aus der gespaltenen Zunge der Eidechse ablas. So geschah es dann auch.

Als Prinz *Preah Thaong* wegen eines Streites aus seiner Heimat vertrieben wurde und zu der Insel mit dem Thlok-Baum kam – die Kambodschaner nennen dieses Land **Kok Thlok** (*kok* – Land, *thlok* – Baumart), sah er

---

Die gewaltigen Gesichter mit ihrem feinsinnigen Lächeln am Bayon-Tempel (12. Jh.) sind Zeugnisse der hochentwickelten Kultur im Angkor-Reich

eine wunderschöne Naga-Prinzessin. Beide verliebten sich ineinander und mit dem Einverständnis des Naga-Königs wurde eine großartige Hochzeit gefeiert. Der Naga-König trank das Meer zwischen Insel und Festland aus. So entstand das erste Khmer-Reich, das den Namen **Krong Kampuchea** trug und dessen erster Herrscher *Preah Thaong* wurde. In einer ähnlichen Legende wird davon berichtet, dass sich *Preah Thaong*, um sicher in das unterirdische Reich der Nagas zu gelangen, am Saum des Gewandes der Naga-Prinzessin festhielt. Daran erinnert heute noch die Hochzeitszeremonie *taong sbay* (am Stoff festhalten), die bedeutet, dass die Braut den Bräutigam, der sich an ihrem Blusensaum festhält, nach der Hochzeitsfeier in das Schlafgemach führt.

Die frühen Khmer-Reiche Funan und Chenla

Berichten chinesischer Gesandter aus dem 3. Jahrhundert zufolge gab es im südlichen Gebiet der heutigen Halbinsel Indochina ein Reich, das die Chinesen Funan nannten. Dieses Reich wurde von verschiedenen europäischen Gelehrten des 19. und 20. Jahrhunderts als das erste Khmer-Reich identifiziert.

Funan war das erste indisierte Königreich in Südostasien, das in der Zeit zwischen dem 1. und 7. Jahrhundert bestand. Das Territorium umfasste den unteren Teil des heutigen Kambodscha und den südlichen Teil des heutigen Vietnam. Funan hatte über mehrere Jahrhunderte die Oberherrschaft über viele Vasallenstaaten, darunter über Chenla, das sich im Jahr 550 von Funan befreite und es im Gegenzug im 7. Jahrhundert eroberte.

Chenla nun war das zweite indisierte Khmer-Reich, dessen Könige größtenteils **Shivaiten** waren oder Anhänger des Hari-Hara-Kult (Vereinigung von Shiva und Vishnu). In der Chenla-Periode vom 7. bis zum 8. Jahrhundert liegen die Anfänge der großen Khmer-Baukunst. Im ersten Drittel des 8. Jahrhunderts zerfiel Chenla in zwei Teile, Chenla des Festlandes und Chenla des Meeres. Das ganze 8. Jahrhundert war von Anarchie geprägt. Die Schwäche Chenlas ausnutzend haben in der zweiten Hälfte des 8. Jahrhunderts Fürsten aus Java Chenla annektiert.

Die Angkor-Zeit

Mit der Befreiung des Landes von der javanischen Annexion durch König **Jayavarman II.** zu Beginn des 9. Jahrhunderts begann eine neue Ära in der Geschichte Kambodschas: Das **Angkor-Reich** entstand. König *Jayavarman II.*, der von 802 bis 850 herrschte, vereinigte das Land. Seine endgültige Hauptstadt gründete *Jayavarman II.* im nördlichen Teil des Landes, in der heutigen Provinz Siem Reap. In diesem Gebiet entstanden zur Zeit *Jayavarman II.* und in der Folgezeit zahlreiche monumentale Bauwerke von höchster architektonischer Leistung sowie ein ausgeklügeltes Bewässerungssystem. Mit „Angkor" bezeichnen die Historiker alle Reiche, die 600 Jahre lang (vom 9. Jahrhundert an gerechnet) in der besagten Region, wo unter anderen auch der berühmte Tempel Angkor Wat steht, einander abgelöst haben. Das Wort *Angkor* ist ein umgangssprachlicher Ausdruck des Wortes *Nokor,* was so viel heißt wie „Stadt". Das Wort *Nokor* ist ein Lehnwort aus dem Sanskrit/Pali. Die richtige Umschrift hierfür ist *nágara* (Sanskrit) bzw. *nagara (Pali)*.

Bis zum 13. Jahrhundert gab es nur das Champa-Reich als direkt konkurrierende Macht in der Region. Ab dem 13. Jahrhundert entwickelten sich die Siamesen zu einer regionalen Macht im Westen Kambodschas. Unter dem Eroberungsdruck der Siamesen wurde die Hauptstadt Angkor am Anfang des 15. Jahrhunderts aufgegeben.

Die Nach-Angkor-Periode

Nach der Aufgabe Angkors wählten die Khmer-Könige verschiedene strategisch günstige Orte als Hauptstädte wie z. B. Phnom Penh, Longvek und Udong. Kennzeichnend für die Kultur der Nach-Angkor-Zeit ist die Tatsache, dass der Theravada-Buddhismus die gesamte kambodschanische Gesellschaft erfasste. Seine sich sehr schnell vollziehende Ausbreitung war auch dafür verantwortlich, dass ab dem 13. Jahrhundert keine monumentalen Tempelbauten mehr errichtet wurden. Geschwächt durch interne Auseinandersetzungen und wachsenden Druck seitens der Siamesen und der Annamiten verlor Kambodscha im 17. Jahrhundert endgültig seine Stellung als eine regionale Macht.

„Krishna, den Berg Govardhana hochstemmend" – Statue aus dem 6. Jh.

Die Kolonialzeit

Politisch erlebte Kambodscha im 18. und 19. Jahrhundert einen Tiefpunkt, wodurch es zum Streitobjekt zweier Regionalmächte – **Siam** und **Annam** – wurde. Im 19. Jahrhundert schließlich war der politische Einfluss Siams auf Kambodscha viel stärker als der Annams.

Auf der Suche nach einer Schutzmacht, die ein Gegengewicht zu den beiden Nachbarn bilden konnte, bat der kambodschanische König *Ang Duong* Mitte der 50er Jahre des 19. Jahrhunderts *Napoleon III.* um Hilfe. Doch der siamesische König erfuhr davon und vereitelte die kambodschanischen Pläne. 1859 starb König *Ang Duong* und sein Sohn *Norodom* folgte ihm auf den Thron. Der Anfang seiner Herrschaftszeit fiel mit dem kolonialen Engagement Frankreichs in Südostasien zusammen. Während **England** seine Machtsphäre von Westasien aus auf Burma, die malaiische Inselwelt, Singapur und verstärkt auf Thailand ausdehnte und den Holländern Indonesien überließ, bemächtigte sich **Frankreich** Indochinas. Doch der Blick Frankreichs reichte noch weiter und nahm mit Südchina einen weiteren Teil des mächtigen asiatischen Reiches ins Visier. Damit kreuzten sich die Interessen der Franzosen und der Engländer.

Nachdem französische Truppen Ende der 1850er Jahre unter dem Vorwand, verfolgte französische Missionare zu schützen, verschiedene Orte im heutigen Südvietnam eingenommen hatten, etablierte sich Frankreich als eine koloniale Macht in der Region. In der Folgezeit begann die koloniale Administration, ihre Aktivitäten auf Kambodscha auszudehnen. Delegationen wurden an den Königshof in Udong geschickt und Expeditionen ins Land entsandt, um dessen Beschaffenheit und Ressourcen zu erkunden. Vor allem wurde der Lauf des Mekongs studiert, denn der Mekong sollte Frankreich den Einmarsch in Südchina ermöglichen.

Aufgrund der Unterordnung Kambodschas Annam gegenüber und der Kolonialherrschaft Frankreichs über Cochinchina (ein Teil von Annam) leitete die koloniale Administration ihre Befugnisse zu den Eingriffen in die Angelegenheiten Kambodschas ab. Als Gegenleistung bot Frankreich dem kambodschanischen Königshof Schutz vor den Eroberungen der Annamiten und vor den Siamesen. Da Frankreich bereits den südlichen Teil Vietnams besetzt und die Macht des vietnamesischen Kaisers gebrochen hatte, blieb in Bezug auf Kambodscha lediglich noch die Aufgabe, die Oberherrschaft des siamesischen Königshofs über den Khmer-König zu beseitigen.

Nach einigen Verhandlungen kam es im August 1863 zur **Unterzeichnung des Protektoratsvertrages** zwischen dem Vertreter Frankreichs *de la Grandière* und König *Norodom*. Der Vertrag regelte im Wesentlichen

Folgendes: Er versicherte Kambodscha den Schutz Frankreichs gegen äußere Angriffe. Französische Schiffe hatten freien Zugang zu kambodschanischen Gewässern und waren außer von der Opiumsteuer von allen anderen Steuern und Abgaben befreit. Im Gegenzug durften kambodschanische Schiffe frei die Häfen von Cochinchina anlaufen und dort Handel treiben. Französischen Bürgern wurde Siedlungs- und Bewegungsfreiheit in Kambodscha zugesichert und umgekehrt den Kambodschanern ähnliche Rechte in Frankreich. Kambodscha gab Frankreich **Landkonzessionen** für den Bau von Lagern für Kohle und Nahrungsmittel, die französische Schiffe benötigen, Land für die Errichtung von Kasernen für französische Soldaten und die Erlaubnis Holz für den Bau von Schiffen zu schlagen. Außenpolitisch akzeptierte Kambodscha die Beschränkung, dass die Ernennung von Konsuln außer für Frankreich der Bewilligung des französischen Residenten von Cochinchina bedurfte.

Der Protektoratsvertrag benachteiligte zwar die kambodschanische Seite, war aber dennoch für den König und seinen Beamtenapparat annehmbar, denn er beließ im Grunde die politischen und verwaltungstechnischen Strukturen beim Alten. Eine Korrektur bestand darin, dass dem König ein französischer Resident zur Seite gestellt wurde. Doch dies war genau genommen auch nicht neu. Der Resident ersetzte nur den Gesandten des siamesischen Königs, der bis 1864 dem Khmer-König beigestellt war.

Nach der Ratifizierung des Vertrages verließ der siamesische Gesandte das Land und Siam verlor die politische Kontrolle über Kambodscha. In einem Vertrag mit Frankreich im Jahre 1867 erkannte Siam das Protektorat Frankreichs über Kambodscha an. Im Gegenzug erhielt Siam die Zusicherung, dass Frankreich Siam nicht erobern und zu seiner Kolonie machen würde. Des Weiteren erkannte Frankreich mit diesem Vertrag die Annektierung der kambodschanischen Provinzen Battambang, Angkor und Sisophon durch Siam an.

Die erste Phase der **Errichtung des französischen Kolonialismus** verlief ohne große Veränderungen im Lande. Außer dem geopolitischen Vorteil brachte Kambodscha der kolonialen Administration wirtschaftlich und finanziell kaum Nutzen. Rund zwanzig Jahre nach dem Protektoratsvertrag folgte die Umwandlung Kambodschas in eine echte Kolonie. 1884 zwang *Charles Thomson,* Generalgouverneur von Cochinchina, König *Norodom,* einen **Kolonialvertrag zu unterschreiben**. Nach diesem Vertrag hatte der König im Voraus alle künftige Reformen in den Bereichen Verwaltung, Rechtsprechung, Finanzen und Handel, die Frankreich für notwendig erachtet, anzuerkennen. Die kambodschanischen Beamten in den Provinzen und Ministerien wurden der französischen Aufsicht unterstellt. Das Zollwesen, das Steuerwesen, das Ministerium für öffentliche Bautätigkeiten und alle Behörden, die Ingenieure einsetzten, wurden direkt von den Franzosen geleitet. Der Resident und der Vize-Resident wurden ernannt, um Aufsicht über die kambodschanischen Beamten in den Provinzen zu führen. Der Generalresident durfte zu jeder Zeit eine Audienz beim König erhalten.

Laut Vertrag trug Kambodscha alle Ausgaben für die kambodschanische und die koloniale Verwaltung. Der Khmer-König erhielt ein Gehalt und war nicht berechtigt, ohne Erlaubnis der französischen Regierung Anleihen aufzunehmen. Der Boden, ursprünglich das Besitzmonopol des Königs, sollte von der Kolonialbehörde in Zusammenarbeit mit der kambodschanischen Seite in Privateigentum von Personen umgewandelt werden können. Dieser Vertrag beschnitt sehr tief greifend die Machtposition des Königs und der hohen Beamten im Königreich. Er machte aus dem König und den Gouverneuren bezahlte Kolonialbeamte und entriss ihnen die traditionell sehr weitreichenden Handlungsmöglichkeiten in ihren Verantwortungsbereichen.

Auch das Reformvorhaben, die Anzahl der Provinzen von 57 auf 8 zu reduzieren, dürfte zu Spannungen beigetragen haben. Kurz nachdem der König über die Ratifizierung des Vertrages durch das französische Parlament benachrichtigt wurde, begannen bewaffnete **Aufstände** im ganzen Land. Die Kampfhandlungen dauerten fast zwei Jahre. Die Franzosen erlitten durch die Kämpfe und auch durch Krankheiten schwere Verluste. Sie verdächtigten König *Norodom* Initiator dieser Aufstände zu sein, konnten es ihm aber nicht nachweisen. Die Franzosen drängten auf die Beendigung der Aufstände. Der König appellierte daraufhin an die Aufständischen, die Waffen niederzulegen und erklärte den Aufständischen, dass die Franzosen den Kambodschanern die Macht überlassen würden. Der Aufstand wurde beendet. Nach dieser Erfahrung wurde die französische Kolonialadministration vorsichtiger, schränkte tiefe Eingriffe in die Machtstrukturen etwas ein, konnte jedoch allmählich unter Ausnutzung der Konflikte zwischen König *Norodom* und seinem Bruder *Sisowath,* der von den Franzosen als Ersatz für den König favorisiert wurde, viele Vorhaben des Vertrages von 1884 realisieren. Nach dem Tode *Norodoms* waren alle drei Könige, die in Folge auf den Thron gelangten (*Sisowath* 1904–1927, *Monivong* 1927–1940, *Sihanouk* 1941–2004 mit Unterbrechung), von den Franzosen ausgewählt.

Die **wirtschaftliche Erschließung** des Landes begann erst in den 20er Jahren des 20. Jahrhunderts. Schwerpunkt waren die Kautschukplantagen in den Ostprovinzen des Landes, die unter neun französische Unternehmen aufgeteilt waren. Mit einer Jahresproduktion von 20.000 bis 25.000 Tonnen Kautschuk gehörten diese Unternehmen damals zu den weltweit größten dieser Art. Die Kautschukproduktion beeinflusste die Wirtschaftsstruktur des Landes jedoch nur gering, da sie kaum mit anderen Wirtschaftszweigen im Lande verflochten war. Der Hauptteil der Produktion wurde exportiert, die meisten Arbeiter wurden aus Annam nach Kambodscha geholt.

Zu den landwirtschaftlichen Produkten, die für den Export von besonderem Interesse waren, gehörten Reis und Mais. Die Industrie war schwach entwickelt. Bildung und Gesundheit der Bevölkerung wurden kaum Aufmerksamkeit geschenkt.

Die meisten Menschen in Kambodscha waren Bauern, die auf Subsistenzbasis, d. h. nur für den eigenen Bedarf, Reis anbauten. Sie trugen die gesamte finanzielle Last der kambodschanischen und der kolonialen Verwaltung. Letztere hatte unzählige direkte und indirekte **Steuern** eingeführt, um die Ausgaben ihrer Maschinerie zu decken. Verglichen mit den Nachbarländern Kambodschas, wo es zwischen dem Ersten und dem Ende des Zweiten Weltkrieges viele Aufstände gab, herrschte in Kambodscha trotz der schweren Steuerlasten ungewohnte Ruhe. Die bäuerliche Bevölkerung hörte auf ihren König und passte sich an die schweren Verhältnisse an. Ein Gewaltausbruch in der Provinz Kampong Chhnang im Jahr 1925 trübte diese Ruhe. Der Resident der Provinz, der mit Gewaltandrohung die armen Bauern zur Steuerzahlung zwingen wollte, wurde ermordet. Die sozial schwierige Situation der Bevölkerung verschärfte sich im Zusammenhang mit der Weltwirtschaftskrise in den 1930er Jahren. Räuberscharen durchzogen plündernd die Dörfer.

Gegen Mitte der 1930er Jahre entstand eine antikoloniale nationale Bewegung in der Pali-Schule in Phnom Penh. Sie hatte großen Einfluss auf buddhistische Mönche, Schüler und verschiedene Bevölkerungsschichten in der Stadt.

Im Zweiten Weltkrieg wurde Frankreich durch Deutschland erheblich geschwächt, was sich auch auf seine Position in Indochina massiv auswirkte. Als Japan in dieser Zeit Südostasien unter seinen Einfluss brachte, einigte sich Frankreich über die Zusammenarbeit mit den Japanern. Frankreich behielt seine Administration und sorgte für Sicherheit, während Japan seine Truppenbewegung und -stationierung in Kambodscha frei gestalten und darüber hinaus wichtige Positionen im Außenhandel des Landes erzielen konnte. Die **Doppelherrschaft** belastete die Bevölkerung schwer. Im ganzen Land herrschte sehr große Armut und die Spannungen zwischen der Bevölkerung und der kolonialen Administration wuchsen. Die Abtretung zweier Provinzen Kambodschas an Thailand durch den Vertrag von Tokio im Mai 1941 verschärfte die Lage. Immer lauter wurde die Kritik der nationalen Bewegung um die Pali-Schule gegen den französischen Kolonialismus, die infolge dieser nationalen Bemühungen von der Administration zerschlagen wurde. Am 9. März 1945 entmachteten die Japaner die französische Administration in Kambodscha.

Vier Tage später verkündete König *Sihanouk* die nationale Unabhängigkeit Kambodschas von Frankreich und *Son Ngoc Thanh,* ein pro-japanischer Politiker, kam an die Spitze der Regierung. Nach der Kapitulation Japans im Zweiten Weltkrieg im August 1945 brachten französische Truppen jedoch bereits Anfang Oktober des gleichen Jahres Phnom Penh wieder unter ihre Kontrolle. Die pro-japanische Regierung wurde erneut gestürzt und die Kolonialherrschaft Frankreichs über Kambodscha wurde mit dem Vertrag **„modus vivendi"** vom 7. Januar 1946 wieder errichtet.

Als Reaktion darauf entstanden in der zweiten Hälfte der 1940er Jahre in verschiedenen Landesteilen **antikoloniale Bewegungen** mit der gemeinsamen Bezeichnung **„Issarak".** Frankreich war durch den Zweiten Weltkrieg geschwächt und durch den bewaffneten Widerstand in Vietnam gezwungen, seine militärischen Kräfte dort zu konzentrieren. Weite Teile Kambodschas konnten so nicht mehr kontrolliert werden und dadurch, dass verschiedene Führungskräfte der Issarak-Bewegungen Kontakte zu der Befreiungsbewegung in Vietnam aufnahmen, entstanden erste Beziehungen zur kommunistischen Bewegung Vietnams. In jener Zeit liegt also der Ursprung der kommunistischen Bewegung Kambodschas.

Auch in der Stadt wurde der Ruf nach nationaler Unabhängigkeit laut. 1946 wurden die ersten politischen Parteien zugelassen, die im Unterschied zur Issarak-Bewegung den bewaffneten Kampf gegen die Franzosen ablehnten. Von den drei Parteien – die „Liberale Partei", die „Demokratische Fortschrittspartei" und die „Demokratische Partei" – verlangte tatsächlich nur die „Demokratische Partei" mehr Macht für den kambodschanischen Staat. Zu ihren Forderungen gehörte auch die Schaffung einer konstitutionellen Monarchie. In dieser Situation entstand in Kambodscha die **erste konstitutionelle Verfassung.** Im Kern tastete sie formal die absolute Macht des Königs nicht an. Bis zu einem gewissen Grad fing sie die Unzufriedenheit der Intellektuellen und antikolonial gesinnten Städter auf.

Anfang der 1950er Jahre verschärfte sich die politische Situation in Kambodscha. Immer größere Teile des Landes standen unter Kontrolle der Issarak. Diese Zwietracht sah Frankreich für sich als Chance, doch

Norodom Sihanouk in den 1950er Jahren –
kein anderer kambodschanischer Politiker der Neuzeit hat die
wechselvolle Geschichte des Landes so stark geprägt wie er

konnte es aus eigener Stärke den Krieg zur Aufrechterhaltung der Kolonialherrschaft in Indochina nicht führen und war auf die amerikanische Finanzierung der Kriegsausgaben angewiesen. Am schwierigsten für die Franzosen war die militärische Situation in Vietnam, die es nötig machte, immer mehr Truppen aus Kambodscha abzuziehen und dorthin zu verlegen. In dieser kritischen Situation unternahm König *Sihanouk* verschiedene Aktionen, um politische Konzessionen von Frankreich zu erhalten, die unter dem Namen „Kreuzzug für die Unabhängigkeit" bekannt wurden. Im Angesicht der Gesamtsituation in Indochina gewährte Frankreich Kambodscha die Unabhängigkeit in Bezug auf das Kommando über die kambodschanische Armee, die Polizei und das Justizwesen. Am 9. November 1953 wurde die **nationale Unabhängigkeit Kambodschas** verkündet. Frankreich behielt sich jedoch bis 1954 hinein die Macht vor, seine Truppen über kambodschanisches Territorium zu bewegen. Auch die Währungspolitik lag weiterhin in den Händen der Franzosen. Erst mit dem Genfer Abkommen im Juli 1954, welches durch das militärische Aus Frankreichs in der Schlacht von Dien Bien Phu (Vietnam) stark beeinflusst wurde, zog sich Frankreich endgültig aus Indochina zurück. Die USA, die über Jahre den Krieg dort mitfinanziert hatten, begannen nun, die Rolle der Franzosen in Indochina zu übernehmen.

Von der Unabhängigkeit bis 1970

Nach Erlangung der nationalen Unabhängigkeit herrschte 16 Jahre lang Friede im Lande. Die Vorzeichen für eine friedliche Entwicklung waren jedoch von Anfang an sehr ungünstig. Das **Genfer Abkommen** sah vor, Vietnam vorerst durch eine Demarkationslinie am 17. Breitengrad zu teilen. *Ho Chi Minh* bekam den Norden und Kaiser *Bao Dai* den Süden. Einige Nordprovinzen von Laos nahe der chinesischen Grenze blieben der laotischen antikolonialen Bewegung „Neo Lao Itsala" vorbehalten. Die Issarak-Bewegung in Kambodscha sollte aufgelöst werden und Kambodscha frei von ausländischen Militärbasen bleiben. Die Abgrenzungen spiegelten sowohl die Interessen verschiedener politischer Gruppierungen in Kambodscha, Vietnam und Laos als auch die geopolitische Perspektive zweier Großmächte, der USA und China, wieder. Aus der Sicht Chinas bildeten Nordvietnam und Nordlaos einen Sicherheitsgürtel an seiner Südgrenze. Ein neutrales Kambodscha würde bereits einen wichtigen Beitrag zur Verbesserung der sicherheitspolitischen Situation Chinas leisten. Eine Sonderzone für die Issarak wie in Nordlaos oder Nordvietnam war nicht notwendig. Auf der anderen Seite boten Südvietnam und der mittlere und südliche Teil von Laos Raum für die Ausdehnung des amerikanischen Einflusses in Indochina.

König *Sihanouk* verfolgte bereits in der zweiten Hälfte der 1950er Jahre eine **Neutralitätspolitik** nach außen. Das heißt, dass er sein Land weder dem kommunistischen noch dem kapitalistischen Lager zuschlagen wollte. Die Ameise Kambodscha sollte sich von den zwei einander bekriegenden Elefanten fernhalten. Doch die neutrale Haltung Kambodschas störte die sicherheitspolitischen Interessen der USA in Indochina von Anfang an. Sie versuchten, das Land in den Militärpakt SEATO (South East Asia Treaty Organization) einzubinden. Als Kambodscha dies ablehnte, erlebte das Land Ende der 1950er Jahre wachsenden Druck seitens Südvietnams und Thailands. Beide Länder waren zu jener Zeit enge Verbündete der USA. Thailand schloss die Landgrenze, wodurch der Schienentransport zwischen Thailand und Kambodscha zeitweilig zum Erliegen kam. Südvietnam schloss die Mekongschifffahrt auf seinem Territorium, sodass der Überseetransport nach Kambodscha eine Zeit lang unterbrochen wurde.

Später gingen die beiden Nachbarn dazu über, Truppen in kambodschanischen Ortschaften im Grenzgebiet zu stationieren. Im Inland wurde ein Umsturzkomplott aufgedeckt, das nachweislich mit südvietnamesischen Regierung in Verbindung gebracht werden konnte. Zudem explodierte im Königspalast eine Bombe. Es wurde vermutet, dass die CIA von außen die Aktionen der Saboteure finanzierte. Die harte Haltung der USA gegenüber der Politik von König *Sihanouk* und der Druck von Südvietnam und Thailand drängten König *Sihanouk* zum Ausbau der Beziehungen zu China, welches die Neutralitätspolitik begrüßte und die Achtung der Souveränität des Landes verkündete. Die Verschlechterung des Verhältnisses zu den USA führte zur Ablehnung der Militär- und Wirtschaftshilfe der USA im Jahr 1963 und zum Abbruch der diplomatischen Beziehungen zu den USA im Jahr 1965.

In der ersten Hälfte der 1960er Jahre nahm der **Vietnamkrieg** immer deutlichere Konturen an. Das Kräfteverhältnis entwickelte sich immer mehr zugunsten Nordvietnams und der Befreiungsbewegung Südvietnams. Die richtige Einschätzung von König *Sihanouk*, dass Nordvietnam siegen würde, bewog ihn zum Aufbau guter Beziehungen zu Nordvietnam. Damit geriet die Neutralitätspolitik in eine Zwickmühle. China bat darum, Mittel für die Versorgung der nordvietnamesischen Truppen über Kambodscha transportieren zu dürfen. Der Bitte wurde entsprochen und verfolgten Soldaten Nordvietnams und der Befreiungsbewegung Südvietnams auf kambodschanischem Territorium Schutz gewährt. In den Grenzgebieten im Osten Kambodschas entstanden Versorgungsrouten, die Teile des Ho-Chi-Minh-Pfads waren. Auf der anderen Seite warfen amerikanische und südvietnamesische Flugzeuge Bomben auf kambodschanische Ortschaften.

Als die Einbeziehung Kambodschas in den Vietnamkrieg immer deutlicher wurde, zeigte sich die Ohnmacht der kambodschanischen Außenpolitik. Die Regierung schaute weg und duldete, dass beide Kriegsparteien gegeneinander auf kambodschanischem Territorium kämpften. Die Vietcongs durften ihren Nachschub über Kambodscha transportieren und die Amerikaner durften kambodschanische Ortschaften, wo sie die Vietcongs vermuteten, bombardieren. Ende der 1960er Jahre strebte König *Sihanouk* danach, die Beziehung zu den USA wieder zu verbessern. Zu der Zeit wuchs die Stärke der rechtskonservativen Gruppe um General *Lon Nol* im Parlament und in der Regierung.

Innenpolitisch konzentrierte sich König *Sihanouk* darauf, alle politischen Schattierungen im Lande in die von ihm gegründete und geführte Partei **„Sangkum-Reast-Niyum"** einzubinden. Außer der Sangkum gab es Anfang der 1960er Jahre nur die linke Partei „Pracheachon". Sie wurde 1962 aufgelöst. In der Sangkum sollten die Linken, die die Neutralitätspolitik unterstützten, eine Balance zu den Rechtskonservativen bilden. Die Rechten suchten die Nähe zu den USA und setzten sich für die Liberalisierung der Wirtschaft ein. In Abständen fanden Verfolgungen linker Intellektueller durch das Militär und die Geheimpolizei statt. In den 1960er Jahren kam es deshalb zur Flucht von als links abgestempelten Intellektuellen in den

„maquis". Das Wort „maquis" stammt aus dem Französischen und bedeutet ursprünglich „Buschwald", doch seit dem Zweiten Weltkrieg steht es auch für die Widerstandsbewegung, die in bewaldeten Gebieten Frankreichs gegen die deutsche Besatzung operierte. Die Kambodschaner übernahmen dieses Wort und meinten mit *rut chol prey maquis* (in den maquis fliehen) „in die bewaldeten Gebiete Kambodschas gehen und Widerstand leisten".

Durch diese Flucht wurde die Machtbalance in der Sangkum schwer gestört. In der Tiefe der politischen Krise machte der Staatschef bei den Wahlen 1966 von seiner Macht, die Kandidaten in den einzelnen Wahlkreisen zu nominieren, keinen Gebrauch mehr. Die Folge war, dass die vermögenden und machtvollen rechtskonservativen Politiker das Parlament eroberten. Den Kern dieser Gruppe bildete **General Lon Nol.** Damit stand Kambodscha eine innen- und außenpolitische Wende bevor. Die Krise in den 1960er Jahren rührte daher, dass der kambodschanische Staat über seine Verhältnisse gelebt hatte. Seine Handlungsfähigkeit hing bereits sehr stark von ausländischer Hilfe ab. Die Situation verschlimmerte sich dann durch die Ablehnung der US-Hilfe, die Nationalisierung von Banken und Außenhandel, durch Korruption und den Schwarzmarkthandel mit Reis mit den Vietcongs, wodurch dem Staat viele Einnahmen verloren gingen. Die Rechtskonservativen benutzten die Kritik an der Duldung der Vietcongs in den Grenzgebieten als politische Munition gegen die Politik von Staatschef *Sihanouk*. Immer mehr Gewitterwolken des Vietnamkrieges drohten das Land zu verdunkeln.

In den Erinnerungen vieler älterer Kambodschaner war die Zeit von der Erringung der Unabhängigkeit bis zum Ende der 1960er Jahre die beste Zeit ihres Lebens. Das Schönste war, dass es Frieden gab. Die Menschen konnten überall hinfahren und Geschäfte treiben, sie brauchten keine Angst vor bewaffneten Raubüberfällen zu haben. Die Gehälter waren ausreichend. Die Währung war stabil, das Ersparte blieb erhalten. Die Menschen verschönerten ihre Häuser, ohne daran denken zu müssen, dass sie durch Bomben zerstört werden könnten. Man musste nicht an Reserven für Notzeiten denken. Die alte Welt mit ihrem König an der Spitze, so wie man sie von jeher kannte, war anscheinend intakt. Mit anderen Worten: Viele Menschen empfanden, dass sie Zeit zum Leben hatten. Und vieles war im Entstehen: Schulen, Universitäten, Krankenhäuser, Straßen, Betriebe, Geschäfte, Kinos. All dies vermittelte ein Bild des Aufschwungs. Wer damals seine Augen nicht verschloss, wird auch Armut unter den Bauern mit wenig Land, unter Landarbeitern und unter den Mittellosen in Phnom Penh entdeckt haben. Aber Hungertod, wie es ihn zur gleichen Zeit in manchen Ländern Afrikas gab, hat er bestimmt nicht gesehen.

„Es lebe die Republik!"

1970, als der Staatschef *Sihanouk* auf einer Europareise war, führte General *Lon Nol* einen **Putsch** durch. Am 18. März jenes Jahres riegelten Soldaten das Parlament hermetisch ab, um die Abgeordneten erfolgreich zu zwingen, für die Absetzung des Staatschefs *Sihanouk* zu stimmen. Alle stimmten für seine Absetzung. Dieser Tag war der letzte der tausendjährigen Monarchie in der Geschichte Kambodschas. In den Schulen sollten die Kinder ihn als den Tag, an dem eine Revolution ausbrach, begreifen lernen. Der 18. März wurde mit der französischen Revolution gleichgesetzt. Die drei Grundsätze der französischen Revolution (Freiheit, Gleichheit und Brüderlichkeit) waren in aller Munde.

Ein Riss ging durch die Generationen. Während Schüler, Studenten, jüngere Lehrer und Staatsbeamte in den Städten die Republik bejubelten, waren nicht wenige ihrer Großeltern entsetzt über die Absetzung des Königs. Die Mehrheit der Bauernbevölkerung war völlig dagegen. Demonstrationen und Aktionen zur Unterstützung der neuen Republik wurden organisiert. Recht bald aber gingen diese Aktivitäten in militärische Übungen über. Schüler höherer Klassen und deren Lehrer wurden dazu angehalten, sich für bewaffnete Kommandos zur Verteidigung von Schulen und anderen Institutionen zu melden. Kriechen, Rollen, Schießen wurde ebenso geübt wie Gewehre auseinander nehmen, ölen und wieder zusammensetzen. Schlachtpläne wurden studiert und Fußballfelder zu militärischen Trainingscamps umgewandelt.

Mit einem Mal wurde alles vollkommen anders. Die Monarchie war weg, die Republik noch nicht da – dafür aber auf einmal der Krieg. Keiner hatte bemerkt, wie er gekommen war. Plötzlich hörte man, dass amerikanische und südvietnamesische Truppen die Vietcongs auf kambodschanischem Territorium verfolgten, dass große **Kampfhandlungen** in vielen Provinzen stattgefunden hatten. Man hörte auch, dass König *Sihanouk* Gespräche mit China und Nordvietnam geführt hatte und nun eine Widerstandsregierung führte, in der auch namhafte linke Intellektuelle seiner früheren Sangkum-Partei wie *Hu Yun, Hu Nim* und *Khieu Samphan* mitwirkten. Es wurde auch erzählt, dass auf dem Lande tausende Menschen dem Aufruf von König *Sihanouk,* in den Wald zu gehen und gegen *Lon Nol* und die USA zu kämpfen, gefolgt waren. In der Stadt sah man auf einmal überall Gewehre: in den Schulen, in den staatlichen Stellen. Grüne Militäruniformen waren beliebt. Sogar für Drei- oder Vierjährige gab es sie auf den Märkten zu kaufen. Sandsäcke wurden vor den Gebäuden als Schutz für Wachposten gestapelt. Militärfahrzeuge durchquerten die Stadt und Flugzeuge überflogen sie. Im Radio ertönten Kampfrufe und

Loblieder für die Republik. In den Zeitungen und im Fernsehen waren Bilder von Truppenbewegungen, Kampfhandlungen, toten Körpern der Feinde und zerstörten Gebäuden zu sehen. Militärkrankenwagen eilten mit laut tönenden Sirenen zu den Hospitälern. Die ersten Todesprozessionen mit Fotos von gefallenen Soldaten vor dem Sarg, der auf einem dekorierten weißen Transporter stand, zogen zu den Klöstern. Alles lief wie in einem Traum ab. Es war aber kein Traum.

Ob die USA direkt oder indirekt an dem Sturz König *Sihanouks* beteiligt waren, wurde bis heute nicht geklärt. Sowohl Präsident *Nixon* als auch sein Sicherheitsberater *Kissinger* schrieben in ihren Memoiren, dass sie von dem Ereignis überrascht wurden. Tatsache ist, dass alles, was die USA lang ersehnt hatten, mit einem Schlag wahr wurde. Sie konnten ihre Truppen mit einigen formalen Beschränkungen auf kambodschanischem Territorium bewegen. Der Luftraum war völlig frei für amerikanische Flugzeuge. In den kambodschanischen Provinzen östlich des Mekongs durften die Amerikaner ohne vorher die Zustimmung von *Lon Nol* einzuholen, die sie aber in anderen Gebieten benötigt hätten, frei auf alles schießen und bombardieren. Das Gebiet wurde **„Freedom Deal Zone"** (ein Gebiet, wo man durch Abmachung freie Hand hat) genannt. Durch dieses Gebiet soll in den 1960er Jahren der Nachschub der Vietcongs transportiert worden sein. Mit *Lon Nol* als Bündnispartner wurde Kambodscha in eine Gürtellinie zum Schutz der linken Flanke Südvietnams umgewandelt. Dadurch wollte man den Vietcongs die Angriffsmöglichkeiten auf Südvietnam entziehen. So sollte der Abzug der amerikanischen Truppen ohne große Verluste abgewickelt werden und dem südvietnamesischen Verbündeten eine Überlebenschance gegeben werden.

Die Rechnung der Amerikaner ging jedoch nicht auf. In vielen Provinzen verloren die Truppen *Lon Nols* innerhalb kurzer Zeit ihre Stellungen. Auch die südvietnamesischen Truppen wurden an vielen Orten in den östlichen Provinzen Kambodschas von den nordvietnamesischen Truppen in Zusammenarbeit mit den Truppen der Khmer Rumdoh (**Befreiungsbewegung der Khmer**) vernichtend geschlagen. Kambodscha wandelte sich von einem beschränkten in ein freies Durchgangsgebiet für die Truppen Nordvietnams, die ihre Angriffe auf Südvietnam starteten. Die linke Flanke Südvietnams wurde somit offener denn je. Die kombinierten Aktionen der nordvietnamesischen Armee und der Truppen der Khmer-Rumdoh hatten zur Folge, dass das militärische Potenzial *Lon Nols* dermaßen ge-

Bewaffnete Patrouillien in den Straßen Phnom Penhs gehörten während der Lon-Nol-Herrschaft zur Normalität

schwächt wurde, dass eine effektive Zusammenarbeit zwischen den Truppen *Lon Nols* und den Truppen der Südvietnamesen gegen ihren Widersacher nicht stattfinden konnte.

Darüber hinaus wurde auch ein Teil der militärischen Kräfte der Südvietnamesen und der Luftstreitkräfte der USA in Kambodscha gebunden. Die Nordvietnamesen bekamen dadurch freiere Hand für ihre militärischen Aktionen in Südvietnam und die Khmer-Rumdoh viel Freiraum für den Ausbau ihrer militärischen und politischen Stärke in den ländlichen Gebieten Kambodschas. Nach nur zwei Jahren Krieg schrumpfte das Gebiet unter Kontrolle *Lon Nols* auf die Städte entlang einiger Nationalstraßen. Weite Teile des Landes gehörten den Khmer-Rumdoh und den Vietcongs. Die Lon-Nol-Gebiete machten sich darin wie Inseln aus. Dort lebten die Menschen in Enklaven. Militärisch und wirtschaftlich hing die Administration *Lon Nols* vollkommen von der US-Hilfe ab. Korruption und Machtmissbrauch minimierten die Kampfkraft der Armee *Lon Nols* und die Moral seiner Soldaten.

Zu den bedeutenden politischen Ereignissen in den Lon-Nol-Gebieten gehören die Verkündung der **Verfassung der Republik Khmer** und die Wahlen im Jahr 1972. In der neuen Verfassung wurde ein präsidiales System festgeschrieben, in dem der Präsident den Premierminister ernennt und die Regierung nicht dem Parlament, sondern nur dem Präsidenten gegenüber verantwortlich ist. Vor den Parlamentswahlen im Jahr 1972 wurde *Lon Nol* in das Amt des Staatspräsidenten gewählt. Danach folgten die Parlamentswahlen, bei denen die **„Sozialrepublikanische Partei"** *Lon Nols,* die formell von seinem jüngeren Bruder geleitet wurde, alle Sitze im Parlament gewann. Die gesamte legislative und exekutive Macht vereinigte sich so in den Händen von General *Lon Nol*. Die zwei anderen existierenden Parteien – die „Demokratische Partei" und die „Republikanische Partei" – spielten faktisch keine politische Rolle.

Die Flächenbombardements durch die amerikanischen Flugzeuge in den Ortschaften außerhalb der Kontrolle von *Lon Nol* drängten Flüchtlingsmassen nach Phnom Penh und in andere Städte und verschärften dort die katastrophale Versorgungssituation. Ab 1974 spürten die Menschen in den belagerten Städten, dass das Ende der Republik Khmer nur noch eine Frage der Zeit war.

In den Gebieten unter Kontrolle der Befreiungsbewegung begann **Pol Pot,** der in den 1960er Jahren im Untergrund gearbeitet hatte, seine Position auszubauen. Die Anhänger König *Sihanouks* und Kommunisten, die als pro-nordvietnamesisch galten, wurden von den Führungspositionen entfernt und durch seine Leute ersetzt. Ab 1972 begannen sie in einigen Gebieten Produktionsgenossenschaften zu bilden. Dies wurde mit der Notwendigkeit der Kriegsversorgung begründet. Neben dieser Begrün-

dung waren die **Genossenschaften** aber bereits die Realisierung der Vorstellung *Pol Pots* von der sozialistischen Produktionsform in der Landwirtschaft. Drei Jahre später sollten diese ersten Versuche zum Modell für die Bildung von großen Genossenschaften im ganzen Land werden.

Ab 1973 oder 1974 begannen lokale kommunistische Führungskader der Befreiungsbewegung sich und die Befreiungsbewegung als **„Rote Khmer"** zu bezeichnen und nahmen Abstand vom Gebrauch der Bezeichnung „Khmer Rumdoh". Die Menschen in den von Lon Nol kontrollierten Gebieten haben von Anfang an die Begriffe „Rote Khmer" und „Khmer Rumdoh" gleichgesetzt.

Am 17. April 1975 marschierten die Truppen der Roten Khmer in Phnom Penh ein. An diesem Tag starb die Republik Khmer.

„Es lebe das Demokratische Kampuchea!"

khöng khodj khöng khat
(„Wut bringt Zerstörung, Wut bringt Verlust.")
Kambodschanische Weisheit

Kurz nachdem die Truppen der Roten Khmer Phnom Penh eingenommen hatten, musste die Bevölkerung die Stadt verlassen. Das geschah in den folgenden Tagen auch in anderen Provinzstädten. Die meisten Menschen haben die Soldaten der Roten Khmer nicht nach einer Begründung für die **Deportation** gefragt. Es kursierten Gerüchte, dass die Menschen die Stadt nur für einige Tage verlassen sollten. Doch das „Warum" war nie klar. Manche hörten, dass die Stadt angeblich von den Amerikanern bombardiert werden sollte. Für viele Bewohner Phnom Penhs war dieser Tag der letzte, an dem sie die Stadt sahen. Sie starben in den Regionen, in die sie deportiert wurden. Kaum einer begriff damals, was passierte. Mit einem Schlag wurde die alte Gesellschaft komplett abgeschafft: der gesamte Beamtenapparat, das Geld, die Geschäfte, die Schulen, die Krankenhäuser, das Mönchtum, die eigene Wohnung, die althergebrachten sozialen Beziehungen usw.

Die Menschen wurden mit völlig neuen Dingen konfrontiert: Die Bevölkerung wurde in Neuvolk und Altvolk geteilt. Das Neuvolk waren Menschen, die bis 1975 in den von *Lon Nol* kontrollierten Gebieten gelebt hat-

Propagandaveranstaltung in dem von Pol Pot und seinen Anhängern kontrollierten Gebiet

ten und nun aufs Land deportiert wurden. Dort auf dem Lande, in den ehemaligen „befreiten" oder „revolutionären" Gebieten, waren sie die Neuen. Zum Altvolk gehörten Menschen, die während der Zeit des Kampfes gegen *Lon Nol* in den Gebieten unter Kontrolle der Befreiungsbewegung lebten. Sie waren die dort Alteingesessenen. Die Menschen vom Altvolk, die in den „revolutionären" Gebieten gelebt haben, galten als „revolutionär". Sie wurden mit Macht und Privilegien ausgestattet. Viele bekamen in den Kommunen und staatlichen Institutionen Führungspositionen. Die Leute vom Neuvolk wurden als Teil der Ausbeutergesellschaft betrachtet. Sie wurden unterdrückt und sollten schwerste körperliche Arbeit leisten. Eine Heirat zwischen beiden Gruppen war verboten.

Die Menschen führten fortan ein gemeinschaftliches Leben in den **Kommunen,** wo sie gemeinsam arbeiteten und aßen. Familienmitglieder wurden je nach Alter (Kinder, Jugend, Ältere) in unterschiedliche **Arbeitslager** geschickt und somit auseinander gerissen. Privateigentum, Glauben und alles, was an die alte Gesellschaft erinnerte, war als reaktionär verpönt. Sprache, Kindererziehung und zwischenmenschliche Beziehungen sollten einen revolutionären Charakter annehmen. Jede Auflehnung gegen die „Revolution" wurde schwer bestraft. *Pol Pot* nannte seinen Staat „Demokratisches Kampuchea". Während der fast vierjährigen Herrschaft der Roten Khmer kamen schätzungsweise über eine Million Menschen ums Leben. Massengräber zeugen von der Grausamkeit jener Zeit. Krankheiten, Erschöpfung durch schwerste Arbeit und Hunger rafften unzählige Menschen in den Kommunen dahin.

Heute noch fragen Menschen, die die Zeit der Roten Khmer überlebt haben, nach dem Grund für all diese Grausamkeiten. Viele möchten wissen, was *Pol Pot* und seine Leute mit den Qualen, die sie den Menschen antaten, erreichen wollten. Vielleicht liefert die erste Strophe der **Nationalhymne** des Demokratischen Kambodscha eine Erklärung:

> Blut, so tiefrot, ergoss sich über die Städte, über das Land
> Kambodscha, unser Mutterland,
> Es ist das wertvolle Blut der Arbeiter, der Bauern, das Blut der Soldaten
> und Soldatinnen der Revolution,
> Dieses Blut wandelte sich in unhaltbaren Zorn, in entschlossenen
> Kampf bis zum 17. April unter dem Banner der Revolution,
> Dieses Blut befreite uns von der Sklaverei.

Die Roten Khmer verübten unvorstellbare Grausamkeiten, hier eine Darstellung der berüchtigten Folterhölle Tuol Sleng (Phnom Penh)

Die Strophe beginnt mit dem Wort *chheam* (Blut). Dieses Wort ist nicht zufällig ausgewählt worden, denn seit der Zeit der Untergrundtätigkeit der kommunistischen Bewegung ab der zweiten Hälfte der 1950er Jahre bis Ende der 1960er Jahre und insbesondere seit dem offenen bewaffneten Kampf von Anfang 1970 bis zum 17. April 1975 war den Roten Khmer viel Schlimmes widerfahren. Viel Blut ist vergossen worden. In dem Wort *chheam* steckt Schmerz, Wut und Hass. Es ruft nach Rache. Und so handelten die Roten Khmer. Für ehemalige Lon-Nol-Soldaten und Polizisten gab es kein Pardon. Die Rache weitet sich auch auf die Zivilbeamten aus, die die alten Regime am Leben erhalten hatten.

Neben dem Rachegefühl war vielleicht auch die ständige Angst der Roten-Khmer-Führung vor den *khmang si rung phtey khnong* (von innen aushöhlende Feinde) einer der Beweggründe dafür, das Militär- und Zivilpersonal der früheren Regime als Gefahr zu sehen. Und diese Gefahr galt es zu beseitigen. Doch nicht nur die Beamten der alten Gesellschaft hätten der Revolution schaden können, auch die Kommunisten, die als pro-vietnamesisch galten. Ab 1976 richtete sich die Verfolgung der Gegner hauptsächlich gegen Leute in der kommunistischen Partei und jene, die in der Befreiungsbewegung gegen *Lon Nol* mitgekämpft haben und nun unter Verdacht standen, die „Revolution von innen auszuhöhlen". Schon während des Krieges gegen *Lon Nol* hatte *Pol Pot* viele der rund 1000 Khmer-Kader der Befreiungsbewegung, die in Nordvietnam ausgebildet worden waren, ermorden lassen.

Die Politik *Pol Pots* stieß bereits mit der Einnahme von Phnom Penh auf **Widerstand in den eigenen Reihen.** Kampfhandlungen zwischen den Roten-Khmer-Einheiten fanden bereits 1975 statt. Am Ende gewann *Pol Pot.* Ab 1977 schickte er Kader aus der zentralen Region und der Südwestregion, die als seine rechte Hand galten, in die anderen Regionen des Landes. In den Regionen, in die die Pol-Pot-Leute gelangten, wurde die Leitung dieser Regionen bis hin zur Kommunenebene ersetzt. Für sehr viele Kader der „aufständischen" Regionen bedeutet die Ersetzung physische Vernichtung. Die Verfolgung der als Feinde Verdächtigten führte zur Flucht von Militär- und Zivilkadern in die Wälder und nach Vietnam. Mit wachsender Spannung in den Beziehungen zwischen Vietnam und dem Demokratischen Kampuchea nahm Vietnam die geflohenen Leute auf und organisierte sie militärisch.

Als die bewaffneten Konflikte zwischen Kambodscha und Vietnam in den Grenzgebieten beider Länder 1978 den Höhepunkt erreichten, starteten vietnamesische Truppen (rund 120.000 Soldaten) mit Beteiligung der Einheiten von Kambodschanern, die nach Vietnam geflohen waren (ca. 10.000 Soldaten), eine große Offensive gegen die Truppen *Pol Pots*. Am 7. Januar 1979 fiel das Pol-Pot-Regime.

Eine neue rote Fahne

Mithilfe Vietnams kamen im Januar 1979 **Kommunisten,** die gegen *Pol Pot* gekämpft hatten, an die Macht. Ein neuer Staat wurde gegründet, die **Volksrepublik Kampuchea.** *Heng Samrin* wurde Staatspräsident. Bereits die Fahne des neuen Staates bereitete den Menschen, die aus den entlegenen Gebieten, in die sie deportiert worden waren, zurückkamen, ein mulmiges Gefühl. Sie war nämlich genauso rot wie die von *Pol Pot.* Nur der Tempel Angkor Wat in der Mitte war mit fünf Türmen statt mit drei Türmen wie in der Fahne der Roten Khmer abgebildet. Die Sorgen verflogen ein wenig, als die Rückkehrer in die Städte kamen und sahen, dass es wieder Märkte gab. Fische, Früchte, Gemüse wurden verkauft, genauer gesagt getauscht: gegen Reis oder Gold. Auch Baguette und Eis gab es wieder! Damit kam ein Stück des alten Lebensgefühls zurück. Die Menschen zogen sich wieder farbenfroh an. In den größeren Ortschaften öffneten die Krankenhäuser wieder ihre Türen. Bald gingen die Kinder auch wieder in die Schule. In nicht wenigen Menschen steckte der Schreck vor dem Kommunismus aber so tief, dass sie sich gleich auf den Weg nach Thailand machten.

Die politische Führung der Volksrepublik Kampuchea wollte in den 1980er Jahren den **Sozialismus** nach vietnamesischer und osteuropäischer Prägung aufbauen. Der Kern des Staatsorganisationsprinzips war der „Demokratische Zentralismus". Das bedeutet, dass die **„Revolutionäre Volkspartei"** die Führungsmacht in der Legislative und in der Exekutive beanspruchte. Massenorganisationen sollten innerhalb der Einheitsfront die Interessen verschiedener Bevölkerungsgruppen vertreten. Aber auch sie standen unter Leitung der Partei. In der **Wirtschaftspolitik** gab es zunächst starke Bestrebungen, vieles von Vietnam und von den Ländern des Ostblocks zu kopieren wie z. B. staatliche Betriebe und höhere Formen der Produktionsgenossenschaften in der Landwirtschaft. Ziemlich frei war von Anfang an der Handel. Es gab zwar einen staatlichen Handelssektor, aber er konnte die Versorgung durch den privaten Handel nicht ersetzen. Nach anfänglichen Versuchen, die sozialistischen Produktionsformen in der Landwirtschaft durchzusetzen, erkannte die Revolutionäre Volkspartei die negativen Folgen dieser Politik und lockerte vieles. Nach Mitte der 1980er Jahre gab es kaum noch Genossenschaften. Ende der 1980er Jahre wurde im Rahmen der allgemeinen politischen Situation der Sozialismus als Ziel der gesellschaftlichen Entwicklung aufgegeben.

Der Sturz *Pol Pots* und die Gründung der Volksrepublik Kampuchea sowie die Stationierung der vietnamesischen Truppen in Kambodscha wurde von den Länder der **ASEAN** (Association of South East Asian Nations – Vereinigung südostasiatischer Staaten zur Förderung von Frieden und Wohlstand) und China als Verschiebung der regionalen Machtkonstellation zugunsten Vietnams wahrgenommen. China erteilte Vietnam durch einen massiven Militärangriff Anfang 1979 eine Lektion. Die ASEAN-Staaten machten sich Sorgen. Neue Bündnisse entstanden. Auf der einen Seite stand die Volksrepublik Kampuchea mit Vietnam, Laos und den Ländern des Ostblocks. Auf der anderen Seite arbeiteten Thailand und die übrigen ASEAN-Staaten mit den USA und dem Westen zusammen für die Unterstützung der Widerstandsbewegung gegen Vietnam und gegen die Volksrepublik Kampuchea. Drei Parteien waren in der Widerstandsregierung beteiligt: Die royalistische Partei **„FUNCINPEC"** unter Führung von König *Sihanouk,* die Anhänger der liberalen Gruppe „Khmer Nationale Volksbefreiungsfront" unter Leitung von *Son Sann* (ehemaliger Ministerpräsident unter König *Sihanouk*) und die Roten Khmer.

Nach dem Sturz der Roten Khmer schwiegen die Waffen nicht. In den Regionen nahe der Grenze zu Thailand fanden 1979 massive Kampfhandlungen statt. Ab 1981 begannen die Roten Khmer und Truppen der anderen Mitglieder der Widerstandsregierung ins Inland zu infiltrieren. Ein Guerillakrieg loderte von da an und dauerte über 10 Jahre.

Mitte der 1980er Jahre begannen die Friedensverhandlungen zwischen den kambodschanischen Konfliktparteien. Der Prozess wurde mit dem Umbruch in der Sowjetunion und dem Ende des Kalten Krieges intensiviert und schließlich zu einem Ende gebracht. Das Ergebnis dieser Verhandlungen und der Wirkung der Großmächte war die **Unterzeichnung des Pariser Abkommens** über Kambodscha im Jahr 1991. Danach folgte die Phase der Vorbereitung der ersten Parlamentswahlen in Kambodscha unter Aufsicht der Vereinten Nationen. UNO-Soldaten und Zivilbeamte kamen ins Land. Rund zwei Milliarden US-Dollar wurden für die Implementierung des Friedensplanes ausgegeben. 1993 fanden die **Parlamentswahlen** statt. Alle Parteien außer den Roten Khmer beteiligten sich an den Wahlen. Die Roten Khmer befürchteten, schutzlos strafrechtlicher Verfolgung wegen ihrer Verbrechen ausgeliefert zu sein, denn erstens hätten sie vor den Wahlen ihre Waffen abgeben müssen und zweitens glaubten sie selbst nicht daran, viele Stimmen und damit eine Machtposition im Staat zu erhalten, die sie vor der Strafverfolgung bewahrt hätte.

Spuren der jahrzehntelangen Kämpfe sind bis heute zu sehen

Kambodscha wird wieder Königreich

Die Wahlen von 1993 brachten zwei große politische Parteien und eine kleine in eine Koalitionsregierung: die FUNCINPEC als Wahlsieger, die Volkspartei als zweitstärkste Partei und die BLDP (Buddhistische Liberaldemokratische Partei) von *Son Sann*. Die Bildung der **Koalitionsregierung** war ein Ausweg aus der äußerst fragilen politischen Situation nach den Wahlen. Zwei Premierminister sollten deshalb in einer Übergangsperiode das Land regieren: Prinz *Rannarith,* der Sohn von König *Sihanouk,* als erster Premierminister und *Hun Sen* als zweiter Premierminister. Wichtige Sicherheitsdomänen wie die Verteidigung und das Innenministerium sollten mit zwei Koministern aus den beiden großen Parteien besetzt werden. Die Verfassung wurde von der konstituierenden Versammlung angenommen. Danach folgte die formale Bildung der staatlichen Institutionen. Mit der neuen Verfassung wurde Kambodscha wieder ein Königreich. Der Sturz des Staatschefs *Sihanouk* und die Abschaffung der Monarchie durch General *Lon Nol* im Jahr 1970 wurden für ungültig erklärt. Der neue Staat setzt die konstitutionelle Monarchie, die bis 1970 existierte, fort. Der ehemalige Staatschef *Sihanouk* wurde wieder König von Kambodscha. Das politische System definierte sich als eine **parlamentarische Demokratie mit Mehrparteiensystem.** Der König soll laut Verfassung hauptsächlich repräsentative und integrative Funktionen ausüben.

Unter der Bevölkerung spürte man eine große Erleichterung, dass es im Lande endlich wieder Frieden gab. Gleichzeitig steckte aber die Furcht vor den kriegerischen Auseinandersetzungen noch sehr tief in den Köpfen der Menschen. Diese Furcht war damals gar nicht so unbegründet, denn unter den früheren Kriegsgegnern, die sich nun an den Wahlen beteiligten, herrschte noch immer tiefes Misstrauen. Denkmuster aus der Zeit des erbarmungslosen Krieges und die Angst davor, dem Gegner ausgeliefert zu sein, waren noch allgegenwärtig, das Lebensgefühl der 1960er Jahre aber war noch sehr weit entfernt. Dennoch gab es schon erste optimistische Hoffnungen für die Zukunft: Vor den Wahlen waren UNO-Mitarbeiter ins Land gekommen und zwei Milliarden US-Dollar investiert worden. Menschen mit gutem Riecher wussten, wo es lang ging und taten das Richtige: Geschäfte, Geld, Macht. Auch jene, die keine gute Nase hatten, verdienten mit: als Verkäufer auf den Märkten, als Bedienung in den Hotels und Restaurants, als Fremdenführer, Dolmetscher, Taxifahrer, Haushaltshilfe oder Wachpersonal bei den UN-Experten usw. Die Leute nutzten die Zeit, um einen Grundstock an Kapital zu bilden. Wer in jener Zeit ins Immobiliengeschäft ging, ist bis heute ein gemachter Mann. Die anderen verbrauchten ihr Erspartes nach und nach wieder.

Eine neue Zeit war nach den Wahlen angebrochen. Es gab viel zu tun, denn 23 Jahre Krieg, Rote-Khmer-Herrschaft und politische Isolation hinterließen tiefe Spuren. Auf dem Lande herrschte große Armut. Vieles musste beim **Wiederaufbau** getan werden, um die Infrastruktur und die Versorgung der Bevölkerung zu verbessern. Kambodscha hing in der Entwicklung seinen Nachbarn in Südostasien Jahrzehnte hinterher. Doch etwas fehlte nach den Wahlen von 1993. Der Enthusiasmus des Wiederaufbaus, wie er nach dem Sturz *Pol Pots* etwa ein Jahr lang (1979–1980) in den Herzen der Lehrer und Staatsangestellten loderte, war jetzt nicht zu spüren. Damals gingen Lehrerinnen und Lehrer aus eigener Initiative los, um Stühle und Tische für ihre Schule zu besorgen, sie richteten die Klassenzimmer ein und unterrichteten die Kinder. Ähnlich verhielt es sich bei den Angestellten in den Krankenhäusern und verschiedenen staatlichen Stellen, die wieder neu aufgebaut wurden. Alle improvisierten. Sie bekamen kein Geld, sondern nur eine Reisration, in manchen Provinzen betrug die Tagesration etwa 200 Gramm Reis gemischt mit Mais. Irgendetwas trieb die Menschen damals an und ließ sie die Härte der Arbeit vergessen.

Doch 1993 war es anders. Die Gedanken der Leute waren hauptsächlich auf die Verteilung der Positionen im Staat, auf eine gute Anstellung gerichtet. Wer eine Stellung innehatte, versuchte sie zu halten. Man kämpfte um seinen Platz. Vielleicht absorbierte dieser Kampf die Kraft der Menschen so sehr, dass in ihren Herzen kein Raum mehr für anderes war. Vielleicht war es aber auch so, dass viele institutionelle Strukturen schon da waren und nicht völlig neu aufgebaut werden mussten. Man denke an die Schulen, Krankenhäuser und die staatlichen Institutionen, die bereits in der Zeit der Volksrepublik Kampuchea geschaffen worden waren. Außerdem mussten viele Menschen, die den damaligen Enthusiasmus im Land erlebt hatten, im Laufe der Jahre feststellen, dass letzten Endes doch nur Geld und Macht zählten. Ein selbstloser Beamter beispielsweise, der nur ein Monatsgehalt von rund 20 US-Dollar erhält, würde tatsächlich nicht weit kommen. Seine Familie würde hungern, während andere in schönen Villen leben und ihre Kinder zum Studium ins Ausland schicken könnten.

Auch wenn der Anfangsenthusiasmus fehlte, wurde doch weiter gearbeitet. Vieles ist im Lauf der Zeit erreicht worden. Straßen, Schulen und Gesundheitszentren wurden gebaut und etliche Minenfelder geräumt. Die Strom- und Wasserversorgung wurde in etlichen Städten verbessert. Ein großer Teil der **Aufbauprojekte** wurde jedoch von den Geberländern wie Japan, Frankreich, USA, Schweden, Australien, Deutschland und von Nichtregierungsorganisationen finanziert, da der kambodschanische Staat nur über geringe finanzielle Mittel verfügt.

Die **Armutsbekämpfung** wird heutzutage als wichtige Aufgabe des Staates und der Zivilgesellschaft erachtet. Man sieht, dass sich in der Stadt die Lebensverhältnisse vieler Menschen verbessert haben, aber für einen großen Teil der Bevölkerung auf dem Lande ist die Minderung der Armut noch ein fernes Ziel. Im Rahmen der Entwicklungszusammenarbeit entsteht Druck auf die kambodschanische Regierung, die Staatsverwaltung zu reformieren und die Korruption zu bekämpfen. Eine der wesentlichen **Reformen der Verwaltungsstruktur** des Landes war die Dezentralisierung der Staatsmacht. Die Kommunen sollten im Rahmen dieser Reform mehr Entscheidungsfreiheit haben. Im Februar 2002 fanden die ersten **Kommunalwahlen** statt.

Seit den Wahlen von 1993, 1998 und 2003 besteht mit zwei Unterbrechungen eine Koalitionsregierung zwischen der Volkspartei von Premierminister *Hun Sen* und der FUNCINPEC-Partei von Prinz *Rannarith*. Die erste Unterbrechung war im Jahr 1997, nachdem ein bewaffneter Konflikt zwischen den beiden Parteien stattgefunden hatte und Prinz *Rannarith* von seiner Position als erster Premierminister verdrängt wurde. Die zweite Unterbrechung geschah nach den Wahlen Mitte 2003, als die FUNCINPEC mit der Sam-Rainsy-Partei (s. u.) versuchten, die Machtposition *Hun Sens* zu schwächen, indem sie seinen Verzicht auf die Kandidatur als Premierminister zur Bedingung für die Bildung der Koalition mit der Volkspartei machten. Die Volkspartei stand aber hinter *Hun Sen*. Erst nach vielen Verhandlungen konnte Mitte 2004 eine Koalitionsregierung zwischen der Volkspartei und der FUNCINPEC gebildet werden.

Eine dritte Partei, die seit Ende der 1990er Jahre immer mehr ursprüngliche Wähler der FUNCINPEC an sich binden konnte, ist die Sam-Rainsy-Partei. *Sam Rainsy* war in der ersten Koalitionsregierung Finanzminister und Mitglied der FUNCINPEC. Wegen politischer Spannung mit der Volkspartei und innerhalb der eigenen Partei trat er von seinem Amt zurück und wurde später aus der Partei ausgeschlossen. Er gründete eine eigene Partei und gewann insbesondere durch die Kritik an der Korruption innerhalb der Regierung an politischem Einfluss.

Die Rolle des **Königs** ist nicht unbedeutend. Laut Verfassung ernennt er den Premierminister, Minister sowie hohe Zivil- und Militärbeamte, unterzeichnet Gesetze und Ratifizierungsurkunden von internationalen Verträgen nach dem Vorschlag der Legislative oder der Exekutive. Wenn er nicht bereit ist, jemanden zu ernennen, abzusetzen oder ein Gesetz zu unterschreiben, dann geraten die Regierung, das Parlament und der Senat in große Schwierigkeiten. Im Gegensatz zu einem Präsidenten in einem republikanischen System, der in Abständen neu gewählt wird, hat der König das Amt auf Lebenszeit inne. Auch seine Verfassungsmacht, Amnestie teilweise oder ganz zu erteilen, ohne vorher die Erlaubnis von anderen Verfassungsorganen einholen zu müssen, ist nicht unbedeutend. Dank dieser Funktionen konnte König Sihanouk beim politischen Konflikt von 1997 durchgreifen und eine wichtige Rolle als Vermittler zwischen den Konfliktparteien spielen.

Im Juli und August 2004 äußerte König Sihanouk den Wunsch, abzudanken. Als die politische Spitze des Landes und der oberste Mönch ihn nicht von diesem Wunsch abbringen konnten, wurde der Thronrat im Oktober des gleichen Jahres zusammengerufen. Sein Sohn Norodom Sihamoni wurde daraufhin als ein einziger angetretener Kandidat zum neuen König gewählt.

Der Staat im Wandel

dámrey slap kom yook djángee bang
„Wenn ein Elefant gestorben ist, nimm keinen Korb,
um ihn zu verdecken."
(Bedeutung: Ein großer Missstand kann nicht vertuscht werden.
Redewendung, die oft in der Politik verwendet wird, wenn Politiker versuchen, einen Skandal zu vertuschen.)
Kambodschanische Weisheit

Vom König zum Volke und zurück

Bis Ende der 60er Jahre des 20. Jahrhunderts war in der Verfassung Kambodschas festgeschrieben, dass alle **Macht vom König** ausgeht. Die Legislative, Exekutive und die Judikative übten die Macht im Namen des Königs aus.

Bis zum 19. Jahrhundert hatte der König die absolute Macht im Lande. Danach gab er einen großen Teil seiner Macht an die französische Kolonialadministration ab. Traditionell konstituierten sich die Institutionen der politischen Macht um den König und seine Familie. Es gab **vier Königshöfe:** den Hof des *raja* (König), des *upayovaraja,* des *uparaja* und den Hof der *rajani* (Königin Mutter). Das Amt *upayovaraja* übte häufig ein König aus, der den Thron aufgab, aber die gesamte Macht noch bei sich behielt, während er seinen ältesten Sohn in das Amt des *raja* einsetzte. Das dritte Amt *uparaja* bekam häufig ein jüngerer Bruder des Königs. Jeder Hof hatte eigene Minister und einen eigenen Beamtenapparat, wobei die Würdenträger des Königshofs die höchsten Ränge genossen und die meisten Provinzen im Land kontrollierten. Zu den Hauptaufgaben des Staatsapparates gehörten damals die Verteidigung, der Bau von Straßen und öffentlichen Gebäuden, die Steuererhebung und die Finanzen, die Regulierung des Handels und die Rechtsprechung. Das System der vier Häuser wurde Anfang des 20. Jahrhunderts abgeschafft, weil die **französische Kolonialadministration** es für schwer beherrschbar erachtete. Seitdem stand nur der König an der Spitze der Staatsmacht. In der Kolonialzeit war ihm ein Generalresident beigestellt. Dieser hohe Beamte der Kolonialadministration leitete auch die Sitzungen des Ministerrates. Alle wichtigen staatlichen Entscheidungen bedurften seiner Billigung.

Als die Franzosen nach dem Zweiten Weltkrieg ihre Position in Indochina wiederaufzubauen versuchten, trafen sie auf eine veränderte politische Situation in Kambodscha. Auf dem Lande breitete sich die antikoloniale Bewegung „Issarak" aus und auch in der Stadt mehrten sich die Stimmen gegen die Kolonialherrschaft. Der König stand zwischen allen Seiten.

In dieser Situation entstand 1947 die erste Verfassung einer **konstitutionellen Monarchie.** Diese Verfassung erlaubte den Franzosen bis zu einem gewissen Grad die antikoloniale Stimmung, insbesondere in der Stadt, aufzufangen. In ihrem Kern schrieb sie die fast absolute Macht des Königs fest. Bis in die 60er Jahre des 20. Jahrhunderts hinein war formal die sehr weitreichende Macht des Königs, später des Staatschefs, festgeschrieben. Mit anderen Worten: Bis dahin herrschten in Kambodscha noch starke feudale Verhältnisse. Real wurde die Macht des Königs aber immer mehr vom erstarkenden Bürgertum und von antimonarchistisch eingestellten Beamten und Politikern ausgehöhlt. Der Staatschef in der Person von König *Sihanouk* selbst konnte sich jedoch auf die Loyalität der Mehrheit der Landbevölkerung stützen. König *Sihanouk* forcierte nach Erlangung der nationalen Unabhängigkeit den Aufbau von Straßen, Bewässerungsanlagen, Schulen und Krankenhäusern. Dadurch setzte er nicht nur die Tradition mancher Großkönige der Angkor-Zeit fort, sondern erweiterte auch die Aufgabenbereiche der Regierung. Der Aufbau eines modernen Bildungswesens in Kambodscha ist seitdem nicht mehr aus der Staatspolitik, abgesehen von der Zeit der Roten Khmer, wegzudenken.

Mit dem Sturz von Staatschef *Sihanouk* im Jahr 1970 hörte die absolute Monarchie auch formal auf zu existieren. Die **Verfassung der Republik Khmer** von 1972 schrieb fest, dass alle Macht vom Volk ausgehe und dass das Volk diese Macht durch das Parlament, die Regierung und die Judikative ausübe. Die **Verfassung des Demokratischen Kampuchea** von *Pol Pot* sagte in ihrem Artikel 1, dass der kambodschanische Staat ein Staat der Arbeiter, der Bauern und der Werktätigen Kambodschas sei. In der **Verfassung der Volksrepublik Kampuchea/Staat Kambodscha** in den 1980er Jahren bis Anfang der 1990er Jahre stand, dass alle Macht dem

Puk roluoy – das Khmer-Wort für Korruption

tschö puk kom ángkuy lö
"Setze dich nicht auf morsches Holz."
(Bedeutung: Stütze dich nicht auf Personen, die keinen Einfluss haben.)
Kambodschanische Weisheit

Puk roluoy ist das Khmer-Wort für Korruption. *Puk* bedeutet „morsch" und *roluoy* „verfault". Mit *puk roluoy* bezeichnet man sowohl die Verhältnisse in den Institutionen wie auch den Charakter von Menschen. Ein korrupter Mensch ist ein *monuh puk roluoy* (Mensch – morsch – verfault). Bei „verfault" scheint ein Kambodschaner zuerst an denjenigen zu denken, der die Bestechung annimmt. Hierzu sagt man auf Khmer *si sámnok* (das Eingeschobene essen). Das Khmer-Wort für Bestechen ist *sook* (hineinschieben). Diejenigen, die bestechen, lassen sich in zwei Gruppen teilen. Die eine Gruppe verspricht sich durch die Bestechung große Vorteile. Die zweite Gruppe bilden die armen Leute, die bestechen müssen, um eine Genehmigung oder ein anderes wichtiges Dokumente zu bekommen. Während der zweiten Gruppe allgemeine Vergebung erfährt, bleibt das der ersten Gruppe verwehrt.

Korruption findet häufig an den Schnittstellen zwischen Staat und Bürgern statt. Oft geht es gar nicht einmal um Rechtsbeugung, sondern nur um die Beschleunigung einer Entscheidung. Bei den geringen Gehältern bewegen sich viele Beamte bei der Arbeit nicht gerade schwungvoll. Mit etwas „Treibstoff" oder „Schmieröl" läuft der Motor besser. Wer die Motivation und die Funktionsweise der entsprechenden Stellen nicht kennt, verliert viel Zeit und seine Geduld wird oft auf eine sehr harte Probe gestellt, z.B. wenn eine Genehmigung für ein Bauprojekt oder irgendein Papier benötigt wird.

Im Laufe der Zeit haben sich so regelrechte Tarife für die Beschleunigung bestimmter Dinge herausgebildet. Würde der Staat dieses Beschleunigungsgeld offiziell festlegen und bekämen die zuständigen Beamten einen entsprechenden Anteil, wäre das eine Dienstleistungsgebühr. Jede Seite wäre etwas zufriedener, weil alle genauer rechnen könnten. Problematischer wird es bei größeren Investitionen, weil in solchen Fällen die Anzahl der zuständigen Stellen wächst und damit auch die „bürokratischen Kosten". Auch Beförderungen geht nicht selten die Zahlung einer entsprechenden Summe voraus, die dann später wieder reinkommen muss, um die Beförderung rentabel zu gestalten. Damit kein falsches Bild von der kambodschanischen Gesellschaft entsteht, muss auch erwähnt werden, dass es nicht nur „fette" Stellen in den Ministerien und lokalen Behörden gibt. Viele Beamte sammeln, ordnen, werten Daten aus und schreiben Berichte. Sie haben überhaupt nichts mit der Erteilung von Zulassungen und dergleichen zu tun. Auf solchen Stellen wird für ein geringes Gehalt viel gearbeitet. Viele Zivilbeamte ernähren sich redlich und etliche Polizisten halten außerhalb ihrer Dienstzeit Wache für Unternehmen.

Korruption ist offensichtlich keine neue Erscheinung in Kambodscha. Schon in den alten Khmer-Märchen wird davon berichtet, wie z.B. in der Geschichte von den zwei Nachbarn. Zwei Männer, die Nachbarn waren, gingen gemeinsam in den Wald, um Fallen zu stellen. Der eine legte seine Falle unter einem Baum aus, der andere brachte seine Falle in der Baumkrone an. Danach gingen sie wieder nach Hause. Der Nachbar, der seine Falle hoch oben im Baum befestigt hatte, besprach sich in der Nacht mit seiner Frau. Sie kamen zu der Ansicht, dass es unmöglich sei, mit einer Falle oben auf dem Baum vierbeiniges Wild zu fangen. Der Mann stand schon beim ersten Hahnenschrei auf und ging in den Wald. In die Falle des anderen war ein Hirsch gegangen. Er trug den Hirsch einfach auf den Baum und befestigte ihn in seiner Falle. Danach ging er wieder nach Hause. Als beide Nachbarn am Morgen gemeinsam nach den Fallen sahen, war der Hirsch oben auf dem Baum in der Falle. Der betrügerische Nachbar brachte dem Richter Papagei Hirschfleisch, berichtete ihm von den Geschehnissen und bat ihn, falls der andere Nachbar klagen sollte, in seinem Sinne zu entscheiden. Der Richter Papagei hieß ihn, schnell Betelnüsse und -blätter zu besorgen. Der andere Nachbar wollte tatsächlich klagen und kam zu dem Richter Papagei. Dieser hieß auch ihn Betelnüsse und -blätter zu besorgen, und wenn er die Dinge nicht zuerst brächte, sollte er den Fall verlieren. Der Mann war arm und konnte die Dinge nicht gleich besorgen. Er lief von Dorf zu Dorf und traf unterwegs den Richter Hase, der ihn fragte, was geschehen sei. Da erzählte der Mann dem Hasen alles und bat um Hilfe. Der Hase sagte ihm, dass er sich keine Sorgen machen bräuchte. Erst am Nachmittag gingen beide zum Haus des Richters Papagei. Als der Papagei den Mann sah, sagte er, dass er den Fall wegen der Verspätung verloren hätte. Daraufhin entgegnete der Richter Hase, dass der Mann und er sich verspätet hätten, weil sie zugeschaut haben, wie ein Fisch auf einen Tamarinbaum hinauf flog und die Blätter des Tamarinbaumes fraß. Der Richter Papagei sagte, dass es so etwas nicht gäbe. Nun entgegnete der Richter Hase, dass es ebenso nicht möglich sei, dass ein Hirsch in eine Falle auf dem Baumwipfel ginge. Das sagte er laut zu den Anwesenden des Dorfes, woraufhin der korrupte Richter Papagei sein Gesicht verlor und sich zur Wand drehte.

In der Geschichte reizte das Hirschfleisch den gierigen Richter Papagei so sehr, dass er das Recht beugte. Liest man dieses Märchen heute, wirkt es teilweise wie eine Parodie auf die Wirklichkeit.

Wenn sich die Beamten und Angestellten von den staatlichen Gehältern nicht ernähren können, bestehen zumindest zwei Möglichkeiten. Erstens, sie suchen zusätzliche Verdienstmöglichkeiten außerhalb ihrer staatlichen Arbeitsstelle. Zweitens, sie betrachten den Staat selbst als Verdienstquelle. Im zweiten Fall wird die Stelle im Staat ausgeschlachtet. Solche Stellen sind jedoch rar und daher sehr hart umkämpft. Wer eine „fette" Stelle gefunden hat, versucht sie mit allen Mitteln zu behalten. Zum Schutz dieser Stellen werden Beziehungen ausgebaut und gefestigt. Daher ist es äußerst schwierig, Korruption zu bekämpfen. Wer so eine Verdienstquelle hat und nichts unternimmt, um sich und seine Leute zu bereichern, muss den Posten bald abgeben, denn er stört und bringt alles durcheinander. Korruption geht Hand in Hand mit mangelnder Rechtsstaatlichkeit, Gruppendenken und Patronagesystem. Die schwerwiegenden Konsequenzen der Korruption insbesondere für die Entwicklung der Wirtschaft und den Schutz der natürlichen Umwelt werden von allen gesehen. Viele Kambodschaner schimpfen auf die Korruption, die Zeitungen schreiben darüber, die Regierung schreibt gute Verwaltung und Bekämpfung von Korruption in ihre Programme, aber die Bestechungen laufen an vielen Orten weiter, weil sie immer noch „sein müssen".

Volk gehöre und das Volk diese Macht durch das Parlament und die Staatsorgane ausübe. Nach den von den UN organisierten Wahlen im Jahr 1993 wurde die **konstitutionelle Monarchie** in Kambodscha wieder eingeführt. Doch der alte Satz, dass alle Macht vom König ausgehe, ist im Gesetzestext nicht mehr zu finden. Auch in der neuen Verfassung des Königreichs Kambodscha gehört alle Macht dem Volke und das Volk übt diese Macht durch die Legislative, die Exekutive und die Rechtsprechung aus. Man kann also sagen, dass, auch wenn die Monarchie nach rund 23-jähriger Unterbrechung wieder eingeführt wurde, sie formal nicht viel mit der Zeit bis in die 1960er Jahre gemeinsam hat. Die **neue Verfassung des Königreichs** liest sich eher wie eine republikanische Verfassung mit einem Extraabschnitt, der für den König reserviert wird.

Betrachtet man die Beziehungen zwischen Personen und Institutionen, dann gibt es auch in der neuen Verfassung viele Gemeinsamkeiten hinsichtlich der Art und Weise, wie diese Beziehungen in der Zeit der Monarchie von damals gestaltet waren. Die Schaffung von politischen Institutionen ist sehr an das **Kräfteverhältnis im Lande** angepasst. In der ersten Legislaturperiode (1993–1998) gab es zwei Premierminister und die Ministerien für Verteidigung und für Inneres hatten jeweils zwei Kominister. Dies war das Spiegelbild der zwei großen politischen Gruppierungen (die **Volkspartei** und die **FUNCINPEC,** die zusammen eine Koalitionsregierung bildeten. Nach den Wahlen von 1998 sollte es nur noch einen Premierminister geben. Da die Volkspartei den Premierminister stellte, fehlte eine entsprechende Position für den Sohn von König *Sihanouk,* der die FUNCINPEC führte. Präsident des Parlaments war bereits *Chea Sim,* der Vorsitzende der Volkspartei. So wurde ein Senat geschaffen, in den der Parlamentspräsident unter Aufgabe seines Amtes wechselte. Und den freigewordenen Posten als Parlamentspräsident bekam dann Prinz *Rannarith,* der Vorsitzende der FUNCINPEC.

Die Partei, die Wahlsieger ist, behält die klassischen Kernbereiche wie Verteidigung, Inneres, Finanzen, Außenpolitik und Handel. Für Verteidigung und Inneres gibt es bis jetzt immer Kominister. Die Personengebundenheit ist sowohl in den politischen Parteien wie auch bei ihren Repräsentanten im Parlament stark ausgeprägt. Die Parteien orientieren sich in ihrem Handeln stark an ihren eigenen Führungspersönlichkeiten. Auf diese Weise gibt es auch im Parlament kaum selbstständige Fraktionsarbeit. Eine Trennung zwischen Legislative und Exekutive ist politisch schwer erkennbar. Man kann sagen, dass die bedeutenden Persönlichkeiten der großen Parteien, die die Regierung führen, auch das Parlament dominieren. Das Patronagesystem verstärkt die Ähnlichkeit aller bisherigen politischen Herrschaften mit feudalen Systemen. Ein wesentlicher Unterschied zur Zeit der absoluten Monarchie ist der ständige Legitimationsdruck auf die politischen Akteure. Sie müssen ihre Machtstellung nun durch Wahlen rechtfertigen. Eine für ein ganzes Leben festgeschriebene Machtstellung wie die des Königs haben sie nicht. Alle fünf Jahre müssen auch die Mächtigen um ihre Positionen bangen.

Der **Kampf um das Herz und die Stimme der Wähler** hat unter anderem den Effekt, dass sich die Regierung vieler Aufgabenbereiche annimmt. Wer an der Macht ist, versucht, in seiner Regierungszeit viele Straßen, Schulen und Krankenhäuser zu bauen. Aber auch wer keine Regierungsgewalt hat, organisiert den Bau von Schulen oder die Restaurierung von Klöstern. Eine neue Erscheinung in der politischen Geschichte des Landes ist die Tatsache, dass die Regierung nun nicht nur nach innen, sondern auch nach außen hin die Legitimation beweisen muss. Die Legitimierung nach außen hat ihren Grund darin, dass der kambodschanische Staat jährlich Millionen Dollar an Entwicklungshilfe erhält. Die Regierung muss daher den Erwartungen der Geldgeberländer und der multinationalen Institutionen gerecht werden.

So wurde z. B. der Umweltschutz zu einem neuen Aufgabengebiet des Staates. Dafür wurde ein eigenes Ministerium geschaffen. Die Regierung beteiligte sich an verschiedenen Programmen der Geberländer und Nichtregierungsorganisationen zur Bekämpfung der Armut, zur Dezentralisierung und zur Verwaltungsführung. In manchen Fällen scheinen die Impulse für die Reformen und Veränderungen ausschließlich von außen zu kommen. Die kambodschanische Regierung macht das alles mit, weil sie ansonsten die Verärgerung der Geberländer befürchten müsste. Das Problem der von außen geleiteten Veränderungen besteht in der Tragfähigkeit der eingeführten Strukturen. Sobald die Hilfsgelder versiegen, kehren die alten Verhältnisse wieder zurück.

RELIGION UND DIE KAMBODSCHANISCHE GESELLSCHAFT

Der Theravada-Buddhismus

Der Theravada-Buddhismus ist seit dem 14. Jahrhundert die größte Glaubensrichtung in Kambodscha. Theravada heißt die **„Schule der Ordensälteren"**. Diese Schule bemüht sich um die Bewahrung der Lehrmeinung Buddhas vor falschen Auslegungen und um die Befolgung der strengen Ordensregeln innerhalb der Mönchsgemeinde. Der Theravada-Buddhismus herrscht auch in den zwei an Kambodscha grenzenden Ländern Thailand und Laos sowie in Burma und Sri Lanka vor. In Kambodscha sind fast alle Khmer, die rund 90% der Bevölkerung ausmachen, Buddhisten.

Warum der Theravada-Buddhismus (Buddhismus des kleinen Fahrzeugs) am Ende der Angkor-Zeit den bis dahin von vielen Angkor-Königen

Auf Buddha-Statuen trifft man selbst an abgelegenen Stellen

praktizierten Brahmanismus bzw. Mahayana-Buddhismus (Buddhismus des großen Fahrzeugs) ablöste, ist nicht geklärt. Seit dem 13. Jahrhundert zeigte das Angkor-Reich starke Zerfallserscheinungen. Im 14. Jahrhundert besetzten die Siamesen zweimal die Hauptstadt Angkor. Am Anfang des 15. Jahrhunderts wurde Angkor als Hauptstadt endgültig aufgegeben. Die Sieger waren Anhänger der Theravada-Schule. Offensichtlich erhielt die strenge Form der Lehre Buddhas, die schon am Anfang des 13. Jahrhunderts vor dem Zusammenbruch Angkors bekannt war, durch den siamesischen Einfluss einen weiteren Schub. Die Bereitschaft der Kambodschaner, den Theravada-Buddhismus aufzunehmen, muss groß gewesen sein. Dies würde erklären, warum der ständige Wechsel der Religionen, wie er in der Vor-Angkor-Zeit und der Angkor-Zeit gang und gäbe war, nach der Angkor-Zeit bis auf eine einzige Ausnahme im 17. Jahrhundert – der König ließ sich zum Islam bekehren – nicht mehr stattfand.

Die Frage, warum man sich der **strengen Lehre Buddhas** zuwandte, stellte sich die Bevölkerung nur am Ende der Angkor-Zeit. Für ihre Nachfahren hatte diese Frage keine Bedeutung mehr. Sie wurden in die kambodschanische Gesellschaft mit ihren Glaubensvorstellungen und -formen hineingeboren. Der Glaube an Buddha wurde ihnen sozusagen mit der Muttermilch mitgegeben. Und so ist es bis heute.

Schon als Kind sieht man jeden Morgen die Mönche mit kahl geschorenen Köpfen in ihren safranfarbenen Gewändern die Dorfstraße entlanggehen und Speisen von den Dorfbewohnern entgegennehmen. Wenn die Mönche am Haus anhalten, sieht man, wie die Mutter vor ihnen niederkniet und sie grüßt, wobei ihre zusammengelegten Hände die Erde dreimal berühren und auch ihre Stirn jedes Mal fast den Boden berührt. Anschließend gibt sie den gekochten Reis vorsichtig in die Reisschalen der Mönche und füllt die Speisebehälter der Mönche mit frisch gegarten Gerichten. Man sieht, wie die Mutter danach wieder die Hände zusammenlegt, lautlos betet und sich etwas wünscht und wie sich die Mönche wortlos von ihr abwenden und ihren Gang durch das Dorf fortsetzen. Man erlebt die Morgen- und Abendgebete der Großeltern und der Eltern. Schon vor 5 Uhr in der Frühe stehen sie auf, zünden Räucherstäbchen an, begrüßen das Buddha-Bild auf dem Schrein und sprechen verschiedene Gebete. An den Tugend-Tagen *(Thngai sel)* gehen die Großeltern schon vor dem Morgengrauen in das Kloster und bringen den Mönchen Reis und andere Speisen zum Frühstück.

Mit sieben oder acht Jahren werden die Jungen und Mädchen häufiger in religiöse Handlungen einbezogen. Wenn die Mutter verhindert ist, soll das Kind z. B. den Speisebehälter des Mönchs füllen und ihn anschließend dem Mönch reichen und beten. Abends vor dem Ins-Bett-Gehen kommt es vor, dass die Mutter sagt: „Kind, zünde drei Räucherstäbchen an und bete zu Buddha. Bitte ihn um Wohlergehen für unsere Familie."

In ihrem Leben werden die Jungen und Mädchen in Kambodscha noch an **vielen buddhistischen Zeremonien** teilnehmen. Sie werden viele Mönche und auch viele andere Menschen, die die Lehre Buddhas befolgen, erleben, ihre Meinungen kennen lernen und ihre Hoffnungen, die sie aus ihren Taten für Buddha, für Dharma (die Lehre Buddhas) und für den Sangha (Mönchsorden) schöpfen. Durch die stetige Ausübung wird der Glaube der Kinder an Buddha gefestigt.

An den Worten Buddhas wird nicht gezweifelt, man betreibt keine Quellenkritik wie es Historiker tun.

Nach jeder religiösen Handlung ist man froh und schöpft neue Hoffnung, denn so sammelt man gutes Karma *(bon)*. Das gute Karma kann auch an andere Familienmitglieder, Vorfahren und Freunde übermittelt werden *(utih)*. Wer viel gutes Karma gesammelt hat, erwartet, dass es ihm eines Tages, wenn nicht in diesem, dann im nächsten Leben, zugute kommt.

Nur in der Zeit der Roten Khmer von 1975 bis 1979 wurde die Kontinuität des Hineingeboren-Werdens in die buddhistische Glaubenswelt unterbrochen. Die Roten Khmer, die einen Bauern-Kommunismus in Kambodscha aufbauen wollten, betrachteten die Mönche als Teil der alten Ausbeutersysteme, verfolgten sie und brachten viele von ihnen um. Buddhistische Klöster wurden zu Lagern oder Gefängnissen umfunktioniert. Die Ausübung des buddhistischen Glaubens wie auch anderer Religionen wurde unter Strafe gestellt. Trotz **Verbot und Verfolgungen** haben die Menschen heimlich weiter zu Buddha gebetet, wenn auch nicht im Kloster, vor einer Buddha-Statue oder vor einem Mönch. Vielen Menschen gelang es, kleine Buddha-Figuren aus Holz oder Zähnen zu verstecken. Diese Buddha-Figürchen waren ihre Beschützer in der Zeit äußerster Not.

Nach dem Sturz der Roten Khmer im Jahr 1979 setzte sich der Prozess des Hineingeboren-Werdens in die buddhistische Glaubenswelt fort. Auf dem Lande wurden die Klöster wieder geistiger Mittelpunkt der Dörfer. Der Besuch des Klosters an den Tugend-Tagen *(Thngai sel)*, die Durchführung buddhistischer Festlichkeiten, die Ordination von Mönchen, der Gang der Mönche durch die Dorfstraße usw. – all das geschieht wieder so, wie man es seit jeher in Kambodscha kennt.

Einer der Hauptgründe dafür, dass die strenge Lehre Buddhas mehrere Jahrhunderte und viele gesellschaftliche Veränderungen in Kambodscha überdauern konnte, scheint darin zu liegen, dass diese Lehre an ein zentrales Problem des menschlichen Daseins knüpft, nämlich das Problem des Leidens.

Was lehrt Buddha?

Das Ziel der Lehre Buddhas ist die vollständige Aufhebung des Leidens. Um das zu erreichen, muss man wissen, was Leiden ist und wie es entsteht. Erst wenn man die Erkenntnis darüber erlangt hat, kann man begreifen wie man das Leiden, das sich durch den Kreislauf der Wiedergeburten ständig wiederholt, beenden kann.

Der Kern der Lehre, die Buddha vor 2500 Jahren verkündet hat, sind die **„vier edlen Wahrheiten":** „die edle Wahrheit vom Leiden", „die edle Wahrheit von der Entstehung des Leidens", „die edle Wahrheit von der Aufhebung des Leidens" und „die edle Wahrheit vom achtfachen Pfad zur Aufhebung des Leidens".

Als Leiden betrachtet Buddha die Geburt und die damit verbundenen körperlichen Grundübel wie Alter, Krankheit, Tod und verschiedene negative seelische Zustände wie Kummer, Jammer, Schmerz, Gram, Verzweiflung sowie die Vereinigung mit Unliebem und die Trennung von Liebem. Auch was man wünscht, nicht zu erlangen, bringt Leiden hervor.

Der Hauptgrund für die Entstehung des Leidens ist die Begierde, die zur Wiedergeburt führt. Ebenso trägt das Unwissen über das Leiden und seine Aufhebung zur Wiedergeburt und somit zum endlosen Kreislauf des Leidens bei.

Erkennt man nun, dass die sinnliche Begierde und die Begierde nach unvergänglichem Sein, welches nur eine Illusion ist, die Ursachen des Leidens sind, dann sieht man auch, dass die Loslösung von diesen weltlichen Begierden zur Aufhebung des Leidens führt.

Um zur Aufhebung des Leidens zu gelangen, muss man sein Verhalten streng schulen. Dabei muss der **Achtfache Pfad Buddhas** befolgt werden: Rechte Erkenntnis, rechte Gesinnung, rechte Rede, rechtes Tun, rechter Lebensunterhalt, rechtes Streben, rechte Achtsamkeit und rechte Sammlung.

Buddha verknüpfte seine Lehre mit den brahmanistischen Vorstellungen über den Kreislauf der Wiedergeburten und die Tatvergeltung. Nach Buddha kann derjenige, der seine Lehre streng befolgt, gewiss sein, dass er nicht wieder geboren wird und somit keine Leiden mehr erfährt. Er gelangt nach seinem Tod ins Nirwana.

Woran glauben die Menschen?

Kaum ein Laie in Kambodscha hat in seinem Leben auch nur einen der 110 Bände des **„Tripitaka"** (wörtlich: „drei Körbe") in die Hand genommen. Im „Tripitaka" sind die Lehrreden Buddhas, die Ordensdisziplin und Geschichten von den vielen Wiedergeburten Buddhas enthalten. Der Glaube an Buddhas Lehre bedeutet für viele Menschen Glaube an Wiedergeburt und Tatvergeltung. Nur die wenigsten streben das Nirwana als Ziel für ihr nächstes Leben an. Das Nirwana wird als ein Zustand der vollständigen Erlöschung, des Nichts angesehen. In diesem Zustand gibt es keine Leiden, aber auch keine Glückseeligkeit. Es ist ein Zustand hohen Friedens. Die meisten Menschen wünschen sich aber schon in diesem Leben, dass ihnen durch das **Sammeln von gutem Karma** Glück widerfährt. Und im nächsten Leben möchten sie gerne als etwas Besseres wieder geboren werden. Wie das erreichen?

Einige der Kausalketten, die man bei seinen Bemühungen beachten muss, sind: Jemand, der den Mönchen Speise und Trank, Kleidung oder Obdach spendet, wird im nächsten Leben viel Reichtum besitzen. Wer das nicht tut, bleibt arm oder verarmt. Wer mordet, wird im nächsten Leben selbst nur ein kurzes Leben haben. Jemand, der ein Lebewesen quält, wird im nächsten Leben an einer schweren Krankheit leiden. Hässlich wird einer, der in diesem Leben ständig zornig und unzufrieden ist. Wer diese

Krankheit und Alter – zwei der Leiden, die der Buddhismus aufzuheben verspricht

negativen Verhaltensweisen vermeidet, wird im nächsten Leben lange leben, wenig leiden und liebenswert sein. Wer neidisch ist, wird an Kraftmangel leiden. Wer aber anderen den Erfolg nicht missgönnt, wird kraftvoll sein. Wer sich eine höhere Abkunft im nächsten Leben wünscht, sollte Respektspersonen gebührend behandeln (grüßen, sich erheben, einen Sitz anbieten, sie ehren). Wer sich einem Mönch nähert und ihn fragt, was heilvoll oder was unheilvoll ist und sich nach Taten, die zum Heil oder Unheil führen, erkundigt, wird große Weisheit erlangen. Derjenige, der an solchen Fragen kein Interesse verspürt, wird weniger weise sein. Wer mit dem Mund etwas Böses tut, bekommt ein Schweinemaul. Die Aufzählung könnte fortgesetzt werden.

Neben der Vorstellung von der Tatvergeltung gibt es verschiedene **Gebote** (fünf, acht und zehn Gebote), an die sich die Laien halten müssen. Zu den fünf Geboten gehören: nicht töten, nicht stehlen, nicht lügen, nicht ehebrechen, sich nicht mit Alkohol berauschen oder sich anderen Lastern hingeben (Glücksspiel, Frauen). Die Laien, die den Weg Buddhas noch strenger befolgen, halten sich an acht bzw. zehn Gebote. Die acht Gebote umfassen außer den genannten fünf Geboten: Enthaltsamkeit in Bezug auf Schmuck, Parfüm und Abendessen an den Tugend-Tagen *(Thngai Sil)*. Wer die zehn Gebote befolgt, verzichtet sogar täglich auf das Abendessen und enthält sich dem Geschlechtsverkehr. Wer diese Gebote strikt beachtet, sammelt viel gutes Karma.

Gutes Karma kann also in bestimmten Fällen durch aktives Tun und in anderen durch Enthaltsamkeit erlangt werden. Nach meiner Beobachtung scheint es, als sind einige der fünf Gebote viel schwieriger zu befolgen als der Gang zum Kloster und den Mönchen Essen zu bringen. Die Ursachen hierfür können z. B. „Sachzwänge", Gewohnheiten oder Bequemlichkeiten sein. Wer Fleisch isst, muss töten oder töten lassen. Wer streng nach dem Gebot „töte kein Lebewesen" leben wollte, müsste sein gesamtes **Essverhalten** ändern. Geht es um Leben und Tod, gibt es nun einmal keinen Mittelweg. Fleisch, Fisch und auch Eier müssten vom Speiseplan gestrichen werden. Der gesamte Körper und die Einstellung zum Essen müssten umgestellt werden. Wie schwer das ist, sieht man daran, dass in Kambodscha Vegetarier eine rare Spezies sind. Das vegetarische Essen heißt zwar *bay buah* (Essen der Ordinierten), doch Mönche essen auch Fleischgerichte, die ihnen die Laien bringen. Nur wenige Mönche sind reine Vegetarier. Unter den wenigen Laien, die den Verzehr von Fleisch ablehnen, sind kaum junge Menschen anzutreffen. Meist sind es Männer und Frauen in hohem Alter.

Genauso schwierig wie beim Essen ist es auch bei der **Politik**. Wenn man die Herrscher Kambodschas nach der Angkor-Zeit betrachtet, so scheint der Glaube an Buddhas Lehre nur bei König *Chey Chettha III.*, der im 17. Jahrhundert regierte, tiefe Wirkungen hinterlassen zu haben. Dieser König hatte die Todesstrafe abgeschafft und viele grausame Strafen gemildert. Der „Sachzwang" zur Bestrafung mit dem Tod lauteten über die Jahrhunderte „Abschreckung und Sicherung der politischen Macht". Mehrfach ging *Chey Chettha III.* ins Kloster, aber die Staatsgeschäfte holten ihn immer wieder zurück. Erst nach seiner fünften Regentschaft konnte er für immer das Mönchsgewand anlegen.

Nicht minder schwierig ist es, die Gebote Buddhas mit den geschäftlichen Tätigkeiten in Einklang zu bringen. Besonders schwer ist es, **Handel** zu treiben, ohne auch nur ein bisschen zu lügen.

Man kann also sagen, dass die Menschen je nach persönlicher Veranlagung und Situation den Buddhismus recht individuell aufnehmen. Vom Grundsatz her ist die Lehre Buddhas sehr besänftigend. Wer sich von der weltlichen Begierde löst, hat keinen Grund mehr, sich mit anderen zu streiten. Er strebt nicht nach Besitz und Reichtum. An weltlichen Dingen, hat er kein Interesse. Ein solcher Mensch sucht den absoluten seelischen Frieden. Er sucht die vollständige Erlösung, das Nirwana, und nicht die Illusion vom beständigen Sein.

Raucherstäbchen anzünden für ein besseres Karma

Der Glaube an Buddha erweicht die Herzen vieler Menschen und lässt sie **Mitleid** gegenüber Menschen und Tieren in Not empfinden. Mitleid und der Glaube daran, viel gutes Karma zu sammeln, wenn man einem hungernden Menschen Nahrung oder Geld gibt oder einem Tier das Leben schenkt, bewahren etliche Bettler vor Hunger und unzählige Vögel vor dem Käfig oder der Bratpfanne. Wenn jemand einem Bettler Geld gibt, wünscht er sich, dass er durch diesen Akt des Sammelns von gutem Karma weder in diesem noch in einem späteren Leben solch eine Armut kennen zu lernen braucht und ihm nur Reichtum und Wohlstand begegnen. Sehr beliebt ist auch die Freilassung von gefangenen Tieren. So gehen viele Kambodschaner zum Tierhändler, kaufen einige Spatzen und lassen sie frei. Bei der Freilassung wünschen sie den Vögeln alles Gute und dass sie wieder mit ihren Familien zusammen sein können. Für sich selbst wünschen sie, dass kraft dieser guten Tat bestimmte Wünsche in Erfüllung gehen. Es soll allerdings vorkommen, dass dieselben Vögel bald wieder bei ihrem Verkäufer im Käfig sitzen.

In **Zeiten eigener Not** wenden sich die Menschen gern an Buddha. Mit Räucherstäbchen beten sie ihn an und bitten darum, z. B. ein Familienmitglied von einer schweren Krankheit zu heilen. Doch nicht nur in schwerwiegenden Fällen wird Buddha angerufen. Auch bei kleineren Wehwehchen und Wünschen soll Buddha häufig helfen. Das geht soweit, dass Eheleute Buddha mit Räucherstäbchen bedrängen, damit er ihnen hilft, eine Tochter oder einen Sohn zu bekommen. Ein anderer bittet Buddha um einen Treffer im Lotto. Da manche zu lange auf ein Zeichen von ihm warten müssen, gehen sie zu den Mönchen und bitten diese um Hilfe. So erlangen einzelne Mönche die Berühmtheit, große Wahrsager, Krankenheiler oder Glückszahlengeber für das Lottospiel zu sein. All das hat zwar mit dem Buddhismus nichts zu tun, gehört aber für viele Kambodschaner zum Buddhismus dazu.

Wen beim Schlachten eines Huhnes das schlechte Gewissen plagt, der entschuldigt sich vorher bei dem Tier für diese „notwendige" Tat (Stichwort: „Sachzwänge") und wünscht ihm, dass es im nächsten Leben als Mensch wieder geboren wird und dem Leiden, das ihm in diesem Leben widerfahren ist, nicht mehr begegnet. Ob dem, der das Huhn schlachtet, die Entschuldigung hilft, ist sehr fraglich, denn Buddha hat nicht gesagt, dass man ein Lebewesen töten kann, wenn man sich vorher entschuldigt. Solche hausgemachten Entschuldigungen sind aus Pragmatismus zur Entlastung der eigenen Seele Teil des Glaubens vieler Menschen geworden.

Das Mönch-Dasein

Bis in die 60er Jahre des 20. Jahrhunderts war es auf dem Lande üblich, die Söhne für einige Zeit ins Kloster zu schicken. Dort lernten sie als Mönch die Lehre Buddhas und die buddhistischen Tugenden kennen. Dadurch sollten sie viel gutes Karma sammeln. Nach dieser Zeit des Lebens als Mönch wurden sie in der Dorfgemeinschaft als vollkommene Menschen angesehen. Durch die **Ordination** erlangten sie somit ein hohes Ansehen im Dorf. Wer an der Lehre Buddhas Gefallen fand und wenig Sehnsucht nach dem weltlichen Leben verspürte, blieb für längere Zeit oder sogar das ganze Leben lang Mönch. Gegenwärtig verweilen in den rund 3900 Klöstern Kambodschas über 50.000 Mönche. Das sind ca. 0,38 % der 13 Millionen Einwohner Kambodschas.

Wer sich entschließt, Mönch zu werden, muss sich darüber im Klaren sein, welche **Entbehrungen** er auf sich nimmt. Auch wenn es nicht mehr wie zu Lebzeiten Buddhas bedeutet, in die Hauslosigkeit zu ziehen, so sind die Ordensregeln doch noch immer sehr streng. Mönch zu werden bedeutet nicht nur, die Lehre Buddhas zu beherrschen und zu pflegen, sondern sich auch auf das vollständige Erlöschen, auf den Eingang ins Nirwana, vorzubereiten. Dafür ist strenge Disziplin erforderlich.

227 **Ordensregeln** sind einzuhalten. Das Leben eines Mönchs hat nichts mit dem eines anderen jungen Mannes oder Familienvaters gemeinsam. Der Mönch muss sich vom weltlichen Leben lösen. Sein Besitz soll sich im Wesentlichen auf das Ordensgewand, den Nadelbehälter, den Leibgurt, eine Reisschale und eine Sitzgelegenheit beschränken. Das Ordensgewand bestand ursprünglich nur aus Flickwerk. Er darf nicht arbeiten oder für sich arbeiten lassen. Nur das, was er gesammelt hat, soll er verzehren. Von der Mittagszeit bis zum nächsten Morgen ist es nicht erlaubt, Nahrungsmittel zu sich zu nehmen. In dieser Zeit darf er nur Wasser oder Tee trinken. Besonders streng geregelt sind die Kontakte zu Frauen. Ein Mönch darf keinen Körperkontakt zu einer Frau haben. Er darf nur in Gegenwart einer anderen Person fünf bis sechs Worte mit einer Frau wechseln oder ihr die Lehre Buddhas darlegen. Er darf sich nicht zusammen mit einer Frau im Verborgenen hinsetzen. Ein Mönch darf sich nicht mit einer Nonne verabreden, um gemeinsam eine Landstraße entlang zu gehen oder ein Schiff zu besteigen, um Fluss aufwärts oder abwärts zu fahren. Er darf nicht einer Nonne sein Ordensgewand geben. Er darf ihr kein Ordensgewand nähen oder nähen lassen. Nach Sonnenuntergang soll er sich nicht an den Aufenthaltsort der Nonnen begeben. Sexueller Kontakt ist eines der vier Hauptvergehen, die mit sofortigem Ausschluss aus dem Mönchsorden bestraft werden. Die drei anderen schwersten Vergehen sind Diebstahl, Mord oder Verherrlichung von Selbstmord und

Prahlerei mit dem Besitz übernatürlicher Fähigkeiten. Ebenso ist die absichtliche Tötung von Tieren nicht erlaubt. Ein Mönch soll auch Abstand zu Scherz und Belustigungen halten.

Angesichts der Vielzahl natürlicher Bedürfnisse, die die Menschen nur schwer überwinden können, scheint es dem Mönchsorden doch notwendig zu sein, eine Kontrolle mithilfe des Regelwerks ausüben zu müssen und dem einzelnen Mönch nicht einfach Vertrauen zu schenken. Neben den Regeln, die auf die Loslösung von der weltlichen Begierde zielen, hat ein Mönch viele Regeln des Zusammenlebens in der Mönchsgemeinde zu beachten, die hier nicht im Einzelnen behandelt werden können.

Beziehungen zwischen buddhistischen Institutionen und Laien

Was ein Buddhist in Kambodscha auch Religiöses tut, es steht in der Regel mit drei Dingen im Zusammenhang, nämlich mit **Buddha, Dharma** (Lehre Buddhas) und **Sangha** (Mönchsgemeinde). Diese drei Elemente prägen die Kultur Kambodschas seit dem Ende der Angkor-Zeit grundlegend. Sie sind die geistige Quelle vieler Werke der Architektur, der bildenden Kunst, der Malerei, der Literatur und der Musik.

Sie bestimmen auch maßgebend die Beziehungen zwischen buddhistischen Institutionen und Laien. Aus der heiligen Stellung von Buddha, Dharma und Sangha bestimmt sich das ehrerbietige Verhalten der Laien diesen Institutionen gegenüber. Eine **Buddhafigur** in einem Kloster ist für Kambodschaner nicht nur heilig, sondern besitzt auch übernatürliche Fähigkeiten. Man kann sie direkt anbeten und um Hilfe in vielen Angelegenheiten bitten. Einer Buddhafigur im Kloster nähert man sich barfuss und in ehrerbietig gebückter Haltung. Die Begrüßung erfolgt in der Weise, dass man vor ihr niederkniet und dreimal den Kopf und die bis auf Stirnhöhe erhobenen, zusammengelegten Hände bis auf den Boden beugt. „Thvay bángkum preah" sagen die Kambodschaner dazu (Thvay bángkum – anbeten, Preah – Buddha).

Auch wenn man zu einem Mönch im Kloster geht, wird er dreimal mit thvay bángkum begrüßt, wobei der Kopf nicht unbedingt bis zum Boden gebeugt werden muss (aber man kann es natürlich tun). Man sagt hierzu

---

Jeden Tag sammeln die Mönche ihre Nahrung ein. Sie betteln nicht, sondern geben den Laien die Chance, durch Spenden ihr Karma zu verbessern.

thvay bángkum look (*look* bedeutet in diesem Kontext „Mönch"). Als Personen, die die Lehre Buddhas pflegen und verbreiten, genießen die Mönche große Achtung bei den Menschen. Wenn sie auch nicht die gleiche Stellung wie Buddhastatuen besitzen, so werden ihnen viele übernatürliche Kräfte zugeschrieben.

Ein Buddhist begeht eine Sünde, wenn er zu einem Mönch geht oder ein Mönch zu ihm kommt und er ihn nicht gebührend begrüßt. Schlechtes Karma bekommt eine Frau, die einen Mönch berührt, oder jemand, der etwas tut, wodurch dem Mönch die Tugend verloren geht. Einen Mönch begrüßt man auch barfuss und kniend. Die heilige Stellung von Buddha und den Mönchen kommt unter anderem auch durch die Verwendung spezieller Anredeformen und den Gebrauch eines besonderen Vokabulars zum Ausdruck. In dem Spezialwortschatz werden die oberste Stellung Buddhas in der sozialen Hierarchie der gläubigen Buddhisten und die hohe Stellung der Mönche den Laien gegenüber manifestiert. Wer bei der Kommunikation mit Buddha oder mit einem Mönch mit Absicht die Laiensprache benutzt, handelt sich laut Vorstellung der Buddhisten viel schlechtes Karma ein. Der Grund: Die gläubigen Buddhisten denken, dass so etwas nur jemand tut, der die vertikalen Beziehungen zwischen Gott da oben und Menschen da unten sowie zwischen Mönchen da oben und Laien da unten umzukippen und eine Gleichstellung zwischen den heiligen Wesen und den Menschen zu erreichen versucht. Die Harmonie im Glaubenssystem wäre gestört. Solch ein Verhalten würde als grobe Respektlosigkeit angesehen und daher auch entschieden abgelehnt werden.

Auch dem **Kloster,** welches Buddhastatuen, Mönche und heilige Schriften beherbergt, begegnet man mit Ehrerbietung. Man muss zwar beim Betreten des Klostergeländes nicht die Schuhe ausziehen, aber die Kopfbedeckung nimmt man schon ab, wenn man sich dem Zaun des Klosters nähert. Beim Betreten einer Pagode oder anderer Hallen im Kloster sind jedoch immer vorher die Schuhe auszuziehen, denn es handelt sich um heilige Stätten. Schlechte Ausdrücke oder Beschimpfungen sollen auf dem Klostergelände nicht ausgesprochen werden. Schlechte Gedanken sollen aus dem Kopf verbannt werden, denn man befindet sich an einem Ort der Andacht. Kambodschaner glauben, dass im Kloster Gottheiten wie Tevadas, Geister der Urahnen u. a. weilen. Und sie alle mögen keine schlechten Worte und Gedanken.

Der Theravada-Buddhismus übt in Kambodscha eine wichtige **Integrations- und Identifikationsfunktion** aus. Es ist bis heute fast unmöglich zu sagen: „Ich bin Kambodschaner, aber kein Buddhist". Trotz gewisser Zwänge, die sich aus dem Gruppengefühl ergeben, weist diese Religion große Toleranz auf. Der Buddhismus der Kambodschaner integriert viele

Elemente des Volksglaubens sowie Teile des früheren brahmanistischen Glaubens. Für Menschen, die diesen Glauben erleben möchten, besteht kein Zwang, sich von ihrem bisherigen Glauben zu lösen. Für Laien gibt es keinen formellen Akt der Aufnahme in die buddhistische Glaubensgemeinschaft. Wer sich als Buddhist fühlt, ist eben Buddhist. Die Ausübung anderer Religionen wird akzeptiert. Nicht-Buddhisten erleben im kambodschanischen Alltag keine Einschränkungen hinsichtlich des Essens, Trinkens und Kleidens.

Andere Religionen und Volksglauben

Auch wenn die meisten Kambodschaner sich als Buddhisten betrachten, heißt es nicht, dass Buddha und seine Lehre allein den gesamten Raum ihres Glaubenslebens einnehmen. Schaut man sich den Alltag der Kambodschaner genauer an, sieht man, dass sie ebenso Schutz bei ihren *Arak, Neak Ta* und anderen animistischen Geistern suchen. Diese Welt der Seelen der Vorfahren und der Geister kannten die Menschen, lange bevor die großen indischen Religionen wie der Buddhismus und der Brahmanismus sie erreichten. Die Kambodschaner sind in ihrer Denkweise sehr offen und tolerant. Für alles ist Platz in ihrer Glaubenswelt, alles ist zu irgendetwas gut und jede Glaubensrichtung nimmt Elemente der anderen in sich auf. Obwohl alle Götter und Geister den Menschen Schutz und Wohlergehen gewähren, gibt es aber so etwas wie eine „Arbeitsteilung" zwischen ihnen.

Brahmanismus

Die brahmanistischen Götter werden heute noch bei vielen Anlässen gerufen. Die Menschen verstehen sich deshalb aber nicht als Brahmanisten und betrachten Shiva, Vishnu, Brahma oder Indra auch nicht als ihre Hauptgötter. Sie werden angerufen, weil sie auch **heilige Wesen** sind. Und heilige, übernatürliche Wesen werden schon irgendwie helfen können. Aus dem Grund werden sie gemeinsam mit den Seelen der Vorfahren und den Schutzgeistern bei vielen animistischen und buddhistischen Zeremonien gerufen und verehrt.

Früher war das anders. Früher, das heißt bis zum 13. Jahrhundert, als die glorreiche Ära des Angkor-Reiches dem Ende entgegen ging, waren die brahmanistischen Götter die Beschützer des Khmer-Reiches. **Shiva** schien der Lieblingsgott der Khmer-Könige gewesen zu sein. Er wurde in verschiedenen Manifestationen dargestellt. Tempel wurden für ihn gebaut.

Ihm wurden Musikanten, Diener und ganze Dörfer gestiftet. In den alten Heiligtümern wurde er insbesondere in Form eines Linga verehrt.

In Form eines anfangs- und endlosen Linga trat Shiva auf, als sich Vishnu und Brahma darüber stritten, wer die Welt geschaffen hat. Weder Vishnu noch Brahma haben den Anfang und das Ende des Linga gefunden. Da zeigte sich Shiva und ließ sie wissen, dass er der Schöpfer sei. Shiva ist aber auch der Gott der Zerstörung. Am Ende eines Weltzeitalters vernichtet er alles. Diese Zerstörung ist jedoch als Grundbedingung für die Entstehung von Neuem zu verstehen. Schreckliche Manifestationen von Shiva sind in Kambodscha sehr selten zu finden. Gewöhnlich strahlen seine Statuen Ruhe und Milde aus.

Neben Shiva wurde auch **Vishnu** verehrt. Er hat vier Arme und hält verschiedene Insignien in den Händen. Sein Reittier ist Garuda. Vishnu ist der Beschützer der Welt. Immer wenn die Weltordnung von den Dämonen gestört wird, nimmt er unterschiedliche Gestalten an, um die Dämonen zu verjagen und die Ordnung wieder herzustellen. Bekannte Darstellungen der Inkarnation Vishnus aus dem alten Khmer-Reich zeigen ihn als Schildkröte, Eber, Narasimha (Löwenmensch), Rama und Krishna. Der berühmte Tempel Angkor Wat ist Vishnu geweiht.

Bisweilen findet man auch **Hari-Hara-Darstellungen.** Es handelt sich hierbei um die Vereinigung der beiden Götter in einem Bildnis. Hari (Vishnu) bildet die linke Körperseite und Hara (Shiva) die rechte. Vishnu hält gewöhnlich einen Diskus und eine Keule und Shiva einen Dreizack und einen Rosenkranz in den Händen. Auf der Stirn ist ein drittes Auge des Shiva zu sehen. Hari-Hara schien bei den Menschen in der Funan- und Chenla-Zeit neben Shiva (Hauptgott), Vishnu und Buddha auch beliebt gewesen zu sein.

Es ist schwer zu sagen, wie tief die verschiedenen Ausrichtungen des brahmanistischen Glaubens in der Bevölkerung der Vor-Angkor- und der Angkor-Zeit verwurzelt waren. Die **Inschriften** aus dieser Zeit berichten immer wieder von großen Stiftungen für die Götter. Mitunter steht darin, dass dem Gott Hunderte von Dörfern für den Tempeldienst geschenkt wurden. Ob die Menschen in diesen Dörfern aus Hingabe zu Shiva oder anderen brahmanistischen Göttern ihren Dienst leisteten oder nur auf Befehl des Königs oder hoher Beamter ihre Aufgaben erfüllten, weiß niemand. Stutzig macht die Tatsache, dass 1431 die gesamte Bevölkerung mit ihrem König die Angkor-Region in Richtung Süden verließ, als gäbe es keine Bindungen zu diesem Reich, seinen Heiligtümern und Göttern. Böse

Steineremiten werden auch in buddhistischen Klöstern verehrt

Zungen meinten sogar, sie wären keine Brahmanisten gewesen und hätten sich mit diesem Umzug von den Lasten des Tempeldienstes befreien wollen.

Die **Verbreitung des Brahmanismus** ging einher mit der Organisation des Staates nach politisch-religiösen Vorstellungen. Insbesondere der Kult des Gottkönigtums ab dem 9. Jahrhundert machte den König vom Statthalter Gottes auf Erden zu einem Teil des Gottes selbst. In diesem Kult birgt das Bildnis des Gottkönigs in Form eines Linga die Essenz des Königs in sich. Das Wort des Königs wurde somit Gotteswort. Derjenige, der die Befehle des Königs ausführte, sammelte gutes Karma. Ein Heiligtum, welches das

Bildnis des Gottkönigs beherbergte, bildete das Zentrum des Reiches. Die Gestaltung der Tempel und der Städtebau erfolgten entsprechend der indischen Mythologie mit dem Berg Meru, dem Wohnort der brahmanistischen Götter, in der Mitte.

Der Brahmanismus schien dem Herrscher und seinen Beamten bei der Ausübung ihrer Aufgaben eine **politisch-ethische Stütze** zu bieten. Zwar konnte sich das indische Kastensystem im Khmer-Reich nicht durchsetzen, aber die Grundidee der Kastenteilung, dass jeder, der seine Pflichten im Rahmen seiner Kasten erfüllt, gutes Karma sammelt, durfte den Königen, den Beamten und den Menschen damals nicht unbekannt gewesen sein. Für die Angehörigen des Kriegerstandes *(Kshatriyas)* gehören nach der Bhagavadgita Tapferkeit, Feuereifer, Durchhaltevermögen, Geschicklichkeit und Nichtfliehen im Kampf zu den grundlegenden Prinzipien.

Es gibt kein Verbot der Tötung von Leben wie im Buddhismus. Für einen Krieger ist eben auch das Töten Bestandteil seiner Pflichterfüllung. Mitglieder des Kriegerstandes müssen auch freigiebig sein und herrisches Gehabe zeigen. All das kann als Soldaten-Ethik angesehen werden. Aus der Geschichte Kambodschas weiß man, dass die Brahmanen Gelehrte und Berater am Königshof waren und dass eine Haupttätigkeit vieler Khmer-Könige der Vor-Angkor- und Angkor-Zeit die Kriegsführung war. Diese Tätigkeiten der Khmer-Könige und Brahmanen entsprachen durchaus jenen des Kriegerstandes und des Lehrstandes im alten Indien. Welche moralischen Anleitungen der Brahmanismus den Menschen damals im Alltag vorgab, kann nicht gesagt werden. Dazu ist der brahmanistische Glaube in sich sehr unsystematisch. Auch die schriftlichen Quellen aus der Zeit geben keine ausreichenden Informationen. Was man aus den Inschriften erfahren kann, ist die Tatsache, dass **Stiftungen** hohe moralische Akte darstellten. Jemand, der die Tätigkeiten in den Stiftungen förderte, gelangte ins Paradies. Wer aber Leben oder Sachen in den Stiftungen beschädigte oder Dinge entwendete, kam in die Hölle. Ebenso schwer ist zu sagen, welcher Khmer-König *Moksha,* den Ausstieg aus dem Geburtenkreislauf, als Hauptziel seines Glaubens ansah. *Moksha* ist das, was die Buddhisten Nirwana nennen. Der Königskult und die Tempelbauten sprechen bei vielen Königen eher dagegen. Der Tempel Angkor Wat beispielsweise wurde zwar dem Gott Vishnu geweiht, aber es handelt sich nicht um Vishnu in einer Inkarnationsform, sondern um den König *Suryavarman II.,* der nach dem Tot als Vishnu in diesem Tempel fortlebte. Angkor Wat wird als himmlischer Palast Vishnus verstanden. In dem Fall ist das Fortleben des Königs in Vishnuloka, in der göttlichen Welt voller wunderhübscher Apsaras (himmlische Tänzerinnen) und anderen übersinnlich schönen Dingen, sein Ziel. *Suryavarman II.* strebte nicht nach dem völligen Erlöschen, dem *Moksha,* wo es kein Leiden aber auch keine sinnliche Freude gibt.

In der Gegenwart leben Shiva, Vishnu, Brahma, Indra in der Glaubenswelt der Kambodschaner als Götter, die gemeinsam mit animistischen Geistern bei zahlreichen Anlässen zu Hilfe eilen. Sie werden in viele Gebete zu verschiedenen animistischen Zeremonien einbezogen.

Die Seelen der Vorfahren und die Geister

Im Allgemeinen kommen Kambodschaner mit den Geistern ziemlich gut zurecht. Man lebt in ständiger Kommunikation mit vielen Geistern, die einen umgeben. Es gibt keine räumliche Trennung zwischen dem Wohnort der Lebenden und dem der Seele der Verstorbenen oder dem der Geister.

Die Kambodschaner glauben, dass die Seelen der verstorbenen Vorfahren irgendwo in der Nähe ihrer lebenden Nachkommenschaft residieren. Man nennt sie *Me-Ba* (weibliche und männliche Vorfahren). Auch **Arak** (Beschützer) sind oft Seelen der Vorfahren. Sie beschützen ihre Nachkommen und haben ein Auge darauf, dass bei den Lebenden alles mit rechten Dingen zugeht. Gelegentlich werden sie auch zornig und machen sich dann bemerkbar, indem sie eine Person erkranken lassen. Nicht immer trifft die Bestrafung direkt den Missetäter. Auch ein entferntes Familienmitglied oder ein anderer Dorfbewohner, der gar nichts getan hat, kann plötzlich erkranken. In solchen Fällen heißt es für die Familienmitglieder des Kranken, sofort einen Wahrsager aufzusuchen, der auch die Gabe der Heilung durch Besänftigung der Seelen der Vorfahren oder der Geister besitzt. Der Wahrsager findet meist nach einigen Minuten heraus, wer (welche Seele oder welcher Geist) erbost ist und den armen Kerl bestraft. Wenn es sich um *Me-Ba* oder *Arak* handelt, ordnet der Wahrsager an, dass ein Medium *(rub arak)* die Verbindung zu den *Me-Ba* oder *Arak* aufnehmen soll. Diese werden dann gebeten zu sagen, was der Kranke oder was die Lebenden verbrochen haben und was zu tun ist, um dem Kranken zu helfen.

Manche Verstorbenen wurden nach ihrem Tod zum Beschützer eines Dorfes, eines Baumes, eines Waldes oder sogar einer ganzen Provinz. Diese Beschützer nennt man **Neak Ta.** Berühmte Persönlichkeiten, die große Gebiete von Kambodscha beschützen sind *Neak Ta Khleang Moeung* in der Provinz Pursat, *Yeay Tep* (ältere Frau Tep) in der Provinz Kampong Chhnang und *Chumteav Mao* (gnädige Frau Mao) in den Provinzen Koh Kong und Kampot. Wer an einem Neak-Ta-Häuschen vorbeigeht, muss aufpassen, dass er nichts Falsches sagt und dass er seine Kopfbede-

ckung abnimmt. Viele Reisende nach Sihanoukville halten ihr Fahrzeug vor dem Häuschen mit den Bildnissen der *Chumteav Mao* an, zünden Räucherstäbchen an und bitten die Gnädige um gute Fahrt und Wohlergehen.

Die großen *Neak Ta* sind sehr gefürchtet. Während ein Dorfbeschützer einem Menschen durch die Verursachung von z. B. starken Bauchschmerzen nur eine Lektion erteilen und ihn bessern will, kann ein großer *Neak Ta* wie die gnädige Frau *Mao* bei Zorn auch jemanden umbringen.

Die Kambodschaner kennen noch andere **Beschützer** wie *Chumneang Phteah* (Beschützer des Hauses), *Mregn-Kongwial* (Beschützer der Wildtiere, besonders der Elefanten) und *Tevada*. Man glaubt, dass *Tevada* ähnlich wie *Neak Ta* Dörfer, Bäume und Wälder beschützen. Im Unterschied zu den eher abstrakten *Neak Ta,* stellen sich viele Menschen *Tevada* als göttliche Wesen vor, die wie schöne Männer und Frauen in prunkvollen Kleidern aussehen und durch die Luft schweben. Manche stellen sich vor, dass *Tevada* wie Vishnu, Shiva oder Brahma aussehen. All diese personifizierten Vorstellungen von *Tevada* sind Ausdruck der Übernahme von Glaubenselementen des Brahmanismus und der Vermischung dieser Elemente mit dem animistischen Glauben, der aus der Kraft der Natur schöpft.

Am meisten hat man **Angst vor den bösen Geistern** (*Khmaoch, Preay* usw.) und den Halbgeistern *(Aab)*. Die bösen Geister können eine Person zu Tode erschrecken oder ihr sogar den Hals brechen. *Khmaoch* und *Preay* sind meist die Seelen von Menschen, die eines unnatürlichen Todes starben. Wenn sie sich zeigen, dann fast immer in Furcht erregender Form. Da man von diesen bösen Geistern kaum etwas Gutes erwarten kann, wird unbedingt vermieden, sich ihren Wohnorten zu nähern. Gern woh-

Schrein für Götter und Geister der Vorfahren

nen sie an großen Feigenbäumen mit dicht herabhängenden Luftwurzeln, die wie braune Haare aussehen. Manche Häuser überlassen die Menschen dem Verfall, da sie glauben, dass es dort schrecklich spukt. Bei *Aab* handelt es sich um noch lebende Menschen, deren Kopf und Gedärme sich nachts vom Rest des Körpers trennen und sich auf Nahrungssuche begeben. Meist sollen das Frauen sein. Ein *Aab* lebt zumeist in einem Haus weit ab von den anderen Dorfbewohnern. Die bevorzugte Nahrung ist Geburtsflüssigkeit oder schlammiger Dreck, den sie unter den Hütten finden.

Bei dem Gewimmel an Beschützern und Geistern, das in den Dörfern und Wäldern Kambodschas herrscht, sollte man sich etwas Zeit zum Nachdenken darüber nehmen, was all diese Geister, all die Vermittler zwischen Menschen und Geistern und all die Zeremonien mit dem Leben der Menschen zu tun haben und welche Gründe es für die Durchführung verschiedener Rituale gibt.

Die Gründe für die **Bestrafung der Lebenden** sind sehr vielfältig. Im Fall von Krankheiten kann ein Grund darin liegen, dass es Streitigkeiten in der Familie gab und die Verwandten sich nun aus dem Weg gehen. So etwas gefällt den Seelen der Vorfahren nicht. Ebenso wenig mögen sie, dass ein Junge und ein Mädchen ohne Wissen ihrer Eltern ein Verhältnis haben und das Mädchen schwanger wird. Ehebruch erzürnt die Seele der Vorfahren besonders. Solche Fälle verstoßen eindeutig gegen die traditionelle Ordnung. Sie verursachen erhebliche Störungen des Friedens im Familienverband und in der Dorfgemeinschaft. In die Besänftigungszeremonien werden alle Beteiligten einbezogen. Die Schuldigen zeigen Reue, entschuldigen sich vor den Eltern und den Vorfahren, die Konfliktparteien versprechen, den Streit beizulegen und wieder miteinander zu reden usw. Erbost sind die Seelen der Vorfahren auch, wenn sie fühlen, dass sie vernachlässigt werden.

Wenn die Nachkommen wegen jeder Kleinigkeiten zum Arzt oder zu anderen Heilern gehen, ohne die Vorfahren zu rufen, können die Seelen der Vorfahren eine Person so schlimm erkranken lassen, dass auch ein Arzt nicht weiterhelfen kann. Um solchen Fällen vorzubeugen, gedenken die Menschen bei vielen Feierlichkeiten ihrer Vorfahren und schicken ihnen vermittelt durch ein Medium oder einen buddhistischen Mönch Opfergaben. Anhand dieser wenigen Beispiele sieht man, dass die zwischenmenschlichen Beziehungen innerhalb eines Familienverbandes oder einer Dorfgemeinschaft durch die Seelen der Vorfahren vermittelt werden. Bildhaft kann man sich solche Beziehungen als ein Dreieck vorstellen, wo die Vorfahrensseelen einen Knoten an der oberen Spitze des Dreiecks bilden und je ein Mensch als Knoten auf der unteren linken und rechten Spitze steht. Die Botschaft vieler Zeremonien lautet: „Wenn ihr nach den tradierten Vorstellungen eurer Vorfahren in Bezug auf die zwischenmenschlichen Beziehungen lebt, wird alles gut sein." Für ein harmonisches Zusammenleben in der Familie und in der Dorfgemeinschaft sind bestimmte Gebote und Verbote zu beachten.

Ähnlich wie die Seelen der Vorfahren regeln auch *Neak Ta* viele **Beziehungen zwischen den Menschen.** Bei Diebstahl kann man eine Zeremonie veranstalten, bei der derjenige, der eine Sache verloren hat und der Tatverdächtige vor einem *Neak Ta* einen Schwur ablegen und bestimmte Sprüche sagen muss. Hat der Verdächtige die Tat begangen, wird er krank oder ihm geschieht ein Unfall. Fühlt sich jemand durch die Handlung eines anderen in seiner Würde tief verletzt, kann er einen *Neak Ta* bitten, die Person zu bestrafen, die ihn gekränkt hat. Die *Neak Ta* vermitteln auch die Beziehungen zwischen Mensch und Natur.

Viele Dörfer veranstalten jährlich eine Zeremonie, bei der ein *Neak Ta* durch Gebete, Speisen, Getränke und Musik verehrt wird. Die Kambodschaner nennen diese Zeremonie *laöng Neak Ta* (zum hohen Neak Ta gehen). Bei dieser Feierlichkeit bittet man u. a. auch um Regen, um gute Ernte und darum, dass die Tiere nicht krank werden. Am Anfang einer Reisanbausaison knien die Bauern vor dem *Neak Ta,* der ihr Dorf und die Felder und Wälder um das Dorf herum beschützt, und bitten um Erlaubnis, die Felder zu bearbeiten. Mit anderen Worten: Ein Bauer, der Besitzer oder Eigentümer eines Reisfeldes ist, kann sich nicht sofort an die Arbeit auf seinem Reisfeld machen, sondern muss *Neak Ta* vorher fragen. *Neak Ta* hat auch hier immer ein Wort mitzureden.

Auch Bäume im Wald werden nicht ohne den Dorfbeschützer vorher um Erlaubnis zu bitten gefällt. In dieser Lebens- und Wirtschaftsweise der Bauern liegt vielleicht auch die Erklärung dafür, dass die Natur über unzählige Menschenalter geschont wurde. Die Wirtschaftsweise von Fremden, die nicht an *Neak Ta* glauben, nimmt auf die Natur keine Rücksicht. Multinationale Konzerne oder große nationale Holzfirmen, die über Hubschrauber, Traktoren, Lkws, Motorboote, Motorsägen, Internet und mobile Kommunikationsmittel, politische Beziehungen, Wirtschafts- und Rechtskonsultanten verfügen, haben in weniger als einem Jahrzehnt den Waldbestand des Landes so reduziert, dass jemand, der das Land heutzutage besucht, nicht glauben kann, dass Kambodscha bis Ende der 1980er Jahre ein waldreiches Land war.

Für die Kambodschaner auf dem Lande sind *Neak Ta* und die Seelen der Vorfahren ihre Beschützer. Bei ihnen finden sie **seelische Stütze.** In Notsituationen haben die Kambodschaner das Gefühl, dass ihnen diese höheren Mächte zur Seite stehen. Man wird nicht allein gelassen. Diese

„Arbeitsteilung" zwischen den Religionen

Einige Worte zur „Arbeitsteilung" unter den Glaubensrichtungen in Kambodscha: Der Buddhismus ist in erster Linie für eine gute Wiedergeburt und das Nirwana zuständig, während es den Seelen der Vorfahren vorrangig um das praktische Leben auf dem Lande geht. Beide beeinflussen sich gegenseitig. Bei buddhistischen Festen werden auch die Vorfahren gerufen und bei animistischen Zeremonien werden buddhistische Mönche zu Segnungen oder als Vermittler zwischen den Lebenden und den Vorfahren eingeladen. Die brahmanistischen Götter werden von beiden Richtungen als „unterstützende" Kräfte gerufen.

Mächte ordnen auch die Stellung des Einzelnen in seinem Familienverband und in der Dorfgemeinschaft. Der animistische Glaube der Kambodschaner regelt nicht nur die Beziehungen zwischen den Menschen, sondern auch solche zwischen den Vorfahren und ihren lebenden Nachkommen. Auf diese Weise werden Wissen und Werte, die für eine harmonische Gestaltung eines naturverbundenen Lebens in den Dorfgemeinschaften wichtig sind, an die jüngere Generation weitergegeben. Der Respekt des Menschen vor den *Neak Ta,* die bei den Beziehungen zwischen Mensch und Natur vermitteln, kann somit auch als Respekt vor der Natur verstanden werden. Dasselbe gilt auch für die zwischenmenschlichen Beziehungen. Die Vorfahren möchten, dass die Lebenden respektvoll miteinander umgehen. Mit den Seelen- und Geistervorstellungen können die Menschen ihre Welt, ihre eigene Stellung darin und ihre Lebensweise begreifen.

Die Seelen der Vorfahren und die *Neak Ta* erfüllen gemeinsam viele Aufgaben in den Dörfern. Sie sind Beschützer der Natur und der Menschen, sie sind Lehrmeister und Bewahrer der Tradition. Durch ihre Schutzfunktion sind sie auch Seelsorger für die Menschen. Sie schlichten Streitigkeiten, die die moderne Gesellschaft oft nur mithilfe des Zivil- oder Strafgerichts lösen kann. In harten Fällen übernehmen sie auch das Richteramt. Sie bringen durch die Zeremonien die Menschen zueinander.

Die Stadt bietet den *Neak Ta* und den Seelen der Vorfahren immer weniger Platz. Hier muss alles schneller als in den Dörfern laufen. Man muss Termine machen, alles muss bezahlt werden. Man braucht Geld, man braucht Zeit. Mit diesen knappen Gütern muss man ordentlich umgehen. Auch die Schulen, die Politik und die Massenmedien propagieren die moderne Lebensweise. Und so geht man eben doch lieber schnell zum Arzt, als erst die Seelen der Vorfahren oder die *Neak Ta* zu fragen.

DER PLATZ DES EINZELNEN IN DER GESELLSCHAFT UND IN DER FAMILIE

neak mian reaksa khsát dodj sámput poat pii kraw
neak pradj reaksa khlaw dodj sámpöw poeng sámpan
neak khpuah reaksa tiap dodj robiap baep boran

(Ein Reicher soll Armut wahren,
wie ein Rock den Körper von außen umschließt,
ein Gelehrter soll Unwissenheit wahren,
wie sich ein Schiff auf ein Floß stützt,
eine hohe Persönlichkeit soll den niedrigen Stand wahren,
wie es alte Tradition ist.)

Kambodschanische Weisheit

Exotisch oder gar befremdlich wirkt es auf Europäer, wenn eine erwachsene Frau beim Vorbeigehen an einem älteren Besucher des Hauses ihren Kopf senkt und sich tief verbeugt, während der Besucher keine Verbeugung macht. Im Fernsehen oder in der Zeitung sieht man oft, wie sich Minister oder hohe Beamte mit zusammengelegten Händen tief vor dem König verneigen. Und man sieht auch Bilder, auf denen der König vor einem buddhistischen Mönch kniet. Alle, ob König, Minister oder Mönch, knien vor Buddhastatuen. Bei all den Verbeugungs- und Erwiderungsformen wäre es einfach, die **hierarchischen Beziehungen** in der kambodschanischen Gesellschaft so darzustellen, dass Buddha ganz oben steht. Dann folgt der Obermönch, danach der König, dann die hohen Minister, schließlich die alten Leute und zum Schluss das einfache Volk.

Die Familie - Lebensrahmen und Stütze des Einzelnen

Doch so leicht ist es nicht, denn die Maßstäbe für die Bestimmung der Oben-Unten-Beziehungen sind nicht gleich. Sie drücken sehr unterschiedliche Aspekte des Lebens der Menschen und ihrer Verhältnisse zueinander aus.

Das hierarchische Verhältnis zwischen Buddha und dem König ist nicht dasselbe wie das zwischen dem König und einem hohen Minister. Der Respekt vor Buddha fußt u. a. auf der Vorstellung der Kambodschaner vom göttlichen Wesen Buddhas im Vergleich zum König als einem Sterblichen. Der Respekt eines hohen Ministers dem König gegenüber hat hingegen politisch-ethische, politisch-pragmatische und staatsorganisatorische Gründe. Die Gleichsetzung des Königs mit Gott, das vom 9. Jahrhundert an im Angkor-Reich praktizierte Gottkönigtum, verlor bereits fast zeitgleich mit dem Vordringen des Theravada-Buddhismus im 13. Jahrhundert an Bedeutung. Dieser Aspekt kann nicht mehr ohne weiteres als Einflussfaktor für die Konstituierung des hierarchischen Verhältnisses zwischen dem König und den Ministern angenommen werden. Wie man sieht, ist die Sache doch ziemlich komplex. Um einen groben Überblick über das ganze Beziehungsgeflecht zu geben, werde ich den Menschen als eine zentrale Größe in den Beziehungen einsetzen. Von hier aus können wir uns dann seine Beziehungen zu seiner Lebensumwelt näher anschauen. Wir können auf diese Weise z. B. die Beziehungen Mensch–Mensch, Mensch–Götter, Mensch–Seelen der Vorfahren, Mensch–Körperteile, Mensch–Gegenstände, Mensch–Wohnorte usw. betrachten.

Von Mensch zu Mensch

Die hierarchischen Verhältnisse lernt ein Kambodschaner schon von Kindesbeinen an kennen. In der Auseinandersetzung mit seiner Umwelt erfährt ein Kind Tag um Tag, wer in seiner Familie was zu bestimmen hat und an wen es sich bei Hunger, bei einem Streit mit Geschwistern oder bei kleinen Wehwehchen wenden muss. Das Kind lernt, seine ältere Schwester, die sich um es kümmert, ordentlich anzureden. Wenn ein Onkel zu Besuch kommt, sagt die Mutter zu ihm: „Lege die Hände zusammen und sage guten Tag zu dem Onkel!" Manche kleinen Kinder scheinen eine regelrechte Begabung für diese Begrüßung zu haben. Sie begrüßen den Onkel mit solch einer eleganten Verbeugung und Freude, dass die ganze Familie vor Stolz strahlt. Das hebt die Ehre der Mutter vor den Gästen. Wenn das Kind das nicht kann, entschuldigt sie sich. Manche Mütter sagen dann scherzhaft: „Ach, nehmen Sie es nicht übel, das ist das Kind von einem *Phnong*." (*wia koon phnong*; *Phnong* – ein Wilder, Unzivilisierter)

Indem die Mutter das öffentlich sagt, will sie ihr Kind treffen. Später in der Schule bekommen die Kinder noch mehr beigebracht, z. B. dass der Lehrer über ihnen steht. In den Unterrichtsstunden zur Geschichte, Literatur und Weltkunde erfahren sie auch, dass der König, der Staatschef, die Minister und die hohen Beamten viel zu sagen haben. Richtig verstehen sie das aber erst, wenn sie ihren Lebensunterhalt selbst verdienen und mit den Staatsbeamten zu tun haben.

Im Laufe der Jahre erfahren die Kinder also, dass die **Stellung im Stammbaum der Familie** und das Alter die Respektbeziehungen zwischen den Familienmitgliedern bestimmen. Wer auf der unteren Stufe steht, muss die auf der oberen sozialen Stufe Stehenden gebührend ansprechen. Eine ältere Schwester redet man mit „*Báng* + Vorname" an, z. B. die Schwester Ni mit „*Báng Ni*". Die Anrede mit „*A* oder *Mi* + Vorname" ist den älteren Personen vorbehalten, wenn diese ihre Enkel, Kinder oder Nichten und Neffen ansprechen. In umgekehrter Richtung darf diese Anrede nicht verwendet werden, das käme einer großen Missachtung der Stellung der Älteren gleich. Will ein Enkel seine Oma anreden, dann spricht er sie mit „*Yeay*" (Großmutter) an. Da die Verwandten in den oberen Zweigen des Familienstammbaumes in der Regel älter sind als die in den unteren Bereichen, könnte sich der selbstverständliche Respekt vor höherem Alter aus dem Respekt vor den oberen Zweigen des Familienstammbaumes entwickelt haben.

Politische und verwaltungsrechtliche Beziehungen bestimmen auch hierarchische Beziehungen. Je mehr Entscheidungsgewalt jemand in der politischen Struktur oder der Verwaltungsstruktur hat, desto mehr Menschen hängen von ihm ab. Die Leute auf der unteren Stufe der Politik und der Verwaltung, die etwas von jemandem auf der oberen Stufe haben wollen, müssen aus pragmatischen Gründen ihre Ergebenheit zeigen und dies auch richtig kommunizieren. Wer diese Regel nicht kennt, sollte sie schleunigst lernen.

Ein reales Oben-Unten-Verhältnis besteht in der Regel in den Beziehungen zwischen einem Minister und seinen Beamten bzw. zwischen hohen Beamten und ihren Untergebenen. Die Ergebenheit und die Furcht vor der Obrigkeit, mit anderen Worten das Oben-Unten-Gefühl, ist nicht nur förderlich für die Karriere der Untergebenen, sondern auch notwendig für das Funktionieren der Staatsmaschinerie nach bestimmten politischen Vorstellungen. Daneben gibt es auch das Patron-Klienten-Verhältnis (auch Patronagesystem genannt), das ebenfalls hierarchisch aufgebaut ist. Der Patron ist der Beschützer. Die beschützten Personen sind die Klienten. Mehr hierzu steht in den Abschnitten „Die Verwandten", „die Goldverkäuferinnen" und „die Staatsdiener".

An dieser Stelle soll die Darstellung auf die formalen Strukturen in der Politik und der Verwaltung begrenzt werden. Manch einer mag an dieser Stelle fragen, wo hier der **Unterschied zu den Verhältnissen in Europa** liegt. Am eindeutigsten ist der Unterschied nach außen hin in den Ausdrucksweisen (Anrede, Wortschatz, Zustimmung usw.) und in den Verhaltensmustern (zusammengelegte Hände, Körperhaltung, Sitzordnung usw.) zu sehen.

Auch die **Beliebtheit bestimmter Berufe** konstituiert die gesellschaftliche Stellung derjenigen, die diese Berufe ausüben. Viele Eltern, darunter auch viele Geschäftsleute, möchten, dass ihre Kinder Staatsbeamte werden. Aus diesem Grund sind die Staatsbediensteten hoch angesehen. Ebenso geachtet sind Berufe wie Arzt und Anwalt. Die Geschäftsleute, wie wohlhabend sie auch sein mögen, kommen im Ansehen erst nach den drei genannten Berufsgruppen. Weniger angesehen sind die Bauern, die Arbeiter und die Lkw- und Taxi-Fahrer. Ganz unten stehen die Mopedtaxi-Fahrer und die Cyclo-Fahrer. Cyclo ist ein Drei-Rad-Gefährt (mehr dazu im Abschnitt „Die Cyclo- und Mopedtaxi-Fahrer").

Die Stellung des Einzelnen in der Gesellschaft bestimmt sich auch durch die **soziale Herkunft** (z. B. ob jemand aus einer angesehenen Ministerfamilie oder aus der königlichen Familie stammt), Bildung, Reichtum und Geschlecht. Die Geschlechterrollen werden ausführlich in einem späteren Abschnitt des Buches (siehe Kapitel „Geschlechterrollen") behandelt.

Wie man sieht, bestimmen viele Faktoren die Stellung eines Menschen in der Gesellschaft. Es spielen mindestens sieben **Faktoren bei der Bestimmung der Position** eines Menschen im Verhältnis zu einem anderen Menschen eine Rolle: Zugehörigkeit zu einer sozialen Schicht oder Berufsgruppe, Alter, Stellung im Familienstammbaum, soziale Herkunft, Bildung, Reichtum und Geschlecht. Die wenigsten Kambodschaner haben die gleichen Merkmale bezüglich dieser sieben Faktoren. Es ist vor einer persönlichen Kontaktaufnahme sehr wichtig, herauszufinden, welche Merkmale und welche soziale Stellung das Gegenüber hat. Vieles muss erst abgeklärt werden, bevor man eine Person ansprechen kann. Mit der Anrede einer anderen Person hängt auch die Bezeichnung für die eigene Person zusammen. Für die „Findung" der sozialen Stellung gilt folgende Faustregel: Wer im Vergleich zu seinem Gesprächspartner mehr von den sieben Faktoren aufweist, dem gebührt die höhere soziale Stellung. Ein Beispiel: Bei einer Feierlichkeit im Haus des Neffen wird dem Onkel, der

Mönche sind per se Respektpersonen

Lehrer im Dorf und älter als der Neffe ist, der Ehrenplatz angeboten. Der Neffe, von dem das Angebot kommt, ernährt sich durch Reisanbau und hat wenig Bildung genossen. Wäre der Onkel gleichaltrig (keine Seltenheit bei großen Familien in Kambodscha), ohne Landbesitz und bäte die Familie des Neffen ständig um Hilfe, sähe es anders aus. Dieser Onkel bekäme keinen Ehrenplatz.

All die sieben Faktoren klärt man erst, wenn man mit einer Person wirklich etwas zu tun hat. Man möchte wissen, wie man sein Gegenüber einordnen kann. Bei flüchtigen Gesprächen auf dem Markt oder unterwegs ist die Klärung all dieser Fragen nicht erforderlich. Man löst dort alle Kommunikationsprobleme, indem man schaut, wie alt der Gesprächspartner sein könnte. Bei Unsicherheit nimmt man einfach an, er sei älter als man selbst, d.h. man gibt ihm die höhere soziale Stellung. Eine Person jünger zu machen als sie wirklich ist, was in Europa als Kompliment gewertet würde, kann als Geringschätzung des Gesprächspartners und Überheblichkeit des Sprechers ausgelegt werden.

Welche Stellung hat nun ein **Europäer** in der kambodschanischen Gesellschaft? Eine einfache Antwort, die immer und überall in Kambodscha gilt, gibt es nicht. Grundsätzlich sollte man wissen, dass auch ein Kambodschaner seine Stellung erst erfährt, wenn er mit einer anderen Person tatsächlich etwas zu tun hat. Und seine Stellung ändert sich auch ständig mit den Kooperations- und Kommunikationspartnern. Er kann in der Familie eine hohe Stellung haben, aber auf der Arbeit ganz unten rangieren. Bei zufälliger Kommunikation können, wie erwähnt, außer Alter alle anderen Faktoren vernachlässigt werden.

Ein Europäer, der das Land als Tourist bereist, hat wahrscheinlich eher flüchtig mit den Menschen dort zu tun. Viele Interaktionen beschränken sich auf die Organisierung von Unterkunft, Transport, Besichtigungen und auf das Kaufen von Nahrungsmitteln. Die Gespräche, die hierbei geführt werden, sind meist kurz und laufen oft in Englisch oder einer anderen Fremdsprache ab. Im Rahmen solcher Interaktionen entstehen zwar kurzfristige geschäftliche Beziehungen, aber keine hierarchischen Beziehungen. Mit anderen Worten: Der Europäer hat genauso wie ein Kambodschaner, der unter fremden Kambodschanern unterwegs ist, keine konkrete Stellung in der sozialen Hierarchie. In diesem Fall zählt nur das Alter (wenn man miteinander Khmer spricht). Wird man als Führungspersonal zu einer Organisation oder einem Unternehmen geschickt, hat man eine hohe Position in der sozialen Hierarchie. Was man auch tut, im Bewusstsein der kambodschanischen Mitarbeiter ist man übergeordnet. Da Kambodschanern der Blick von oben nach unten oder von unten nach oben gewissermaßen im Blut liegt, ist es sehr schwierig, partnerschaftliche Beziehungen zu entwickeln, bei denen die Mitarbeiter teamorientiert und eigenverantwortlich die Arbeit gestalten. Am liebsten hat man es, wenn die Verantwortung oben bleibt.

Diese Denkweise hat aber auch ihren Sinn. In einer feudal geprägten Gesellschaft schützt das Wissen um die eigene Stellung in einer Hierarchie vor Fehlern, die den Einzelnen ins Unglück stürzen können.

Der Mensch, die Götter und die Seelen der Vorfahren

In den Augen der Kambodschaner besitzen Götter übernatürliche Kräfte. Sie sind Beschützer, Lehrmeister und Helfer in Notsituationen. Der Mensch bittet die Götter um Hilfe (und nicht umgekehrt). Aus diesem Abhängigkeitsverhältnis heraus bestimmen sich die vertikalen Beziehungen zwischen Göttern und Menschen. Die heiligen, übernatürlichen Kräfte werden auf Mönche übertragen, die die Lehre Buddhas pflegen und weitergeben. Dies ist auch einer der Gründe dafür, dass die Mönche eine sehr geachtete Stellung in der Gesellschaft erfahren.

Die heiligen Kräfte werden auch auf Orte der Verehrung der Götter wie Tempel und Klöster, Götterhäuschen, Hügel und Bäume übertragen. Kambodschaner nehmen schon vor dem Kloster oder einem Tempel ihre Kopfbedeckung ab. Das tun sie nicht vor dem eigenen Haus. Genauso verhält es sich auch in der Beziehung zwischen den Menschen und den Seelen der Vorfahren. Auch sie sind Beschützer, Lehrmeister und Helfer in der Not und gelten als übernatürlich und heilig. Die hierarchischen Beziehungen zwischen Göttern, Seelen der Vorfahren und den Menschen zeigen sich durch die Stellung des Einzelnen in bestimmten Zeremonien (als Hilfesuchender, Betender, Opfergebender), durch die Sprache (besonders das Vokabular) und durch die Körperhaltung.

Der Mensch, seine Körperteile und -produkte

So wie viele andere Dinge haben auch der menschliche Körper und seine Teile in den Augen der Kambodschaner ihre Ordnung. Der **Kopf** ist heilig. Er ist der Sitz des Geistes. Der Kopf wird bei manchen Menschen von einer übernatürlichen Kraft *(kru kann)* beherrscht. Die heilige Gewalt des Kopfes wird auf die Kopfseite des Bettes und das Kopfkissen übertragen.

Die **Füße** dagegen sind unrein. Man achtet deshalb darauf, dass beim Sitzen die Füße nicht auf eine andere Person zeigen. Man berührt einen anderen Menschen nicht mit seinen Füßen. Man darf viele Gebrauchsgegenstände nicht mit den Füssen berühren oder schieben. Ein Fuß darf niemals auf das Kopfkissen einer Person oder auf die Kopfseite eines Bettes gelegt werden. Damit würde das *Reasey* (das einen Menschen begleitende Glück) des Kopfkissen- oder Bettbesitzers zerstört werden. Die Unreinheit der Füße überträgt sich auch auf die Schuhe. Schuhe dürfen niemals auf ein Kopfkissen gelegt werden, weil das die gleichen Folgen nach sich ziehen würde, wie im Fall der Füße. Jemand, der einen anderen mit einem Schuh auf den Kopf schlägt, kann sich darauf vorbereiten, dass der andere ihm nach dem Leben trachtet.

Die **Hände** sind im Vergleich zu den Füßen schon besser gestellt, obwohl die linke Hand auf dem Lande noch immer als unrein angesehen wird, was mit den althergebrachten Reinigungsgewohnheiten zusammenhängt. Die rechte Hand dagegen ist rein. Trotz der besseren Stellung, die die Hände einnehmen, darf eine Frau den Kopf ihres Mannes nicht mit der Hand berühren. Früher musste sich eine Frau bei ihrem Mann entschuldigen, wenn sie ein graues Haar auf seinem Kopf herausreißen oder Läuse suchen wollte. Auch ein Mann, ob jünger, gleichaltrig oder etwas älter, darf nicht den Kopf eines anderen Mannes berühren. Nur Großeltern, Eltern, Onkel und Tanten können den Kopf der ganz jungen Familienmitglieder anfassen.

Die **Exkremente** sind unrein. In der Erzählung „Achey" ließ der König die Dienerinnen im Haus des weisen Mannes *Achey* ihr großes Geschäft verrichten, um ihn zu erniedrigen. Nach seinem Tod ließen Leute, die *Achey* nicht gemocht hatten, ihre Dienerinnen ihr Geschäft auf seinem Grab verrichten. Die Vorstellung von der Unreinheit der Exkremente überträgt sich auf Körperteile wie das Gesäß, das sich in direkter Nähe der Ausscheidungsorgane befindet. Daher darf man sich nicht auf die Kopfseite des Bettes oder gar auf das Kopfkissen einer Person setzen. Das *Reasey* dieser Person würde dadurch verloren gehen. Selbst an einem Sarong oder einer Hose, die den unteren Körperbereich bedecken, haftet Unreines. Diese Sachen darf man nicht auf seinem Kopf tragen (z. B. im

A khuor bángkáng – du Langustengehirn

Man mag vermuten, dass das Bild in diesem Ausdruck auf der Gleichsetzung von dem zweifellos kleinen Gehirn der Languste mit Unfähigkeit beruht. Das trifft aber nicht zu. Um das Bild zu verstehen, muss man folgendes berücksichtigen: Bei der Languste liegen Gehirn und Darm/Ausscheidungsorgane sehr dicht beieinander. Die Exkremente gelten als schmutzig, übel riechend, Ekel erregend, wertlos. Das Gehirn gehört zum Kopf, der als wertvoll angesehen wird. Das Gehirn hat sogar eine herausragende Position, denn die Denkvorgänge spielen sich dort ab. Durch die Verbindung von Gehirn und Exkrementen wird einerseits der Status des Gehirns verletzt, andererseits schlussfolgert man, dass dadurch auch die intellektuellen Fähigkeiten eingeschränkt sein müssen. Hier spielt außerdem auch die Vorstellung von „oben" (Kopf: sauber, wertvoll) und „unten" (Füße: schmutzig, nicht wertvoll) eine Rolle.

Das Schimpfwort wird für eine Person benutzt, die dumm ist, nur schwer etwas begreift und sich nichts merken kann, auch wenn man es ihr mehrfach erklärt. Es handelt sich um ein eher nicht so schlimmes Schimpfwort, das von Männern und Frauen für beiderlei Geschlechter verwendet werden kann.

A kompudj tia – du Enten-Abkömmling

Die Ehre ist für Kambodschaner von großer Bedeutung. Der Ruf einer Familie ist ein wichtiger Faktor für das Weiterkommen von Familienmitgliedern. Kommt jemand aus einer angesehenen Familie, hat er keine Probleme, eine gehobene Position zu bekommen und einen Ehepartner zu finden. Umgekehrt bedeutet das aber auch, dass es jemand aus einer nicht angesehenen Familie nicht so leicht im Leben hat. Da der Ruf der Familie sozusagen existentielle Bedeutung hat, ist man sehr darum bemüht, ihn zu bewahren. Besteht der Verdacht, dass jemand durch eine Handlung den Ruf beschädigen könnte, wird die Empfehlung gegeben: *Kom aoy ke dial pudj* (Verhalte dich so, dass man deine Familie nicht beschimpft). *Dial pudj* (die Familie beschimpfen) (*dial* – beschimpfen, kritisieren, *pudj* – Abstammung, Geschlecht) wird als sehr schlimm empfunden und kann schwerwiegende Konsequenzen haben.

A kompudj tia. (Du Enten-Abkömmling.) Man unterscheidet zwischen *tia* (Ente) und *moan* (Huhn). Dem Schimpfwort liegt folgende Vorstellung zugrunde: Enten halten sich auf schlammigem Boden auf, wo sie auch schlafen und ihre Eier legen. Im Gegensatz dazu schlafen die Hühner erhöht auf einem Holzgestell *(tránum)* im Stall und legen ihre Eier in Nester. Mit Schlamm wird Schmutz und Armut assoziiert. Das Holzgestell *(tránum)* befindet sich oben und steht für Sauberkeit und Trockenheit, für einen besseren Platz zum Leben. Das Holzgestell und Schlamm lassen ein Bild von oben und unten der Gesellschaft entstehen. Enten sind, im Gegensatz zu Hühnern, von Natur aus nicht in der Lage, nach oben zu klettern. Diese Vorstellung hat man auf die menschliche Gesellschaft übertragen. Wer den Aufstieg aus dem „Schlamm" nach oben ablehnt, wird mit einer Ente verglichen. Man meint, dass derjenige nicht fähig ist, nach oben aufzusteigen und sich im Schlamm wohl fühlt. Man verwendet dieses Schimpfwort häufig für Personen, die im Berufsleben ein Jobangebot nicht annehmen. Auch eine Tochter wird so beschimpft *(Mii kompudj tia)*, die einen Mann, der aus einer sozial höheren Schicht kommt und der Tochter und ihrer Familie den sozialen Aufstieg ermöglichen würde, nicht heiraten will. *A kompudj tia, haäng nih ke aoy laõng tránum min djáng tee.* (Du Enten-Abkömmling! Man lässt dich auf das Holzgestell klettern, aber du willst nicht.)

Wäschekorb). Die Unreinheit übertragen diese Kleidungsstücke sogar auf die Wäscheleine. Wer glaubt, dass sein Kopf von der Seele einer übernatürlichen Kraft beherrscht wird, geht niemals unter einer Wäscheleine hindurch. Tut er das, wenn auch nur unabsichtlich, verliert er den Schutz dieser Kraft.

Kruasa – die Familie

trey muoy kántrák baö s-oy muoy s-oy teang áh
(Ist in einem Korb voller Fische ein Fisch verdorben, stinken alle.)
Kambodschanische Weisheit

Das Khmer-Wort für Familie lautet *kruasa*. Damit meint man an erster Stelle eine Sozial- und Lebensgemeinschaft, die aus Eltern und Kindern und oft auch noch aus den Großeltern besteht. Manchmal lebt zeitweilig der Großvater in der Familie seines Sohnes und die Großmutter wohnt bei einem anderen Kind. Oder eine Tochter lebt mit ihrer Familie ganz in ihrem Elternhaus. Viele Eltern wollen im Alter so lange wie möglich selbstständig, das heißt getrennt von ihren Kindern, leben.

Das Ehepaar oder: Was der Mann sagt und was die Frau kann

srálanh kom töw nhoek roloek töw mdáng mdáng
(Liebst du sie/ihn, dann besuche sie/ihn nur ab und zu.)
Kambodschanische Weisheit

Über Jahrhunderte genoss der Ehemann gegenüber seiner Ehefrau eine höhere Stellung. Er durfte offiziell eine Hauptfrau und mehrere **Nebenfrauen** haben. Viele Frauen, die am Königshof lebten, waren früher Frauen des Königs. Dass ein König früher 200 oder 300 Frauen hatte, war ganz normal. Und das war noch gar nichts im Vergleich zu den Königen in den buddhistischen und brahmanistischen Texten, die das geistige Leben der Kambodschaner über Jahrhunderte maßgebend geprägt haben. In seiner Manifestation als Krishna heiratete Gott Vishnu 16.100 Frauen. In dem Epos „Ramayana" wird von dem Dämonenkönig Ravana berichtet, dass er sogar einhunderttausend Frauen hat. Viele Frauen zu haben war eine Sache der Ehre und des Ansehens. Diese alte Praxis schafften die Roten Khmer ab, als sie Mitte der 1970er Jahre an die Macht kamen.

Auch die sozialistisch orientierte Regierung, die in den 1980er Jahren bis zum Anfang der 1990er herrschte, machte die **monogame Ehe** zum Gesetz. Als Kambodscha 1993 wieder ein Königreich wurde, änderte sich daran nichts. Dem Gesetz nach kann heute ein Mann nur mit einer Frau verheiratet sein. Die Ehemänner aus dem Volke konnten zwar in Sachen Ehre mit den Königen und Göttern nicht mithalten, aber theoretisch hatten sie früher die Möglichkeit, mehrere Frauen zu haben. Gesellschaftlich wird es heutzutage eher als eine Bagatelle angesehen, wenn ein Mann neben seiner Ehefrau auch noch eine **Geliebte** hat. Er ist eben ein „vitaler" Typ. Und viele Männer, insbesondere vermögende ältere Herren haben neben der „Chefin" zu Hause noch eine oder auch zwei oder drei Geliebte. Manche Männer gehen sogar soweit, dass sie die Freundin in einer entfernten Provinz auch noch heiraten – d.h. alle traditionellen Hochzeitszeremonien durchführen, aber danach natürlich nicht zum Standesamt gehen. Für Kambodschaner macht das jedoch keinen Unterschied zu einer normalen Heirat aus. Auf diese Weise sichert sich der Mann bei der Zweitfrau seine Vorrechte als Ehemann, wenn er monatelang in der Hauptstadt oder in anderen Provinzen zu tun hat. Auch über Besuche in Bordellen wird eher gewitzelt. Wehe aber, die Frau macht das gleiche und hat einen Liebhaber! Die buddhistische Geschichte „Kaki" endet so, dass der König seine untreue Frau auf einem Floß auf dem Meer aussetzt. Nach sieben Tagen zerschmettern die Wellen das Floß und die Frau kommt um.

Im wirklichen Leben empfiehlt man seinem Freund, der ein Auge auf die Frau eines anderen Mannes wirft, zu den Prostituierten zu gehen, weil das trotz des hohen Risikos Aids zu bekommen, die gesündere Variante ist. Der Fairness halber muss aber auch gesagt werden, dass es unzählige Männer in Kambodscha gibt, die – wie der Volksmund sagt – „nur aus dem eigenen Topf essen". *Koat hnoeng sii taä tschnang koat muay hnoeng.* – Er isst nur aus dem eigenen Topf.

Der **Mann** genießt auch in einer anderen Hinsicht eine höhere soziale Stellung als seine Frau. Er gilt als der Haupternährer der Familie. Er ist das **Oberhaupt der Familie.** Das Khmer-Wort dafür ist *me kruasa* (*me* – Chef, *kruasa* – Familie). Wenn in offiziellen Dokumenten wie dem Wohnsitznachweis nach dem Familienoberhaupt gefragt wird, ist zunächst der Ehemann gemeint. Dass er das Haupt der Familie, der Haupternährer, ist, ist manchmal nur bedingt richtig. Schaut man sich das Leben der Landbevölkerung genauer an, dann sieht man, dass sowohl der Mann als auch die Frau einen großen Teil der Arbeit beim Anbau und der Ernte von Reis und anderen Kulturen leisten.

Der Unterschied besteht hauptsächlich in der **Arbeitsverteilung.** Der Mann pflügt und eggt den Boden, legt Beete an und schüttet die Erdwälle um die Reisfelder zur Wasserstauung auf. Er kümmert sich um das Vieh und das Wasser in den Reisfeldern. Die Frau vereinzelt mit den Kindern die Reispflanzen und jätet Unkraut. Sie kocht und bringt denen, die auf dem Reisfeld arbeiten, das Essen. In der Erntezeit schneidet sie die Reishalme und bindet sie zu Garben zusammen. Der Mann lädt die Garben auf den Ochsenkarren und transportiert sie nach Hause. Weite Besorgungsreisen über mehrere Tage bleiben in der Regel dem Mann vorbehalten. In der Stadt arbeiten viele Frauen in den Fabriken, in Büros oder helfen in Geschäften aus. Schon im 13. Jahrhundert hat *Chou Ta-Kuan,* ein chinesischer Gesandter, davon berichtet, dass die Frauen im Angkor-Reich sehr geschäftstüchtig sind, dass sie den Verkauf auf den Märkten in ihrer Regie haben. Und dieses Bild auf den Märkten hat sich bis heute kaum geändert. In früheren Jahrhunderten waren die Männer oft lange nicht zu Hause. Sie wurden eingezogen und mussten Kriege führen. In solchen Zeiten waren die Frauen Haupternährer der Familien. Eine ähnliche Situation konnte man auch in der Zeit des Bürgerkrieges von 1970 bis 1975 beobachten.

Hinsichtlich des Anspruchs auf das **Erbe** sind Töchter und Söhne gleichgestellt. Viele Frauen bringen ihre ererbten Felder in die Ehe ein. Da das

Katasterwesen und die formelle Regelung über Eigentum an ländlichen Grundstücken noch nicht ausgebaut sind, gibt es keine behördliche Anfrage, auf wessen Namen das Grundstück einzutragen ist. Die Frau gerät nicht unter Druck, einen Namen angeben zu müssen. Somit gehört das Grundstück weiterhin ihr. Es sei denn, sie lässt extra aus Liebe zu ihrem Mann das Grundstück auf seinen Namen registrieren.

Von der wirtschaftlichen Seite gesehen ist in Kambodscha die **Machtposition des Mannes** in vielen Familien nicht gerechtfertigt. Aber die Vorstellungen von den hierarchischen Beziehungen zwischen dem Ehemann und der Ehefrau sind tief in den Köpfen der Menschen verwurzelt. Schon früh bekommen die Kinder von ihren Eltern mit, was ein Mann und was eine Frau zu tun hat, was für einen Familienvater und was für die Mutter gut ist und was nicht. Es sind die Mütter, die den Kindern in erster Linie diese Denkweise vermitteln, da sie oft ein engeres Verhältnis zu den Kindern haben und häufiger mit ihnen reden als die Väter. Außerdem erfahren die Kinder auch in der Schule und in ihrem Umfeld über die Rollenverteilung zwischen Ehemann und Ehefrau. Sie hören von den Konsequenzen für diejenigen, die ihrer Rolle nicht gerecht werden.

Nach **„Chbab Srey"**, den in Versen gefassten **Verhaltensnormen für Frauen,** darf die Frau nicht als Gleichgestellte mit ihrem Mann reden. Sie darf sich nicht mit ihm streiten, ihn beschimpfen oder verachten. Sie soll immer angemessene, liebvolle Worte wählen. Wenn der Ehemann mit ihr schimpft oder schroffe Worte zu ihr sagt, muss sie das aushalten und den Zorn unterdrücken. Sie soll nicht widerreden. Eine gute Ehefrau merkt sich die Ratschläge ihres Mannes. Sie darf ihn nicht übertrumpfen, um selbst in besserem Lichte dazustehen. Sie führt das sofort aus, was ihr der Ehemann sagt. Die Frau muss ihren Ehemann fördern und sein Gesicht wahren. Sie kümmert sich um sein Wohlbefinden. Seinen Kopf darf sie nicht berühren, ohne sich vorher dafür mit zusammengelegten Händen, die sie über ihrem Kopf hält, zu entschuldigen. Sie darf nicht über seine Beine steigen. Sie darf dem Mann beim Schlaf nicht den Rücken zuwenden. Die Frau darf nicht schon vor ihrem Mann essen. Soweit die Erwartungen der Gesellschaft an eine gute Ehefrau. Die „Chbab" werden auf der Mittelschule im Literaturunterricht behandelt. Ob diese hohen Normen im Alltag von den Ehefrauen eingehalten werden, ist eine andere Sache. Natürlich werden Frauen, die zumindest nach außen hin diesen Erwartungen entsprechen, als Frauen von guter Abstammung und als besonders ehrenwert angesehen.

Die **hierarchischen Beziehungen** zwischen dem Ehemann und der Ehefrau drücken sich auch im **Sprachgebrauch** aus. Bei gleichaltrigen jungvermählten Paaren redet die Frau ihren Mann mit *báng* (älterer Bruder) an. Der Mann redet sie mit *oon* (jüngere Schwester) an. In dieser Anrede liegt sehr viel Liebe. Gleichzeitig wird damit auch die höhere Stellung des Mannes ausgedrückt, da höheres Alter (älterer Bruder) eine höhere soziale Stellung bedeutet. Wenn die Frau älter als ihr Mann wäre, würde sie ihn nicht etwa mit *oon* (jüngerer Bruder) anreden, sondern auch mit *báng* (älterer Bruder). Sie kann ihn auch mit seinem Namen ansprechen, wenn sie ihn gefühlvoll ausspricht. Später, wenn die Ehe schon etwas länger besteht und Kinder da sind, reden sich die Eheleute mit *oew wia* (Vater von ihm; gemeint: dem Kind) und *mae wia* (Mutter von ihm) oder *ta-pek* (Alter) und *yeay-pek* (Alte) an.

Obwohl die Frau im Denken der Kambodschaner eine schwache Position hat, sind die **Khmer-Ehefrauen** keineswegs machtlos. Sie sind **geschäftsfähig.** Wie bereits oben erwähnt gehen viele Ehefrauen arbeiten. Sie tätigen die Einkäufe für die Familie und verwalten die Finanzen der Familie. Was der Mann verdient, liefert er bei der Ehefrau ab. Jeden Morgen drückt sie ihm einige Scheine für die Nudelsuppe und den Kaffee in die Hand. Manche Frauen sind so strenge Finanzverwalterinnen, dass ihre Männer eine schwarze Kasse führen. Auch kam es schon vor, dass sich ein Mann seine Rechte erkämpfen musste, indem er den Safe der Familie in den Kofferraum des Autos lud und einige Tage von zu Hause wegblieb. Bei Rückkehr wurde ihm dann eine Taschengelderhöhung zugestanden. Bei der Verwendung des Vermögens der Familie hat die Ehefrau Mitspracherecht. Sie entscheidet auch mit über die Ausbildung der Kinder. An der Entscheidung über die Partnerwahl für die Kinder sind die Mütter maßgeblich beteiligt.

Etwas schwieriger ist die Lage von Ehefrauen, die finanziell vollständig von ihren Ehemännern abhängig sind. Bei einer Scheidung würden sie in ein tiefes finanzielles Loch stürzen. Manche Frau entwickelt vielleicht aus der Furcht davor eine hohe Sensibilität für jegliche Information, die auf Affären ihres Mannes mit anderen Frauen hindeuten. Der Kampf gegen jüngere und hübschere Konkurrentinnen ist härter geworden. In Abständen liest man Zeitungsberichte über Anschläge auf Geliebte von Ehemännern, denen ätzende Säure ins Gesicht geschüttet wurde. Andere Ehefrauen wiederum entwickeln ein Gefühl der Gelassenheit für die Affären ihrer Männer und sagen sich: „So sind die Männer eben." Es reicht ihnen, wenn der Mann ab und zu einmal zu Hause vorbeischaut und ansonsten die Familie ernährt.

Es gibt auch in Verse gefasste **Verhaltensnormen für Männer.** Sie heißen **„Chbab proh".** Danach muss sich ein guter Ehemann um viele Dinge kümmern. Er darf das Feuer im Herd nicht ausgehen lassen. Die Wasserfässer müssen gut gefüllt sein. Brennholz muss immer vorhanden sein. Der

Ehemann soll Gold, Geld und Reis gut verwalten. Er darf nicht zu großzügig mit diesen Dingen umgehen. Die Reserven, insbesondere Reis, dürfen höchstens knapp werden, aber nicht ausgehen. Er soll Gemüse anbauen, um den Eigenbedarf der Familie zu decken und darf nicht faul sein. Es ist seine Aufgabe, das Feld zu beackern, Unkraut zu jäten und die Pflanzen zu wässern und natürlich soll er sich nicht über die Arbeit beklagen. Wichtig ist, dass er stetig arbeitet und keine Mühe scheut. Hat er Freizeit, soll er nicht einfach nichts tun, sondern sich beschäftigen, z. B. Körbe flechten oder Unkraut um das Haus jäten. Nicht nur Reisanbau, sondern auch Plantagenwirtschaft soll sein Ziel sein. Aufmerksamkeit, Wachsamkeit und Obacht sind hohe Tugenden. Seinen Besitz soll er bewachen und mehren und die Meinung seiner Frau und Eltern einholen, bevor er Geschäfte tätigt. Er soll nicht auf sein Recht als Mann pochen. Ein guter Ehemann meidet Alkohol, Glücksspiel und andere Frauen.

Diese Moralvorstellungen entstammen ursprünglich dem bäuerlichen Leben. Viele Empfehlungen oder Erwartungen betreffen ganz konkrete Ackerbautätigkeiten. Sie lassen sich aber auch auf die Verhältnisse in der Stadt übertragen.

Interessant ist hier die Empfehlung des Dichters der „Chbab proh", dass der Ehemann vor der Veräußerung von Gegenständen im Haus seine Frau und seine Familie fragen soll. Dies zeigt, dass der Frau und der Familie eine wichtige Bedeutung zukommt.

Die Eltern

Eltern stehen in der Hierarchie oben. Sie sind heilig und werden verehrt und geliebt. Durch Zeugung, Pflege und das Aufziehen der Kinder erwerben die Eltern *kun* den Kindern gegenüber. *Kun* ist die Ansammlung guter Taten, die man jemandem angedeihen lässt. *Kun* verpflichtet aber auch die Person, der die guten Taten zugute gekommen sind, sie zurückzugeben. Die Kambodschaner sagen dazu *sáng kun* (*sáng* – zurückgeben, *kun* – gute Tat). Man kann sagen, dass *kun* ein **Schuldverhältnis** ist. Jemand hat für mich etwas getan, nun schulde ich ihm etwas. Die guten Taten, die die Eltern für das Kind erbracht haben, unterscheiden sich aber von den guten Taten eines Fremden. Sie sind so massiv, dass sie die Kinder den Eltern nicht zurückgeben können. Daraus erwächst die Verpflichtung, die Eltern zu ernähren und sich um sie zu kümmern. Dieser Gedanke ist tief im Denken der Kambodschaner verankert. Die Vorstellung, dass *kun* gar nicht zurückgegeben werden kann, wird von den Eltern und den älteren Menschen immer wiederholt und von den Kindern als selbstverständlich übernommen. Sie werden ja eines Tages auch Eltern sein und alt werden.

Kambodschanische Eltern sind bei der **Erziehung** der Kinder in vielerlei Hinsicht nicht sehr streng. Sie lassen ihren kleinen Kindern viel Raum bei der Gestaltung ihrer Lern- und Freizeit. Sie greifen nicht in die Spiele der Kinder ein. Strenge Reglementierungen wie: „Um sieben gibt es Abendbrot" und „Um acht wird das Licht ausgemacht" bilden Ausnahmen. Die Eltern sagen meist nur: „Es ist spät. Es ist Zeit, schlafen zu gehen." Wenn sie sagen, dass es schon spät ist, dann ist es nicht nur für die Kinder spät, sondern auch für die Erwachsenen. Das heißt in Kambodscha oft 21 Uhr oder 21.30 Uhr, denn man steht am Morgen schon um 4 oder 5 Uhr auf.

Auch das Benehmen bei Tisch ist nicht ständig Gegenstand der Erziehung, denn zu offiziellen Anlässen werden Kinder gar nicht mitgenommen und wenn Gäste kommen, bleiben die Kinder unter sich.

Streng sind die Eltern erst, wenn die Kinder die **Harmonie in der Familie** stören, z. B. wenn es Streitigkeiten oder gar Prügeleien unter den Geschwistern gibt oder wenn sich ein Kind den Älteren in der Familie gegenüber nicht respektvoll verhält. Bei kleineren und jüngeren Kindern kann es unter Umständen auch Schläge zur Bestrafung geben. Die Kinder an die Hierarchie zu gewöhnen, kostet die Eltern große Anstrengungen, denn hier gibt es viel zu lehren: korrekte Begrüßung, standesgemäße Anrede, Körperhaltung beim Gespräch oder beim Vorbeigehen an einer Respektsperson, Bedienung, Sprachregelungen, emotionale Kontrolle im Konflikt mit Personen höherer sozialer Stellung usw. Das Hauptziel der Erziehung ist, die Kinder so geschmeidig wie möglich zu machen, damit sie sich später in die komplizierte hierarchische Gesellschaft einfügen können.

In den Beziehungen zwischen den Kindern und Personen oder Institutionen **außerhalb der Familie** klären die Eltern viele Dinge für ihre Kinder. So bleiben die Kinder lange Zeit von Erfahrungen mit den Leuten außerhalb der Familie „verschont". Selbst das Einkaufen auf dem Markt erleben viele Kinder nur als Zuschauer, wenn sie ihre Mutter dahin begleiten. Die Folge dieses Rund-um-Schutzes ist, dass kambodschanische Kinder erst spät selbstständig werden.

Zu den Müttern haben die Kinder ein recht enges Verhältnis. Die Väter sind in der Regel nicht so viel und so eng mit den Kindern zusammen, um ihre **Autorität** gegenüber den Kindern zu wahren. Es ist kaum vorstellbar, dass ein kambodschanischer Vater mit seinem Kind auf dem Rücken auf allen Vieren durch die Wohnung krabbelt oder wilde Spiele mit dem Kind veranstaltet. Erwachsene spielen grundsätzlich nicht mit Kindern, da das sehr negativ von der Gesellschaft angesehen wird. Durch das gemeinsame Spielen würden die Eltern und die Kinder auf der gleichen Stufe (Spielgefährten) stehen. Die vertikale Ordnung zwischen Eltern und Kinder wäre gestört.

Die Kinder

Kinder sind für fast alle Kambodschaner ein Grund zur Freude. Auf dem Lande ist es normal, fünf oder sechs Kinder zu haben. Wer vier oder fünf Jahre nach der Heirat immer noch nur ein Kind hat, gerät unter Druck. Bei jeder Begegnung mit den Verwandten und Bekannten bringen diese ihr Unverständnis darüber zum Ausdruck: „Wie, du hast nur ein Kind? Ein Kind ist zu wenig! Es hat ja niemanden zum Spielen, habe Mitleid mit ihm.", „Mehrere Kinder lassen sich leichter aufziehen!", „Im Alter hast du viele Hände, die dich unterstützen!" usw. Dass jemand keine Kinder haben möchte, wird überhaupt nicht verstanden. Der natürliche Kinderwunsch ist mitverantwortlich für die **junge Bevölkerungsstruktur** des Landes. Rund die Hälfte der Menschen ist unter 18 Jahre. Die Bevölkerung wächst jährlich um etwa 2,5 %.

Auf Anraten verschiedener internationaler Nichtregierungsorganisationen, die in Kambodscha Entwicklungshilfe leisten, vertritt die Regierung auch die Ansicht, dass die Verzögerung der Geburten und damit die **Verringerung der Kinderzahl** pro Familie ein Beitrag zur Lösung der Armutsprobleme auf dem Lande ist. Die Idee dahinter ist folgende: Eine arme Familie kann viele Kinder nicht ordentlich ernähren, kleiden und in die Schule schicken. Je mehr Kinder eine Familie hat, desto weniger Ressourcen hat sie für jedes einzelne Kind, für die anderen Mitglieder der Familie sowie für Investitionen. Viele Kinder zu haben, würde somit neben anderen Faktoren die Familie in dem Kreislauf der Armut gefangen halten. Der Gedanke ist einleuchtend. Die Hauptarbeit, um die Menschen von Verringerung der Geburtenzahlen zu überzeugen, leisten die Nichtregierungsorganisationen mit Finanzierungshilfen aus dem Ausland.

Die Menschen auf dem Lande aber reagieren auf die Aufklärung oft mit der Bemerkung „Schon unsere Vorfahren haben so gelebt und es ging gut!" Hier prallen professionalisierte Denkweise und kulturell motivierte, naturnahe Lebensvorstellung aufeinander. Bei den Menschen in der Stadt muss man nicht viel Aufklärung betreiben. Wenn Mann und Frau arbeiten gehen, die Kinder eine Schule besuchen, der Arbeitsort vom Wohnort getrennt und damit der Schutz der großen Familie nicht mehr wie im Dorf vorhanden ist, haben die Menschen von sich aus weniger Kinder als auf dem Lande. Zwei oder drei Kinder werden in der Stadt langsam zur Regel.

Mit 7 Jahren schicken die Eltern das Kind in die **Schule.** Ab diesem Alter oder ein, zwei Jahre später hüten die Jungen auf dem Lande in der Freizeit

---

Das Schwimmen bringen sich die Kids gegenseitig bei

die Rinder. Sie gehen mit ihrer Mutter auf die Reisfelder, jäten Unkraut und fangen Krabben. Auf den Plantagen sammeln sie mit ihren Eltern abgestorbene Zweige und Blätter und verbrennen sie. Die Mädchen helfen in diesem Alter ihren Müttern in der Küche. Sie holen Wasser, waschen das Gemüse, zerstoßen Erdnüsse, pressen Kokosmilch aus und reichen der Mutter dies und das zu. In diesem Alter werden sie auch immer mehr in die buddhistische Glaubenslehre eingeführt. So werden die Kinder nach und nach dazu angehalten, **Verpflichtungen zu übernehmen.**

Mit etwa 12 Jahren können die **Mädchen** ihre Mütter **im Haushalt** fast vollständig ersetzen. Sie kümmern sich um die kleineren Geschwister, fegen das Haus, kochen Reis, bereiten Gemüse und Fleisch zum Braten oder für die Suppe vor. Die ältere Schwester muss auf die kleineren Geschwister aufpassen und wird dazu von der Mutter mit viel Macht ausgestattet. Damit sie die Kleinen beschützen kann, darf sie die Jüngeren, die bei einer ernsten Angelegenheit nicht gehorchen, nicht nur beschimpfen, sondern auch schlagen. Oft reicht es aber schon aus, wenn sie droht: „Das werde ich Mutter sagen!" Die große Schwester wird somit zu einer Autoritätsperson in der Familie. Die jüngeren Geschwister müssen ihr gebührenden Respekt erweisen, was u. a. auch in der Anrede mit *báng* (ältere Schwester) zum Ausdruck kommt. Ein Altersunterschied von ein bis zwei Jahren ist nicht sehr entscheidend für die Rangbestimmung unter den Geschwistern. Geschwister, sowohl Mädchen als auch Jungen, mit geringem Altersunterschied reden sich auch mit „*a*" oder „*mi*" an. Ab einem Unterschied von vier bis fünf Jahren wird die Gleichstellung normalerweise nicht mehr geduldet. Der ältere Bruder übernimmt nicht wie die ältere Schwester die Mutterrolle. Er beschützt eher seine jüngeren Geschwister vor den Angriffen anderer Kinder.

Respekt ernten die große Schwester oder der ältere Bruder nicht nur durch die Befugnisse, die die Eltern ihnen übertragen, sondern auch durch ihre Verantwortung den Jüngeren gegenüber.

Eine ältere Schwester, die ein jüngeres Geschwisterkind spazieren trägt, füttert, badet, mit ihm spielt und es ins Bett bringt, ist ein alltägliches Bild in vielen kambodschanischen Familien.

Mit 14 Jahren beherrschen die **Jungen** auf dem Land das **Handwerk des Reisanbaus.** Sie können pflügen, eggen, sich um die Tiere kümmern, Reispflanzen vereinzeln, Ochsenwagen lenken, Reparaturen an Pflugscharen oder Wagen ausführen. In dem Alter sind die Mädchen auf dem Lande als Hausfrau bereits ausgebildet. Natürlich dauert es noch einige Jahre, bis ihre Kochkunst den Stand der Mütter oder Großmütter erreicht.

Die **Kinder in der Stadt** werden anders als die Kinder auf dem Lande sozialisiert. Eltern, die es sich leisten können, orientieren ihre Kinder darauf, dass sie nach der Schule auf die **Universität** gehen, damit sie später einen guten Posten in der Staatsverwaltung bekommen. Diese Kinder haben eine Zeit lang hauptsächlich mit abstrakten, theoretischen Dingen zu tun und kommen mit dem praktischen Leben wenig in Berührung. Kinder armer Familien verlassen die Schule oft schon nach der sechsten Klasse, um ihren Eltern zu helfen, Sachen auf dem Markt zu verkaufen oder anderweitig Geld zu verdienen.

In dem Elternhaus hat niemand Freiraum nur für sich allein. Alle sind ständig zusammen. Es sei denn, man geht schlafen. Die Kinder lernen früh, ihre Individualität zu beschränken. Anpassung an die Hierarchie, absolute Gehorsamkeit den Eltern gegenüber, Befolgung der Ratschläge oder Ausführung der Aufträge der Eltern ohne Widerrede, mildes und freundliches Verhalten gegenüber der Familie, den Verwandten und Freunden, ordentlich reden, Hilfsbereitschaft und Umsichtigkeit (*mian phnaek* – Augen haben), das sind die wichtigen sozialen Verhaltensregeln, die ein Kind schon früh im Haus seiner Eltern erlernt.

Die Großeltern

Die Großeltern leben so lange es geht selbstständig. Wenn sie sich nicht mehr versorgen können, holen sie ihre Kinder zu sich. Oder ein Kind, häufig die älteste Tochter, zieht mit ihrer Familie in die Nähe des Elternhauses oder in das Elternhaus. Die Aufnahme des alten Vaters und der alten Mutter bedeutet am Anfang eine große Umstellung für die Familie der Kinder. Jetzt muss man sich um die Wünsche von ein oder zwei weiteren Personen im Haus kümmern. Damit müssen die eigenen Wünsche ein Stück zurückgestellt werden. Es kommt auch vor, dass die Eltern zu zwei Geschwistern ziehen, wenn diese nah beieinander wohnen. Die Mutter zieht zur ältesten Tochter und der Vater zu einem Sohn. So wird die Last geteilt und die Eltern können sich jeden Tag sehen, wenn sie wollen.

Die Eingliederung in die Familie des Kindes bedeutet eine große Veränderung für die Eltern. Sie stehen zwar weiterhin auf Grund ihres Alters und ihrer Stellung im Familienstammbaum oben, müssen sich jedoch den Machtverhältnissen in der Familie des Kindes anpassen. Sie mischen sich nicht in die Entscheidungen der Kinder ein. Sie sind nicht mehr Chef des Hauses, sondern haben von nun an so etwas wie die Rolle eines Beraters. Wenn sie gefragt werden, geben sie ihren Kindern einen Rat. Die Großeltern helfen viel im Haushalt, wenn sie noch können. Die Großmutter hütet die kleinen Enkel und hilft beim Kochen. Der Großvater repariert Gerätschaften im Haus. Sie erzählen den Enkeln aus ihrer Jugend, Geschichten vom Leben Buddhas, von den Geistern und den Seelen der Vorfahren, sie erzählen von Sturm, von Hochwasser, von Schlangen, von Gefahren, von gutem Essen und vielem mehr. So werden sie zu Lieblingen der Enkel im Haus.

Das Zusammenleben mit den Eltern ist nicht immer nur harmonisch. Wenn der Sohn nach der Heirat mit seiner Frau im Haus seiner Eltern lebt und sich seine Mutter weiterhin als Chefin des Hauses fühlt und keine Veränderung der bisherigen Lebensgewohnheiten duldet, die Schwiegertochter aber eine Anpassungszeit für das Leben im neuen Haus benötigt, bleiben Konflikte zwischen ihr und der Schwiegertochter nicht aus. Dann gehört es zum Alltag, dass über die Schwiegertochter schlecht geredet und sie sogar beschimpft wird. Erträgt die Schwiegertochter den Machtdruck der Schwiegermutter nicht, ist die erste Ehekrise da.

Viele Töchter werden so erzogen, dass sie solche Formen der Gewaltausübung ertragen. Doch nicht jede schafft es. In solchen Fällen kommt es vor, dass die Frau wieder zu ihren Eltern zurückgeht. Manch eine Schwiegertochter erträgt aber auch die Beschimpfungen und rächt sich dafür später an ihren Kindern. Solch ein Familienkonflikt kann genauso einen Schwiegersohn betreffen, wenn er in das Haus der Schwiegereltern zieht. Eine beliebte Art, es der Schwiegermutter heimzuzahlen, ist, dass er nicht mehr mit ihr redet oder etwas tut, was seine Schwiegermutter in der Öffentlichkeit beschämt, z. B. wie ein Betrunkener durch die Straßen torkelt oder sein Moped fleckig wie das Fell einer Wildkatze bemalt.

Das Beste für alle ist in solchen Fällen der Auszug und die Gründung eines eigenen Haushaltes. Doch mitunter verhindern die Bindung an die Eltern und die mangelnde Selbstständigkeit die Abnabelung des Kindes von seinen Eltern und die Ehe geht in die Brüche. Zum Glück gibt es in Kambodscha nicht nur böse Schwiegermütter und viele Kinder ziehen nach der Heirat gleich in ihre eigenen vier Wände.

Die Verwandten

Wenn sich zwei Kambodschaner nur lange genug unterhalten, stellt sich irgendwann heraus, dass sie miteinander verwandt sind. Manchmal kann man nur staunen, wer alles zur Verwandtschaft zählt: Plötzlich ist man mit dem Arbeitskollegen verwandt oder mit der Marktfrau, die man auf der Reise in eine entfernte Provinz trifft oder mit dem Mechaniker, der unterwegs das kaputte Moped repariert. Wer viel reist und viel redet, trifft viele Verwandte. Kambodschaner sind meist mit der halben Provinz, aus der die Mutter stammt, verwandt. Stammt der Vater aus einer anderen Provinz, ist man schon mit zwei Provinzen verwandt. Sowohl die väterliche als auch die mütterliche Seite werden zu den Verwandten des Kindes gezählt. Jede Generation erlebt zumindest zwei ältere Generationen, die Generation der Eltern und die der Großeltern. Das Kind weiß, dass alle ihre Nachkommen zu seinen Verwandten zählen. Seine Eltern erzählen ihm von ihren Eltern und Großeltern. Dann erzählen die Großeltern auch noch von ihren Eltern und deren Nachkommen, die ebenfalls zu den Verwandten gehören.

Da jeder der vier Großelternteile zwei Elternteile hat, diese wiederum je zwei Elternteile und alle viele Geschwister haben, dehnen sich aus der Perspektive des Enkels die Verwandtschaftsbeziehungen nach oben wie die ausladenden Äste einer Baumkrone aus.

Auch nach unten breitet sich das Geflecht der Nachkommenschaft ins Unermessliche aus. Hat der Enkel selbst ein Kind, so ist sein Kind (der Urenkel) mit sechs Menschengenerationen verwandt (die Generation des Kindes des Enkels, des Enkels selbst, seiner Eltern, seiner Großeltern, der Eltern der Großeltern und die Generation der Großeltern der Großeltern). Wenn man als Kleinkind mit seinen Eltern in die Heimatprovinz fährt, dann kann einem schon mal der Atem stocken. Denn die Mutter sagt ständig: „Sage Guten Tag zu dem Onkel", „Sage Guten Tag zu der Tante", „Sage Guten Tag zu der Großtante, zu dem Großonkel, zu …". Da kann man nur durchblicken, wenn man Ahnenforschung betreibt oder selbst Großmutter oder Großvater wird. Stirbt die Großmutter, gehen viele Informationen über die Verwandtschaftsbeziehungen verloren. Grund für den Verlust:

Junge Menschen nehmen sich kaum Zeit für das Studium dieser Beziehungen. Auch Umzüge in andere Provinzen wegen Heirat, Arbeit, Geschäftsverlagerung und dergleichen führen zum Verlust der Informationen über die Verwandtschaftsverhältnisse.

Die **Verwandtschaftsbeziehungen sind hierarchisch** aufgebaut. Wer im Familienstammbaum zur Vorfahrengeneration gehört, steht sozial höher, auch wenn er das gleiche Alter wie jemand aus einer Generation darunter hat. In Kambodscha gibt es jede Menge Onkel und Tanten, die genauso alt oder sogar jünger wie ihre Neffen und Nichten sind. Diesen Onkel und Tanten gebührt auch eine angemessene Anrede und Begrüßungsform.

Welche Bedeutung haben verwandtschaftliche Verhältnisse für den Einzelnen? In einem Roman aus dem 16. Jahrhundert, der auf einer wahren Begebenheit fußt, hat der Gouverneur von Tbong Khmum, heute ein Kreis der Ostprovinz Kampong Cham, einen Beamten vom Königshof töten lassen. Das wurde als Auflehnung gegen die Zentralmacht gewertet. Der König schickte Truppen nach Tbong Khmum. Als Strafe wurde der Gouverneur und seine gesamte Verwandtschaft bis zum siebenten Grad hingerichtet. Dieses Beispiel zeigt, wie eng man im 16. Jahrhundert als Blutsverwandte zusammengeschweißt war. Verwandtschaftliche Verhältnisse waren fester Bestandteil der politischen und wirtschaftlichen Machtverhältnisse. Sie waren Teil des Patronagesystems.

In diesem System beschützte der Patron seine Verwandten und versorgte sie mit Ämtern, von denen sie sich ernähren konnten. Die beschützten Verwandten mussten dem Patron ihre absolute Loyalität erweisen und das bestehende System mit allen Mitteln beschützen. Das gesamte feudale System in Kambodscha nach der Angkor-Zeit stützte sich auf Verwandtschaftsbeziehungen. So waren die Gouverneure der Provinzen in der Regel Personen aus der königlichen Familie. Auch heute noch bilden verwandtschaftliche Beziehungen einen wichtigen Teil des Patronagesystems in der Politik, der Verwaltung und in den Unternehmen. Selbst wenn man heute nicht mehr die gesamte Verwandtschaft bestrafen würde wie im 16. Jahrhundert, schaut man trotzdem noch genau hin, ob jemand, der einen Posten mit wichtiger politischen Bedeutung übernehmen soll, nicht zum engen Verwandtenkreis eines politischen Gegners zählt.

Verwandtschaftliche Verhältnisse werden durch **gegenseitige Besuche** gefestigt. Bei jedem Besuch bringt man Früchte oder eine andere Kleinigkeit mit. Oft wird erwartet, dass der Rangniedere mehr Initiative zeigt. Das gilt auch unter Geschwistern. Lassen die Besuche nach, wird gerätselt, ob der betreffende Verwandte einen nicht mehr zum engsten Verwandtenkreis zählt. Auf Khmer sagt man dazu *roab* (zählen). Im Zuge der Wand-

Die Geschichte vom Männerberg und vom Frauenberg in der Provinz Kampong Cham

Wenn man auf der Nationalstraße Nr. 7 von Phnom Penh nach Kampong Cham fährt, befinden sich am Kilometer 116 unweit der Straße zwei Berge dicht nebeneinander. Der Berg, der sich in östlicher Richtung befindet, ist höher und wird *phnom srey* (Frauenberg) genannt. Der andere, welcher sich in westlicher Richtung befindet, ist niedriger und heißt *phnom proh* (Männerberg). Zu den beiden Bergen gibt es folgende Geschichte:

Vor langer Zeit herrschte im Khmer-Reich eine Königin namens *Srey Ayuthyia*. Da sie Königin war, wagte kein Mann, um sie zu werben. Deshalb suchte sie sich selbst einen Ehemann, der ihr gefiel. Da sich die Königin *Srey Ayuthyia* selbst einen Ehemann ausgewählt hatte, taten es ihr die Frauen in ihrem Reich gleich und warben um ihre Ehemänner.

Damals hatten es jedoch die nicht so schönen Frauen schwer, einen Mann zu finden. Die Männer lehnten sie ab und suchten sich nur die hübschen Mädchen zur Heirat aus. Das ging während der ganzen Regierungszeit dieser Königin so. Später, in der Regierungszeit anderer Herrscher, trafen sich die Frauen und sagten: „So geht das nicht mehr, dass wir als Frauen um die Männer werben. Wir sollten mit den Männern eine Wette abschließen. Die Männer sollen einen Berg aufschütten und die Frauen sollen einen Berg aufschütten. Wenn die Männer verlieren, müssen sie zukünftig um uns Frauen werben." Anschließend besprachen sie die Wette mit den Männern. Sie schickten Werber los, um möglichst viele Frauen für den Wettbewerb zu gewinnen. Die Männer taten gleiches. Als beide Seiten genug Teilnehmer versammelt hatten, sagten sie: „Wir werden so lange Erde aufhäufen, bis der Morgenstern aufgeht. Dann erst werden wir aufhören. Solange der Morgenstern noch nicht aufgegangen ist, arbeiten wir." Sie waren sich einig und begannen nun, die Erde herbeizutransportieren, je nach Kraft mit einer Tragestange auf der Schulter oder einem Korb auf dem Kopf.

Am Abend, die Frauen hatten schon drei bis vier Stunden Erde herbeigebracht, stellten sie, die klug waren, eine Laterne hoch oben an der nordöstlichen Ecke des Berges auf. Als die Männer nach oben sahen, erblickten sie die Laterne, die die Frauen an eine Bambusstange gehängt hatten und dachten, dass der Morgenstern aufgegangen sei. Sie beschlossen, mit der Arbeit aufzuhören und schliefen. Die Frauen aber setzten die Arbeit fort bis der Morgenstern tatsächlich aufging. Dann erst hörten sie auf.

Als die Hähne krähten, erwachten die Männer und sahen den Morgenstern. Sie sagten: „Wir haben einen Fehler gemacht. Der richtige Morgenstern ist jetzt erst aufgegangen." Sie sahen, dass der Berg der Frauen größer war als ihrer und schämten sich, da sie den Frauen unterlegen waren.

Seit jener Zeit werben die Männer um die Frauen und das ist bis heute so.

lungen der wirtschaftlichen und sozialen Verhältnisse in Kambodscha sind viele ranghöhere Verwandte wegen mangelnder Besuche der rangniederen Verwandten verärgert. Nur sehr zögerlich akzeptieren sie, dass die rangniederen Verwandten keine Zeit mehr haben, dass sie von früh bis spät in der Verwaltung, in Fabriken oder auf dem Markt in der Stadt arbeiten und danach noch die Kinder versorgen müssen.

In Kambodscha kann man sich seine Verwandten auch aussuchen. Neben den Blutsverwandten gibt es auch **selbst gewählte Verwandte.** So können sich zwei Menschen, die sich sehr mögen, gegenseitig als Geschwister annehmen (*báng thoa p-oon thoa* – älteres Geschwisterkind oder jüngeres Geschwisterkind durch Dharma). Gemeint ist damit, dass man sich durch das gute Weltgesetz „Dharma" gefunden hat. Wenn sich beide Seiten darauf geeinigt haben, dann sind zwei Menschen wie Geschwister. Sie besuchen sich oft und unterstützen sich gegenseitig. Außer „Geschwister durch Dharma" gibt es auch die Beziehungen „Eltern oder Kind durch Dharma".

Oft wird vor anderen Menschen eine nicht blutsverwandte Person als Tante, Onkel, Nichte oder Neffe bezeichnet. Damit drückt man seine emotionale Verbundenheit mit diesen Personen aus. Wenn eine Respektsperson jemandem sagt, der junge Mann dort ist mein Neffe, will er bedeuten, dass dieser junge Mann unter seinem Schutz steht. Er soll ordentlich behandelt werden.

Die verwandtschaftlichen Beziehungen können auch durch Adoption eines Kindes erweitert werden. Die Adoptiveltern nennt man *öwpuk mday chegn-choem* (Eltern durch Ernährung) und das Kind *koon chegn-choeum* (Kind durch Ernährung). Die Adoptivgeschwister sind dann *báng chegn-choeum p-oon chegn-choeum* (ältere Geschwister oder jüngere Geschwister durch Ernährung).

Hochzeit

Der Weg zur Gründung einer jungen Familie ist frei, wenn die Eltern einer jungen Frau den Eltern eines jungen Mannes die **Zustimmung zur Heirat** geben. Dann kann die Hochzeit stattfinden. Die Eltern der beiden einigen sich über die Höhe der Ausgaben und ihre Anteile. Die Ausrichtung der Hochzeit übernehmen traditionell die Eltern der Braut. Die Seite des Mannes muss der Seite der Frau eine vorher vereinbarte Summe zahlen. Auf dem Lande nimmt das ganze Dorf daran teil. Jeder hilft bei den Vorbereitungen und bringt etwas mit: Hühner, Fisch, Reis, Gemüse, Brennholz und in letzter Zeit auch Geld. In der Stadt unterstützt man die Eltern des Brautpaares und das Paar indem man Geld schenkt.

Es gibt in den Städten zahlreiche Unternehmen, die sich auf die Ausrichtung von Hochzeiten spezialisiert haben. Einige stellen die prachtvollen Kostüme für die verschiedenen Zeremonien zur Verfügung und schminken und frisieren das Brautpaar entsprechend. Andere haben sich auf die fotografische Dokumentation der Hochzeit bzw. auf das Drehen des Hochzeitsvideos spezialisiert. Wichtige Zeremonien sind: *pitii kat sák* (Haarschneidezeremonie), *pitii sompeah neak ta* (Zeremonie zur Verehrung der Schutzgeister), *pitii saän meba* (Zeremonie der Darreichung von Opfergaben für die Vorfahren) und *pitii djáng dai* (Zeremonie des Umwindens der Handgelenke). Auch Mönche werden eingeladen und sprechen Gebete. Am Abend findet ein großes Festessen statt, zu dem nicht selten mehrere hundert Gäste eingeladen sind. Eingeladen werden normalerweise die Verwandten, Nachbarn, Arbeitskollegen und Freunde beider Familien. Gerne werden auch ausländische Kollegen und Bekannte eingeladen.

Eine Hochzeit in der Stadt ist eine teure Angelegenheit. Wenn die Eltern des Paares ihre respektable Stellung in der Gesellschaft aufrechterhalten möchten und sich auf 35 Tische (5–6 Personen pro Tisch) einigen, müssen sie etwa 4000 US-Dollar aufbringen. Das sind die **Kosten für eine Hochzeit** von Kindern kleinerer Beamter, deren monatliches Gehalt bei etwa 20 US-Dollar liegt. Es kommt vor, dass die Eltern des Bräutigams zu den Eltern der Braut sagen: „Wir geben Ihnen 4000 US-Dollar und bitten Sie darum, die ganze Hochzeit auszurichten." Damit wollen sie sagen, dass die Familie der Braut eventuelle Mehrkosten trägt, wenn die Eltern der Braut das Gesicht ihrer Familie noch mehr heben möchten und noch mehr Gäste einladen.

Eine Hochzeit kann zu hohen Verschuldungen führen, insbesondere wenn die Gäste zu wenig spenden oder wenn es am Tag der Hochzeitsfeier stark regnet und daher nur wenige Leute zum Hochzeitsessen kommen und somit auch die Spenden ausbleiben. Wenn die Einnahmen nicht die Ausgaben decken, muss die Seite, die die Ausrichtung der Hochzeit übernommen hat, den Fehlbetrag zahlen. Manche Eltern haben dann zwar kaum noch etwas, was sie den Kindern zur der Gründung der Familie geben können, aber das Ansehen der Familie ist gerettet. Dass nach der Begleichung der Kosten für die Hochzeitsfeier Geld übrig bleibt, gelingt meist nur hohen Persönlichkeiten, denn an der Hochzeit von deren Kindern möchte jeder gerne teilnehmen und standesgemäß spenden. Jede

Spende wird genau notiert, damit man den Gast später einmal in ähnlicher Höhe unterstützen kann.

Auf dem Lande gilt die Ehe als geschlossen, wenn verschiedene Zeremonien durchgeführt wurden, an denen die Dorfbewohner teilgenommen haben und ein gemeinsames Festessen stattgefunden hat. Die Registrierung auf dem Standesamt ist zwar dem Gesetz nach vorgeschrieben, bildet aber eher die Ausnahme. In den Augen der Dorfgemeinschaft ist das Paar auch ohne standesamtliche Trauung Mann und Frau.

Die eigentliche Hochzeit wurde früher drei Tage lang gefeiert. Es fanden sehr viele **Zeremonien** statt. Da heutzutage niemand so viel Zeit hat, werden die wichtigsten Zeremonien an einem Tag durchgeführt. Der Hochzeit voraus geht die Phase der Werbung. Heiratsvermittler gehen im Auftrag der Familie des jungen Mannes mehrmals zu der Familie des Mädchens, um zu erfahren, ob die Werbung Erfolg versprechend ist. Wenn die Familie des Mädchens den Bewerber nicht favorisiert, sagt sie, dass ihre Tochter für die Ehe noch zu jung ist. Bei Einverständnis wird ein Astrologe beauftragt, die Geburtsdaten der beiden jungen Leute auf Vereinbarkeit zu prüfen. Dann erst folgt die offizielle Werbung, die mit drei Besuchen bei der Familie der Frau verbunden ist. Sind sich alle einig, erfolgt die Bestätigung durch die Zeremonie *si sla bánhcháp piak* (Betel kauen zur Bestätigung der Worte).

Geschlechterrollen

Im Kapitel „Kruasa – Familie" wurde bereits über die Rollenverteilung zwischen Mann und Frau in der Familie berichtet. Welche Erwartungen sonst noch an einen Mann und eine Frau gestellt werden, erläutert das folgende Kapitel.

Arbeitsteilung zwischen Mann und Frau

Auch heute noch gibt es viele Tätigkeiten und Berufe, die fast ausschließlich den Frauen überlassen werden und solche, die überwiegend den Männern vorbehalten sind. Sowohl auf dem Lande als auch in der Stadt sind Küche, Wäsche und Kinderversorgung noch weitestgehend Frauendomänen. Schon im Kindesalter wird diese Arbeitsteilung zwischen den Geschlechtern vermittelt. Auf dem Lande ist Pflügen, Eggen, Viehhüten und Transport Männerarbeit. Holz- und Metallhandwerke sind ebenfalls Männersache. Frauen weben Stoffe und flechten Körbe. Eine Frau, die mangels einer männlichen Arbeitskraft selbst den Acker pflügen muss, wird von der Nachbarschaft zugleich bemitleidet und bewundert.

Diese Regeln der Arbeitsteilung wurden von Generation zu Generation weitergegeben und sind somit fester Bestandteil der Vorstellungen über die Rollen von Mann und Frau.

Hierzu ein kleines Beispiel: Eine Kambodschanerin, die lange im Ausland gelebt hatte, kam nach Kambodscha zurück und arbeitete in einem Hilfsprojekt. Sie war eine sehr engagierte und emanzipierte Frau. Einmal fuhr sie in ein abgelegenes Dorf im Nordosten des Landes. Sie sah eine Frau Reis stoßen. Diese Frau trug auf dem linken Arm ein Kind und hatte in der rechten Hand den schweren Stößel, mit dem sie unaufhörlich den Reis stieß. Ihr Mann saß unweit auf der Treppe des Hauses, rauchte und guckte in den Himmel. Die engagierte Frau ging zu dem Mann hin und sagte ihm ins Gesicht: „Älterer Mann, schaut, Ihre Frau trägt auf dem einen Arm das Kind und mit dem anderen stößt sie den Reis. Und Sie sitzen hier und rauchen. Wieso helfen Sie Ihrer Frau nicht? Wenn sie stirbt, wer soll all die Arbeit machen?" Verschreckt antwortete der Mann: „Ich sterbe lieber, als dass ich diese Arbeit mache." Ein körperlich gesunder Mann, der Frauenarbeit im Haushalt macht, würde von den anderen Dorfbewohnern ausgelacht werden. Er würde sein Gesicht verlieren.

Bei **Zusammenkünften der Familie** kümmern sich die Frauen um das Kochen. Die Gastgeberin und die Besucherinnen bleiben unter sich. Sie unterhalten sich, scherzen und erledigen die restlichen Arbeiten, um das Essen auf den Tisch zu bringen. Diese Rolle übernehmen die Frauen mit

Selbstverständlichkeit. Sie tun das ohne sich darüber zu beschweren. Die Männer sitzen vorne im Wohnbereich beieinander, trinken Tee oder etwas anderes und unterhalten sich über den Reisanbau, die Geschäfte, die Tiere usw. Der Hausherr hat seiner Frau vorher schon geholfen, indem er Brennholz geholt und gehackt hat und die großen Fässer mit Wasser gefüllt hat. Wenn Gäste kommen, bleibt er vorne.

Das ist seine Rolle. Ihn in die Küche zu holen oder zu bitten, das Essen zu den Gästen zu bringen, wäre undenkbar. Gegessen wird dann aber gemeinsam in der großen Runde. Kleine Kinder bleiben oft unter sich und essen nicht mit den Erwachsenen. Das Geschirr abräumen und abwaschen erledigen normalerweise die Töchter oder ein Mädchen, das im Hause hilft.

Die Kriege veränderten auch die **Stellung der Frau in der Familie** und in der Gesellschaft. Im 16. Jahrhundert berichteten spanische Missionare davon, dass die Frauen selbst den Boden bearbeiteten, weil die Männer in den Krieg gezogen waren. Damit übernahmen sie die Rolle der Männer in der Familie vollständig. Die traditionelle Arbeitsteilung wurde so zeitweise aufgeweicht. In solchen Zeiten wurden die Frauen zu den Haupternährern der Familien und tätigten alle Geschäfte (Reis verkaufen, Anschaffung von verschiedenen Sachen usw.). Mit anderen Worten, sie hatten in vielen Lebensbereichen genauso viel zu entscheiden wie die Männer. Auch in der Kriegszeit 1970–1975 und 1979–1989 waren viele Frauen in Kambodscha Haupternährer der Familien. Sobald aber die Kriege vorbei waren, nahmen die Männer wieder ihre traditionelle Rolle ein.

Die kambodschanische Gesellschaft ist in stetiger Entwicklung. Auch wenn die Landwirtschaft noch den größten Teil der Bevölkerung beschäftigt, wird ihr Anteil am Bruttosozialprodukt im Vergleich zur Industrie und zum Dienstleistungssektor immer geringer. Außenwirtschaftliche Beziehungen, regionale und internationale Wirtschaftsverflechtungen, internationale Politik und Entwicklungshilfe, Urbanisierung, Entwicklung im Bildungsbereich, das alles bewirkt viele Veränderungen im sozialen Gefüge Kambodschas und damit auch Veränderungen hinsichtlich der Stellung der Frauen. In der Stadt wird die traditionelle Rollenteilung immer stärker aufgeweicht. **Frauen mit guter Qualifikation** arbeiten in der Verwaltung, in Schulen, Banken, Unternehmen und Nichtregierungsorganisationen neben ihren männlichen Kollegen. Viele Frauen vom Lande finden eine Arbeit in den Fabriken in und um Phnom Penh. Frauen arbeiten in Restaurants und in der Hotelbranche.

Ein wichtiger Geschäftsbereich der Frauen sind die Märkte. *Chou Ta-Kuan,* Gesandter des chinesischen Reiches, schrieb im 13. Jahrhundert, dass die Khmer-Frauen den Handel beherrschen. Sie sollen schon damals sehr

geschäftstüchtig gewesen sein. Er sagte, dass Chinesen, die in das Angkor-Reich kamen und sich dort niederließen, Khmer-Frauen geheiratet haben, weil sie unter anderem auch dadurch stark von den Geschäftsideen der Khmer-Frauen profitierten. Dass die Frauen die Märkte beherrschen, kann man heute noch in Kambodscha erleben. Man braucht nur zum zentralen Markt von Phnom Penh zu gehen. Dort sitzt an fast jedem Verkaufsstand eine Frau. So werden viele Frauen Haupt- oder Miternährer der Familien und Entscheidungsträger in der Familie und im Beruf.

Trotz dieser positiven Entwicklung werden Leitungspositionen jedoch meist noch ausschließlich von Männern besetzt.

Für eine Frau ist es immer noch schwer, sich als **Chefin** zu behaupten, denn Frauen werden als das schwache Geschlecht angesehen. Viele kambodschanische Männer sind nicht bereit, ihre Vorstellungen über die sozialen Hierarchien zu verändern, denn sie stehen bisher in der Hierarchie höher als die Frauen. Etwas einfacher hat es eine Frau als Chefin, wenn sie nicht nur fachlich allgemein anerkannt, sondern auch bereits im reiferen Alter ist (ab Anfang 50). In dem Alter wird sie von ihren Untergebenen hinter dem Rücken *Yeay* (Großmutter) genannt, z.B. *Yeay Mey* (Großmutter Mey). Das ist eine geachtete Stellung. Einer Großmutter gebührt Respekt. Ihr Alter und ihre leitende Position gleichen so die ungünstige Geschlechterstellung aus. Schwieriger wird es, wenn eine Frau mehrere ältere männliche Untergebene hat.

Frauen und Bildung

Statistisch gesehen besuchen etwa genauso viele Mädchen wie Jungen die Grundschule. Die Grundschule geht in Kambodscha von der 1. bis zur 6. Klasse. In der Mittelschule (7. bis 12. Klasse) nimmt die Zahl der Mädchen stark ab. Diese Tendenz setzt sich an den Hochschulen fort. Mehrere Gründe sind für diese Tendenz verantwortlich. Drei davon sollen hier genannt werden:

Der erste ist der älteste Grund. Ein sehr großer Teil der Eltern denkt wie seit jeher, dass ihre Töchter später Hausfrauen werden. Diese Denkweise ist besonders auf dem Lande heute noch sehr weit verbreitet. Eine höhere Bildung ist mit dieser „Berufsperspektive" nicht notwendig. So lassen die Eltern, wenn sie für Bildung überhaupt etwas erübrigen können, den Söhnen den Vorrang.

Dann gibt es Eltern, die befürchten, dass ihre Tochter für eine Heirat zu alt wird, wenn sie jahrelang die Universität besucht. In den Köpfen der Kambodschaner ist das Alter zwischen 17 und 19 Jahren das beste Heiratsalter. Dem Gesetz nach darf man erst mit 18 Jahren heiraten, doch viele Mädchen werden schon vor dem 18. Lebensjahr verheiratet. Denn wer erst einmal 20 ist, gilt schnell als „alt", und wer 23 oder 24 Jahre alt ist, gehört schon zu der Gruppe „zu alt". Als „alte Jungfern" gelten unverheiratete Frauen ab 25 oder 26 Jahre. Wer in das kritische Alter kommt, hat es schwer. Das spüren die unverheirateten Frauen, die eine lange Ausbildung hinter sich haben und in der Verwaltung arbeiten. Die Kambodschaner sagen über die gebildeten, aber „alten" Frauen: „Die Armen wagen es nicht, sie zu nehmen und die Reichen nehmen sie nicht mehr."

Viele wohlhabende Eltern haben Angst davor, dass ihre Tochter nicht genommen wird und verheiraten sie deshalb gleich nach dem Abitur oder im ersten Studienjahr. Aus eben diesem Grund hatten reiche Eltern in der Lon-Nol-Zeit (1970–1975) ihre Töchter mit hohen Offizieren oder hohen Beamten verheiratet. Als die Roten Khmer die Macht übernahmen, wurden besonders die Offiziere und Staatsbeamten von *Lon Nol* umgebracht. Nach dem Ende der Pol-Pot-Zeit gerieten viele dieser Töchter aus ehemals reichen Elternhäusern in tiefste Armut, denn ihre Männer und die anderen Familienangehörigen waren tot, das Vermögen der Familie war verloren und sie selbst hatten keine Ausbildung. Aus dieser negativen Erfahrung scheinen viele Eltern bis heute keine Lehre gezogen zu haben. Hausfrau zu sein ist eben die Zukunft ihrer Töchter.

Essenkochen ist Frauensache

Mi seh! – Du Pferd, du Stute!

Mit dem Pferd verbinden Kambodschaner die Vorstellung, dass es viel und schnell hin und her rennt. Bei dem Schimpfwort *mi seh* dient das Pferd als Vergleich für eine Frau, die viel spazieren geht und nicht so oft zu Hause bleibt. Im Hinterkopf existiert dabei auch der Gedanke, dass die Frau ständig auf der Suche nach Männerbekanntschaften ist.

Dieses Verhalten bei Frauen wird von der Gesellschaft sehr negativ bewertet. Von einer Frau wird erwartet, dass sie treu ist, sich bescheiden und zurückhaltend verhält, sich um den Haushalt und um die Familie kümmert (wenn sie verheiratet ist) bzw. im Haushalt hilft und sich um die Geschwister oder ältere Familienangehörige kümmert (wenn sie unverheiratet ist).

Verhält sie sich nicht wie gewünscht, wird dieses Schimpfwort von Eltern ihren Töchtern gegenüber verwendet. Auch Hausangestellte müssen es sich häufig anhören:

Mi seh hngaäng hadj töw na ban djia anh rook min khönh. – Du Rumtreiberin (Stute), wo warst du denn hin gerannt, sodass ich dich nicht finden konnte.

Das Bild des Pferdes tritt auch in zwei weiteren Schimpfwörtern auf:

Mi seh kop. – Du galoppierende Stute.

In diesem Ausdruck wird die Bildhaftigkeit durch das Wort *kop,* das das Geklapper der Pferdehufe wiedergibt, noch verstärkt.

Mi seh dadj bánghiar. – Du Stute, bei der die Zügel gerissen sind.

Hier wird die Vorstellung vom Hin- und Herrennen durch den Zusatz *dadj bánghiar* (gerissene Zügel) noch verstärkt. Ein Pferd mit gerissenen Zügeln kann nicht angebunden werden und läuft frei umher.

Bei den drei genannten Ausdrücken handelt es sich um eher nicht so schlimme Schimpfwörter.

Neben der Perspektive, Hausfrau zu werden und dem Heiratsalter spielt die Wirtschaftskraft der Eltern eine wichtige Rolle bei der Entscheidung, ob die Tochter länger zur Schule geht oder nicht. Oft trifft die Tochter unabhängig von ihren Eltern die Entscheidung, mit der Schule aufzuhören, wenn das Geld der Familie für die Schulbildung nicht mehr reicht. Die Begründungen dafür sind fast immer die gleichen: „Es tut mir leid, zu sehen, wie die Mutter allein schuftet, um die Familie zu ernähren", „Es tut mir leid, zu sehen, wie schwer meine alten Eltern arbeiten, um uns zu ernähren. Ich kann nicht mehr zusehen. Daher höre ich auf und helfe Mutter/meinen Eltern auf dem Feld."

Das sind die drei Hauptgründe dafür, dass viele Frauen denselben Weg wie ihrer Mütter gehen und Hausfrau und Mutter werden.

Langsam nimmt aber in der Stadt die Zahl der Eltern zu, die ein Hochschulstudium ihrer Töchter befürworten, denn sie sehen, dass Institutionen, Organisationen und Unternehmen Frauen einstellen, die ein Studium absolviert haben. Und Eltern, die nur Töchter haben, fühlen sich doch etwas erleichtert, wenn wenigstens eine oder zwei Töchter einen Beruf haben und sie nicht nur auf reiche Schwiegersöhne hoffen müssen.

Emanzipation und Partnerwahl

kom put srálaw kom brádaw srey khodj
(Verbiege kein Sralaw-Holz, erziehe keine verdorbene Frau.
Denn beides geht nicht.)
Kambodschanische Weisheit

Das Khmer-Wort für Heiraten heißt *ka. Ka* ist nach der kambodschanischen Tradition Sache der Eltern. Wenn ein junger Mann ein Mädchen zur Frau haben möchte, bittet er seine Eltern bei den Eltern des Mädchens für ihn um das Mädchen zu werben. Wenn sich die Eltern einigen, kann geheiratet werden. Von der Werbung bis zur Hochzeit dauert es einige Zeit und jeder Schritt wird von zahlreichen Zeremonien begleitet. Viele Eltern halten aber schon vorher Ausschau nach einer Partnerin für ihren Sohn und machen einen Vorschlag, längst bevor der junge Mann selbst auf die Idee kommt, eine Frau zu suchen. Die Eltern eines Mädchens warten ab, denn die Tradition will es, dass die Eltern des Mannes bei den Eltern der Frau um die Tochter werben. Diese Position erlaubt ihnen, sich auszusuchen, wer ihr Schwiegersohn werden soll und wer nicht. Nachteilig ist diese Position aber, wenn die eigene Tochter nicht so begehrt und das eigene Vermögen nicht so groß ist. Viele Hochzeiten werden auch heute noch auf diese Weise von den Eltern arrangiert. Möchte eine Tochter einen jungen Mann zum Ehemann haben, ist es für sie sehr schwierig, denn sie kann ihren Eltern so etwas nicht sagen, das will die Tradition nicht. Und wenn die Eltern der Frau zu den Eltern des Mannes gingen, würde sich die ganze Stadt oder das ganze Dorf darüber lustig machen.

Eine Liebebeziehung zwischen einer Frau und einem Mann vor der Heirat wird als schwerer Verstoß gegen die Tradition angesehen. Noch im 20. Jahrhundert wurden Töchter, die sich der **Tradition bei der Partnerwahl** nicht unterordneten, hart bestraft. Wie meine Großmutter erzählte, wurde in den 1930er Jahren eine Frau aus ihrem Elternhaus verstoßen, weil sie ein Verhältnis mit einem jungen Mann hatte und schwanger wurde. Ande-

Warum sich Mädchen ihre Ohrläppchen durchstechen lassen

Vor langer Zeit lebte ein Mann, der sehr großen Reichtum, viele Diener und Dienerinnen sowie Gold und Edelsteine besaß. Dieser Reiche betrog seine Frau mit einer Dienerin. Nach einiger Zeit erfuhr die Frau davon, konnte aber der Dienerin nichts antun. Eines Tages musste der Reiche für einen ganzen Tag verreisen. Die Frau nutzt die Gelegenheit und ging mit den anderen Dienerinnen zu der Geliebten. Sie schlugen, traten und beschimpften die Geliebte auf das Schlimmste. Dann nahmen sie Nägel, schlugen die Nägel durch die Ohrläppchen der Geliebten und ließen sie im Haus zurück.

Am Abend kehrte der Reiche heim. Als er sah, was geschehen war, fragte er seine Geliebte: „Weshalb hat man dir Nägel durch die Ohrläppchen geschlagen?" Das Mädchen erzählte alles, was passiert war. Der Mann zog die Nägel aus den Ohrläppchen und trug ein Heilmittel auf. Von nun an ließ er das Mädchen in einem weit entfernten Haus leben.

Die Geliebte schämte sich von diesem Tag an sehr, da ihre Ohren Löcher hatten. Sie bat den Mann immer wieder etwas zu unternehmen, damit die Löcher in ihren Ohren verschwinden. Der Reiche versprach, eine Möglichkeit zu finden die Narben verschwinden zu lassen. In einer Nacht lag er im Bett und dachte: Wenn ich einen Goldschmied aus Gold Schmuckstücke anfertigen lasse, die wie Nägel aussehen, und sie diese in die Ohrlöcher steckt, sieht das bestimmt schön aus. Nachdem er darüber nachgedacht hatte, beauftragte er einen Goldschmied mit der Realisierung seiner Wünsche. Er ließ Diamanten in eine Fassung setzen und schöne Verzierungen anbringen. Als die Geliebte die goldenen Nägel mit Diamanten anlegte, fand sie diese schön und war sehr froh darüber.

Eines Tages sah die Ehefrau die hübschen funkelnden Ohren des Mädchens, die sie durchstochen hatte, und fragte: „Was trägst du so Schönes an den Ohren?" Die Geliebte antwortete: „Ich trage Nägel mit Diamanten statt der Nägel, die Sie mir eingeschlagen haben."

Als die Ehefrau das hörte, ließ sie sich auch die Ohrläppchen durchstechen und sich von einem Goldschmied Nägel mit Diamanten anfertigen wie sie die Nebenfrau trug. Von da an ließen Frauen ihren Töchtern schon sehr zeitig die Ohren durchstechen, damit sie später verschiedenen Schmuck tragen konnten.

re Eltern der Dorfgemeinschaft verboten ihren Töchtern mit dieser Frau zu sprechen. Sie hatte überall Hausverbot und galt als „verdorben". Die Eltern der anderen Mädchen hatten Angst, dass die „Verdorbene" ihre Töchter anstecken könnte. In einer Agrargesellschaft ist der Ausschluss aus der Familie und der Gemeinschaft eine der schlimmsten Strafen, da die Existenz ohne Erbe, Acker, Arbeitsmittel, Vieh, Saatgut und Rücklagen nicht länger gesichert ist. Verstoßene Menschen und ihre Kinder mussten ein Dasein in tiefem Elend fristen. Sie konnten nur auf das Mitleid der anderen Menschen im Dorf oder in der Fremde hoffen, die ihnen etwas zu Essen gaben oder Brennholz, das sie im Wald sammelten, abkauften. Die

Angst, verstoßen zu werden, ist bis heute der Grund dafür, warum etliche Kinder den Wunschpartner der Eltern nicht ablehnen, obwohl ihre große Liebe ein anderer Mensch ist.

In der Zeit der Roten Khmer wurde ein **Verhältnis vor der Hochzeit** auch sehr hart bestraft. Für solch ein „Verbrechen" gab es einen Begriff: *khoh silathoa* (Verstoß gegen die Ethik). Mit Ethik meinte man die „revolutionäre Ethik" und was die politische Leitung der Kommunen darunter verstand. Die Kommunenleitungen übernahmen in dieser Zeit die Position der Eltern bei allen unverheirateten Menschen. Nur sie durften Partner für die Bewohner oder Arbeiter in ihrem Machtbereich aussuchen. Nur sie waren befugt, die Massenhochzeiten zu veranstalten, bei denen oft über 10 Paare verheiratet wurden, die vorher von den führenden Kadern bestimmt waren. Nicht selten sahen sich die Eheleute zum ersten Mal bei der Hochzeit. Für diejenigen, die ihre Stellung missachteten, gab es kein Pardon. Frauen und Männer, denen man den „Verstoß gegen die Ethik" vorwarf, wurden häufig umgebracht.

Noch heute bewachen die meisten Eltern ihre Töchter mit Adleraugen. Es geht nicht nur um den **Ruf der Tochter,** sondern der ganzen Familie. Da versteht man keinen Spaß. Ein Verlobter darf schon mal mit der Tochter spazieren gehen, aber die beiden werden überallhin von dem Bruder der Frau oder einem anderen Familiemitglied begleitet.

Die strenge Tradition scheint sich jedoch etwas zu lockern. Heutzutage kommt es immer häufiger vor, dass Eltern ihre Tochter vor der Partnerwahl fragen und sie nicht gegen ihren Willen verheiraten. An den Oberschulen oder Universitäten wissen die Mitschüler oder Studenten heutzutage meist genau, wer wessen Freundin ist. Weit entfernt von den Eltern wagen es viele Mädchen, sogar in der Öffentlichkeit auf dem Rücksitz des Motorrads ihrer Freunde durch die Stadt zu fahren. Durch die Arbeit, zum Teil weit entfernt von ihren Heimatdörfern, lernen Mädchen und Frauen ihren Partner auch schon vor der Hochzeit kennen. Und so nimmt trotz des großen Einflusses der Eltern die Zahl der **Liebesheiraten** zu. Die Eltern drücken ein Auge zu und verheiraten die Kinder. Immer mehr Eltern in der Stadt überlassen ihren Kindern die freie Wahl ihres Lebenspartners.

Transkontinentale Eheschließungen – Kulturschock pur

Meist sind es europäische Männer, die Kambodschanerinnen heiraten. Dass Frauen aus dem Ausland in Kambodscha die große Liebe finden, ist eher selten der Fall. Offensichtlich entsprechen die Körpergröße der kambodschanischen Männer, ihre patriarchalischen Denkvorstellungen und die auch in Europa zum Teil noch vorherrschende Rolle der Männer als

Haupternährer, nicht den Vorstellungen der europäischen Frauen von einem passenden Mann. Eben diese Erwartung macht es dem europäischen Mann einfacher, eine kambodschanische Frau, die er bei seiner beruflichen Tätigkeit in Kambodscha kennen gelernt hat, zu heiraten und nach Europa mitzunehmen. Er verstößt in seiner Heimat nicht gegen die Rollenerwartung. Er ist größer als sie, er ist der Haupternährer und sie ist in ihrer Denkweise familienorientiert. Auch viele Kambodschaner, die im Ausland leben, heiraten in ihrer Heimat.

Viele Kambodschanerinnen erleben nach der Ankunft in Europa einen Schock nach dem anderen. Das kann schon beim Essen anfangen. Der Mann isst Brot, meist sogar Schwarzbrot, Wurst, Käse und Kartoffeln mit großen Fleischstücken. Viele kambodschanische Frauen haben damit Probleme. Sie brauchen den Reis regelrecht – und zwar täglich. Gehen sie häufig in ein chinesisches Restaurant, während er zur Arbeit ist, kann das schon ein Grund für einen kleinen Ehestreit sein. Der Mann verlässt in der Regel am frühen Morgen die Wohnung und kommt oft erst spät am Abend wieder nach Hause.

Das kennen kambodschanische Frauen von ihren Männern nicht. Ein Bauer arbeitet in Kambodscha auf seinen Feldern nahe dem Dorf. Die Familie weiß, wo er ist und was er macht. Er kommt zum Mittag nach Hause oder die Frau bringt ihm das Essen auf das Feld. Auch in der Stadt kommen die meisten Männer in der Mittagszeit (12–14 Uhr) nach Hause. Und am Nachmittag sind sie kurz nach 17 Uhr wieder da. Es gibt auch Männer, die nicht diese geregelte Arbeitszeit haben. Aber das Wissen darüber, wann und wo der Mann was macht, gibt Sicherheit. Hier in Deutschland kommt der Mann erst spät nach Hause. Wo er arbeitet und was er macht, wissen die meisten Frauen gar nicht genau. Wenn die Frau vom Lande ist, hat sie überhaupt kaum Vorstellungen von der Arbeit in der Stadt. So kommt schnell der Verdacht auf, dass der Mann eine Geliebte hat. Und wenn dann mal eine Kollegin mit im Auto sitzt, fühlen sich die Frauen in ihrem Verdacht bestätigt. Eine Krise steht bevor.

Oft spricht die Frau nicht die Sprache ihres Mannes und verfügt auch nur über geringe Englischkenntnisse. Über viele Dinge kann sie sich selbst mit ihrem Mann nicht austauschen. Wenn er dann tagsüber nicht da ist, kommt sich die Frau wie taubstumm vor. Sehr viele kambodschanische Frauen sind schüchtern, was ihre Chance mit jemandem in der Umgebung in Kontakt zu kommen, noch verringert. Diese Isoliertheit und die fremde Umwelt machen Angst. Vieles, was sie in Kambodscha einmal gelernt haben, gibt ihnen hier keine Orientierung mehr. Trauer und Heimweh machen sich breit. Manche Frauen verfallen in einen Zustand der Lethargie, sie sind ständig müde und schlafen auch tagsüber. Die Verwandten des Mannes verstehen das oft nicht und finden, dass die Frau faul ist. Ist ihr Mann auch noch derselben Meinung wie seine Verwandten, ist die Trauer groß.

Und dann gibt es noch das Problem mit dem Geld. In Kambodscha verwaltet die Frau das Geld der Familie. Sie entscheidet mit, was gekauft wird. Sie macht den täglichen Einkauf und versorgt die Familie. In Europa behalten viele Männer ihr eigenes Konto und geben der Frau jeden Monat Geld. Die Frau weiß nicht, wie viel er verdient, wie viel er überhaupt hat, was er vorhat, welche Rolle ihr bei der Verwaltung des Familienvermögens zukommt. Manchmal ist die Summe, die sie bekommt, so knapp bemessen, dass es vorne und hinten nicht reicht. Hier wird die Vorstellung von einer vertrauensvollen Ehe und von einem schönen Leben in Europa stark erschüttert.

Viele europäische Männer machen gleich mit der Heirat auch noch einen Ehevertrag mit ihrer kambodschanischen Frau, wo es hauptsächlich darum geht, was bei einer Scheidung passiert. Kambodschanerinnen denken, dass eine Ehe ein ganzes Leben währt. Sie stellen sich ihre Rolle als Frau und Mutter vor. Sie denken überhaupt nicht an den Fall der Scheidung. Ein Ehevertrag wirkt auf sie wie ein erstes Misstrauen seitens ihres Mannes gegen die Zukunft der Ehe. Da die frisch verheiratete Frau ihren Mann liebt, keine Vorstellung vom Rechtssystem hier hat und auch nicht mehr zurück kann, unterschreibt sie den Vertrag. Doch so ein Vertrag wirft meistens schon einen kleinen Schatten auf die Beziehung.

Manchmal hilft ein Baby über die Probleme hinweg. Manchmal hilft aber auch gar nichts und die Ehe befindet sich in einer großen Krise.

WOVON LEBEN DIE LEUTE?

djeh mook pii rian mian mook pii rook
(Wissen kommt durch Lernen. Reichtum kommt durch Arbeit.)

Kambodschanische Weisheit

Auf dem Lande

Aus der Vogelperspektive betrachtet ist Kambodscha ein Chamäleon. Wer den mittleren Teil des Landes in nicht sehr großer Höhe überfliegt, entdeckt unendlich viele kleine, schachbrettartige Formen. Die mit diesen Rastern überzogene Fläche verändert ihre Farbe mehrmals im Jahr. In der Trockenzeit vor der Ernte von November/Dezember bis Januar ist sie goldgelb. Danach, ab Februar bis Anfang Mai, nimmt sie eine trockene, milchkaffeebraune Farbe an. Ab Ende Mai oder Juni, wenn der Regen einsetzt, stechen dem Betrachter helle, saftige Grüntöne ins Auge. Dort unten, wo das Chamäleon seine Farbe ändert, ist das Reich der Reisbauern.

Der **Reisanbau** war Jahrhunderte lang die wirtschaftliche Grundlage der Khmer-Zivilisation. Reis war dermaßen wichtig, dass er zu einer festen Größe bei der Gestaltung der Staatspolitik wurde. Das kommt in einer Weisheit zum Ausdruck, die jeder Herrscher beherzigen musste. Sie lautet: „Reis macht man mit Wasser, Krieg macht man mit Reis". Wer die riesigen Wasserreservoire in der Region um Angkor besucht, wird sich an diese Weisheit erinnern. Aus der traditionellen Bedeutung von Reis erklärt sich seine Rolle in der Gegenwart. Heute noch leben über 80% der Menschen auf dem Lande. Und von den Arbeitskräften auf dem Lande sind rund 70% Reisbauern. Die übrigen betreiben hauptsächlich **Plantagenwirtschaft,** fällen Holz, fangen Fische oder betreiben kleine Handwerke für den Bedarf in den Nachbardörfern.

Die **Hauptanbaugebiete für Reis** sind die Provinzen um den großen Binnensee Tonle Sap und entlang des unteren Teils des Flusses Mekong. Die Provinz Battambang im Nordwesten des Landes gilt seit Generationen als Reiskammer des Landes. In den östlichen Provinzen um den oberen Mekong trifft man auch auf Reisfelder, aber dort ist der Reis nur ein Nebenzweig der Landwirtschaft. Dort sieht man viele Plantagen, auf denen Obstbäume, Maniok, Zuckerrohr, Tabak und Pfeffer wachsen. In den Provinzen Kampong Cham und Kratie fährt man kilometerweit durch **Kautschukplantagen.** Neben den Kautschukplantagen werden in den Provinzen, die direkt an das Meer angrenzen (Kampot, Koh Kong und in der Gegend um Sihanoukville), auch noch andere Kulturen, ähnlich wie in den Ostprovinzen, angebaut.

Der Lebensrhythmus der Bauern

Das Leben der Reisbauern hat einen anderen Rhythmus als das Leben der Städter. Es ist ein sehr naturnahes Leben und folgt dem Rhythmus der Jahreszeiten. Ein großer Teil der Lebensaktivitäten und des Denkens hat mit dem Wetter, dem Regen, dem Wasser und dem Reisanbau zu tun.

Schon bevor die tiefdunklen Wolken am Ende der Trockenzeit über das Land ziehen, reden die Bauernfamilien im Dorf über den **Austausch der Arbeitskräfte.** Man einigt sich darüber, wie viele Tage die eine Familie der anderen beim Pflügen hilft und wie viele Tage die andere Familie der eigenen hilft, die Reispflanzen zu vereinzeln *(stung)*. Die Absprachen werden konkreter, wenn der Regen einsetzt und einige Wochen später die Reissetzlinge in den Saatbeeten jene Größe erreichen, dass sie in den Acker vereinzelt werden können. Dann ist Eile geboten. Die Reissetzlinge warten nicht. Sie wachsen aus, wenn man es nicht schafft, sie rechtzeitig in den Acker einzupflanzen. Wenn das passiert, bringen sie keine hohen Erträge.

Jetzt müssen die Bauern unverzüglich mit dem Pflügen und Eggen beginnen. Sofort müssen dann die Reispflanzen aus den Saatbeeten entfernt und in den Ackerboden eingebracht werden. Der frisch gepflügte und geeggte Boden bleibt nicht lange weich. Wer erst nach vier oder fünf Tagen damit anfängt, die Reissetzlinge in den gepflügten Boden zu bringen, wird arge Probleme haben, denn der Boden wird wieder fest. Die Setzlinge fallen samt Wurzel um und man muss mit allem von vorne anfangen. Außerdem müssen die Bauern ständig daran denken, dass es im November nicht mehr regnet. Die Verzögerung des Anbaus könnte dazu führen, dass der Wasserbedarf für die letzte Phase, wenn der Reis Körner trägt, nicht mehr gesichert ist. Dann kann es passieren, dass der Kornansatz vertrocknet und man am Ende viel Stroh, aber kaum Reiskörner erntet.

Bei der Arbeitsplanung brauchen die Familien meist die Hilfe anderer Familien. Wer kein Zugvieh hat, bietet seine Arbeitskraft für das Herausziehen der Reispflänzchen aus dem Saatbeet *(dák sámnab)* und das Vereinzeln der Reispflänzchen *(stung)* an. Familien, die Zugvieh besitzen, aber nicht genug Leute haben, um die anderen Arbeiten rechtzeitig zu schaffen, müssen auch Absprachen treffen. Diese Form der gegenseitigen Hilfe nennt man *práwas day* (abwechselnd die Hände leihen). Wer einen Tag für einen anderen die Reissetzlinge vereinzelt, erhält die gleiche Leistung zurück.

Für das Pflügen muss eine größere Gegenleistung erbracht werden. Verständlich, denn der Aufwand ist größer: eine männliche Arbeitskraft, zwei Rinder und eine Pflugschar. Wenn jemand einen Vormittag für den anderen pflügt, muss der andere zwei Tage für ihn die Reispflanzen vereinzeln. Oder der andere geht mit seiner Familie auf das Feld und pflanzt den ganzen Tag die Reissetzlinge für ihn ein. Der „Gastgeber" muss für die Mahlzeiten sorgen, solange die Leute auf seinen Reisfeldern arbeiten. Normalerweise kocht die Frau das Essen und bringt es zum Reisfeld. Doch auch sie wird nicht von der Arbeit auf dem Feld befreit. Nach dem gemeinsamen Essen am Feldrand macht sie sich gleich wieder mit den anderen an die Arbeit. In der Familie spricht man nicht von *práwah day*. Man hilft sich, ohne genau abzurechnen, wer wie viel für wen gearbeitet hat. Nicht jede Familie muss die gegenseitige Hilfe der Dorfbewohner in Anspruch nehmen. Wer das Geld dazu hat, kann auch Anbauhelfer bezahlen. Das sind in der Regel Leute, die auf dem Lande leben, aber keine eigenen Reisfelder besitzen. Wer mehr Geld hat, wird schneller fertig.

Die **intensivste Arbeitszeit** dauert etwa zwei Monate. Am meisten hat man in der Anbauzeit, in den Monaten Juni und Juli zu tun. Danach kehrt wieder Ruhe ein. Wenn die Reissetzlinge ausgepflanzt sind und alle Felder mit Grün bedeckt sind, stehen die Bauern morgens erst bei Sonnenaufgang auf. In der Regel ist das gegen fünf oder halb sechs. Jetzt gehen die Bauern am Morgen mit Hacken zu ihren Reisfeldern und prüfen mit scharfen Blicken, ob nicht Krabben Löcher durch die Erdewälle um die Reisfelder gebohrt haben und das Wasser aus den Reisfeldern abfließt, so dass es bald nicht mehr genügend Wasser für die Reispflanzen gibt. Wird eine

Ein Arbeitstag auf dem Lande

Der Arbeitstag in der Anbausaison ist lang. Die Leute stehen um 4 Uhr oder sogar schon um 3 Uhr in der Frühe auf. Der Mann macht die Rinder fertig und bereitet den Transport der Pflugschar zum Acker vor. Recht bald gehen er, seine Frau und die größeren Kinder auf das Reisfeld. Die kleinen Kinder bleiben zu Hause. Eine größere Schwester passt auf sie auf. Schon mit 11 oder 12 Jahren übernehmen Bauerntöchter diese Aufgabe.

Am Reisfeld trifft man sich mit den anderen Helfern und fängt an, die Reissetzlinge aus den Saatbeeten zu ziehen. Man nimmt so viele Pflänzchen aus den Beeten, wie an demselben Tag auch in den Acker vereinzelt werden können. In der Zeit, in der die Frauen diese Arbeit verrichten, pflügen die Männer den Boden. Danach wird der grob gepflügte Boden fein geeggt.

Gegen 7 Uhr am Morgen legt man eine kleine Pause ein. Die Gastgeberin geht nach Hause und bereitet das Essen für die Leute, die auf ihrem Feld arbeiten, vor. Die anderen arbeiten inzwischen weiter. Ist das Essen fertig, bringt die Gastgeberin es auf dem Kopf zum Reisfeld. Kurz darauf wird gemeinsam am Feldrand auf einem Erdwall, welcher das Feld begrenzt, unter einem Baum oder einer Zuckerpalme gegessen. Nach dem Essen geht es gleich weiter mit der Arbeit. Man kann sich nicht lange ausruhen. Der Ort lädt oft auch nicht zum Ausruhen ein, denn überall ist Wasser und Schlamm vom Pflügen des Bodens.

Wenn die Erde gegen Mittag geeggt ist, werden die Reissetzlinge in den Acker vereinzelt. Jeder übernimmt einen zu bepflanzenden Streifen von etwa anderthalb Metern. Rückwärts gehend steckt er die Reissetzlinge in die Erde. Man unterhält sich, scherzt, lacht, singt und wetteifert mit den anderen in der Geschwindigkeit. Wenn es nicht den ganzen Tag regnet und die Bauern im Reisfeld vor Nässe und Kälte blaue Lippen bekommen, hört man gewöhnlich gegen 5 Uhr am Nachmittag mit der Arbeit auf. Bei anhaltendem Regen bricht man die Arbeit früher ab und geht nach Hause.

Zu Hause angekommen, kocht die Frau das Abendessen für ihre Familie. Nach dem Abendessen wird manchmal noch kurz etwas besprochen, dann geht jeder unter sein Moskitonetz, denn nach dem langen, harten Arbeitstag, an dem man ständig bis zu den Waden im Wasser gestanden hat, sehnt sich jeder Bauer nur noch nach seiner Matte und seinem Kopfkissen. Man hat kaum noch Lust auf lange Gespräche. Schließlich muss man am nächsten Tag wieder zeitig aufstehen.

undichte Stelle entdeckt, wird sie sofort mit Erde gestopft. Diese Arbeit machen auch die Kinder der Reisbauern. In Abständen geht die ganze Familie auf das Reisfeld, entfernt Unkraut, das zwischen den Reispflanzen wächst und fängt Krabben, die die Reispflanzen beschädigen.

Wer mehrere **Rinder oder Wasserbüffel** besitzt, hat auch jetzt viel zu tun. Die Tiere ruhen sich bis zur nächsten Anbausaison im nächsten Jahr aus und beschäftigen ab jetzt ihren Besitzer. Denn wohin das Auge reicht, wächst Reis. Aber wo sollen die Tiere grasen? Zu Hause. Der Besitzer muss Gras für die Tiere schneiden gehen. Das muss er bis Dezember oder

Januar tun, denn erst dann sind die Felder abgeerntet. Bei fünf Rindern hat ein Bauer viel zu tun. Natürlich wächst in der Regenzeit das Gras am Dorfrand und an den Erdwällen um die Reisfelder herum sehr üppig, aber er braucht auch mehrere große Körbe Gras am Tag. Würden die Tiere nur grünes Gras fressen, hätten die Besitzer in dieser Zeit überhaupt keine Pause. Aber das frische Gras wird unter Stroh gemengt. Die Tiere scheinen damit zufrieden zu sein und Stroh gibt es genug. Wer durch ein Dorf fährt, sieht die gelben, spitzen Strohhaufen hinter den Bauernhäusern. Diese Futterlager müssen für mehrere Monate reichen.

Im November/Dezember strahlen die Felder goldgelb. Seit mehreren Wochen regnet es nicht mehr. Der Boden wird langsam trocken. Der Reis reift. Beginnt die **Erntezeit,** gilt es die Morgenstunden zu nutzen, denn die Kühle des Morgens und der Tau machen die Reisstiele und -halme geschmeidig. So bricht der Stiel, der ein Reiskorn mit dem Halm verbindet, nicht so leicht, auch wenn man beim Durchschneiden der Reishalme mit der Sichel etwas fester zupackt. Gegen Mittag, wenn die Sonne mit aller Wucht auf die Felder brennt, kann es passieren, dass der Stiel vertrocknet und brüchig wird und die Reiskörner auf die Erde fallen. Wenn es aber nicht anders geht, wird auch in der Sonnenhitze geerntet. Die Erntezeit ist

Das Pflanzen der Reissetzlinge ist eine körperlich sehr anstrengende Arbeit

Hochsaison. Es gibt viel zu tun. Die Reisgarben werden nach Hause transportiert. Dort werden sie gedroschen. Die guten Körner werden von den tauben getrennt und anschließend gelagert.

Ein Teil des neuen Reises wird gleich gemahlen. Es gibt Duftreis zu essen. Genuss und Freude erfüllen die Bauernhäuser. Aus neuem Reis wird *Ámbok,* eine Art knuspriges Müsli, gemacht. Man isst *Ámbok* mit Bananen, Kokosraspeln und Zucker oder Kokossaft.

Die Ernte ist für alle eine schöne Zeit, insbesondere für jene, die wissen, dass der Reis bis zum nächsten Jahr reichen wird. Sie ist aber auch die Zeit, in der die Geldverleiher vorbeischauen, um die Schulden einzutreiben, die auch in Form von Reis beglichen werden können.

Nach Januar sehen die abgeernteten Felder kahl aus. Der harte, unebene, hellbraune Boden strahlt in der Mittagszeit die aufgenommene Sonnenhitze aus. Es ist Pause für den Reisanbau. Auf dem Lande finden jetzt viele Feierlichkeiten, z. B. Hochzeiten statt. Das kambodschanische Neujahrsfest im April steht bevor. Das Geld fließt, die Reisaufkäufer kommen.

Wünsche und Hauptsorgen

In ihren Gebeten flehen die Bauern die Beschützer ihrer Gegend an, ihnen zu helfen, damit die Reisernte gut ausfällt. Alles dreht sich um den Reis, alle Sorgen und Wünsche sind damit verbunden. Angst haben die Bauern vor Trockenheit, vor Überschwemmungen und vor Schädlingen. Die *Neak Ta* und alle anderen übernatürlichen Wesen sollen diese negativen Erscheinungen fernhalten. Dafür bringen die Bauern ihnen viele **Opfergaben** und versprechen ihren Beschützern weitere, sobald die Ernte eingebracht ist. Oft erhören die Beschützer das Gebet der Leute und bekommen danach als Belohnung reichlich zu essen und zu trinken.

Doch in manchen Jahren scheinen die Beschützer erzürnt zu sein. Ratten oder Raupen befallen die Reispflanzen auf den Feldern, Trockenheit lässt die grünen Reisfelder verdörren. Die Angst geht um, denn Hunger und Schulden stehen vielen Familien bevor. Jetzt gilt es, die **Götter zu besänftigen.** Viele Zeremonien werden durchgeführt, Speisen als Opfergaben dargebracht. Irgendwann wird das Flehen der Dorfbewohner doch erhört. Die Raupen gehen weg, es regnet verspätet. Ob die verspätete Antwort der Götter hilft, weiß man nicht. Götterzorn vermehrt oft die Schulden der Bauern und bereichert die Geldverleiher. Ungerecht würde ein Außenstehender diese Art der Bestrafung finden. Die meisten Bauern akzeptieren aber ihr Schicksal. Vielleicht haben sie irgendwann einmal etwas Falsches getan, vielleicht werden sie deshalb von schlechtem Karma verfolgt. Nun muss das schwere Jahr überwunden werden. Man setzt seine Hoffnung auf das nächste. Wenn die Beschützer und die Götter es wollen, wird es im nächsten Jahr schon besser gehen. Es ist gut, dass jemand da ist, der einem einige Sorgen abnimmt.

Es gibt noch viele andere Gründe für das **Gebet um eine gute Reisernte**. Die meisten Bauernwirtschaften sind sehr klein. Man geht im Allgemeinen davon aus, dass eine Bauernfamilie in Kambodscha durchschnittlich etwa 1,3 Hektar Land besitzt. In den 1960er Jahren, als der Vietnamkrieg noch nicht auf Kambodscha übergegriffen hatte, lag die durchschnittliche **Größe des Landbesitzes** der Reisbauern bei 3 Hektar. Die Durchschnittsgröße täuscht etwas, weil die Hälfte der Bauern weniger als ein bis zwei Hektar Land besaß.

Ende der 1990er Jahre gab es Untersuchungen zur Landnutzung in verschiedenen Gebieten Kambodschas. Die Ergebnisse decken sich zwar nicht, zeigen aber einen gemeinsamen Trend: Über 30% der Bauernfamilien besitzen Land in der Größe bis 0,5 ha, über 20% von 0,5–1 ha und über 20% über 1 ha. Der Rest (je nach Studie zwischen 12 und 24% der Bauernfamilien) hat kein Land. Diese Studien beziehen sich auf die gesamte landwirtschaftliche Nutzfläche. Traditionell bildet die Reisanbaufläche 80 bis 90% der Anbaufläche des Landes. Man kann daher annehmen, dass der Besitz an Reisfeldern der einzelnen Bauernfamilien noch etwas kleiner ausfällt.

Die Sorgen der Bauern werden deutlicher, wenn man sich den **Reisertrag** anschaut. Von 1900 bis 1970 lag der Ertrag pro Hektar bei 1 t. Auf meine Frage, wie viel Hektar man bräuchte, um einigermaßen über die Runden zu kommen, erzählten mir die Bauern, dass eine Familie etwa 3 ha benötige. Ab dieser Größe müsste man sich weniger darum sorgen, sich zu verschulden. 1970 kam der Krieg, der 5 Jahre dauerte. An vielen Orten wurden geschossen und bombardiert, die Menschen flohen aus ihren Dörfern. Statistiken über die Hektarerträge bei Reis gab es nicht mehr.

Als dann die Roten Khmer 1975 an die Macht gelangten, hörte man zwar ständig von dem Produktionsziel 3 t Reis pro Hektar, aber die Menschen verhungerten. Erst nach der Zeit der Pol-Pot-Herrschaft wurden wieder Statistiken über die Reisproduktion geführt, die zeigten, dass die Hektarerträge mit der Zeit vor dem Krieg vergleichbar waren. Man sieht jedoch geringere Steigerungstendenzen ab Anfang der 1980er Jahre. Nach anderthalb Jahrzehnten produzierten die Bauern dann in den Jahren 1995/1996 etwa 1,6 t/ha. Zu Beginn des 21. Jahrtausends erreichten sie dann einen Wert von 2 t/ha. Die Ertragssteigerung ist zwar erfreulich, aber die kleinen Reisanbauflächen können viele Bauernfamilien nicht ernähren.

Hand in Hand mit der Liberalisierung und der Öffnung der kambodschanischen Wirtschaft seit Anfang der 1990er Jahre werden **Konzessio-**

nen für Wälder, Böden und Fischfanggebiete an private Firmen erteilt. Viele Grundstücke wurden Privateigentum. Dadurch wird für die Bauern der Zugang zu den natürlichen Ressourcen immer schwieriger. Vieles, was sie vorher kostenlos aus den Wäldern und Flüssen holen konnten, müssen sie jetzt kaufen. Die Bedürfnisse haben sich ebenfalls weiterentwickelt. Kleidung, Schuhe, Medizin, Gewürze, Schulmaterialien für die Kinder, Gummischläuche für Fahrräder und Batterien für das Radio müssen gekauft werden. Dafür muss man seinen Reis an die Reisaufkäufer verkaufen, meist zu schlechten Preisen.

Die Einbindung der Bauern in die Geldwirtschaft war schon in den 1960er Jahren stark spürbar. Eine Unterbrechung geschah in der Pol-Pot-Zeit. Danach verstärkte sie sich langsam wieder. Gegenwärtig kann kaum noch jemand autark, ohne Geld und nur auf der Grundlage der Subsistenzwirtschaft und des dörflichen Austausches leben. Mit dem **Zerfall der Subsistenzwirtschaft** verlieren die Reisfelder vieler Bauern ihre frühere Bedeutung als Wirtschaftsgrundlage der Familien. Immer mehr Leute betrachten den Reisanbau als Nebenverdienst.

Auch die steigenden Bevölkerungszahlen machen den Bauern das Leben schwer. Jährlich erreichen etwa 200.000 Menschen das Arbeitsalter. Da die Städte nicht alle absorbieren können, vermehrt sich die Anzahl der **unterbeschäftigten Arbeitskräfte auf dem Lande.** Und es gibt noch viele andere Gründe zur Besorgnis, die die kleinen Flächen und die geringe

Reisproduktion mit sich bringen: keine Ersparnisse, kein Investitionsvermögen, Schulden, schwache Stellung in der Marketingkette usw. Auch alte Arbeitsmittel und mangelnde Bewässerungssysteme erlauben vielen Bauern keine wesentliche Veränderung ihrer Wirtschaftslage.

Wie lösen die Bauernfamilien diese Probleme? Es gibt verschiedene Antworten: Saisonarbeit in den urbanen Gebieten oder die Suche nach anderen Betätigungsfeldern. Wenn es gar nicht mehr weiter geht (Schulden, Krankheit), wird das Land verkauft und die Familie zieht in die Stadt.

Die naturverbundene Denkweise

Lange Zeit war das Wort a sámrae (du Bauer) ein **Schimpfwort.** Damit beschimpften die Stadtleute jemanden, der sich in der Gesellschaft nicht zu benehmen wusste. Auch eine Person, die mit der modernen Technik wie Fernseher, Radio oder Rekorder nicht umgehen konnte, wurde mit diesem Ausdruck beschimpft. Ins Gesicht sagte man das aber nur engsten Freunden oder denen, die in der Hierarchie ganz unten standen. In der Pol-Pot-Zeit kamen viele Bauern an die Macht. Die Leute aus der Stadt wurden **aufs Land deportiert.** Der Spieß wurde umgedreht. Auf dem Lande merkten die Städter bald, dass ihr Wissen, ihre Normen, ihre Sprache und ihr Verhalten auf einmal nicht mehr weiterhalfen. Man hörte Namen von vielen verschiedenen Pflanzen und hatte gar keine Vorstellung davon. Manche wussten überhaupt nicht, was sie sagen sollten, um einen Ochsen oder ein Wasserbüffel anzuhalten. Die Worte koo tschub! (Rind, halt!) lösten vergnügliches Gelächter bei den Bauernkindern aus. Der richtige Ruf war hááb!

Nun zählten nur noch das Wissen und die Fähigkeiten, die das **Überleben auf dem Lande** sicherten. Viele Stadtmenschen erlebten so einen Kulturschock. Nach dem 4-jährigen „Lehrgang" unter Pol Pot waren die überlebenden Städter vom Gebrauch des Wortes a sámrae als Schimpfwort geheilt. Man lebte schließlich selbst vier Jahre das Leben eines Bauern, auch wenn es nicht ganz dasselbe war wie das Leben der Bauern vor der Pol-Pot-Zeit. Über 20 Jahre sind seit dem Sturz Pol Pots nun schon vergangen. Viele Kinder sind in der Stadt groß geworden und kennen das Landleben nicht. Die städtische Sozialisation geht wieder ihren normalen Gang. Die Nähe zur Natur reißt ab. Langsam wird es Zeit, dass a sámrae wieder ein Schimpfwort wird.

Der Bauer hat eine emotionale Bindung zu seinen Arbeitstieren. Er führt sie zum Trinken, wäscht sie, prüft, ob alles in Ordnung ist.

Inwiefern unterscheidet sich das Denken der Bauern von dem der Städter? Die ständige Auseinandersetzung mit der Natur bringt mit sich, dass in den Köpfen der Bauern Begriffe und Vorstellungen über viele Dinge stark und oft anders ausgeprägt sind als bei den Stadtmenschen.

Die Bauern haben eine intensive **Beziehung zu ihren Tieren.** Ein Rind hat einen Namen. Oft nennen die Bauern ihr Rind nach der Form der Hörner, nach der Hautfarbe, nach den Farbflecken. Der Bauer erkennt das „Gesicht" seines Tieres. Er kennt seine körperlichen Besonderheiten. Er weiß, welchen Charakter sein Tier hat. Wenn er jemandem von seinem Tier erzählt, beschreibt er die Eigenschaften mit Wörtern wie „schnell", „langsam", „stark", „schwach", „ausdauernd", „einfach, man muss nicht viel schreien", „merkt sich den Weg nach Hause gut", „ist bös- oder gutartig", „ist bei der Nahrung nicht so wählerisch" usw. Der Bauer weiß, wann sein Tier satt ist, ob es krank ist und vieles mehr. Bei solchen Beschreibungen kommt es einem manchmal vor, als ob über einen Menschen gesprochen wird. Der Umgang mit den Tieren muss gut beherrscht werden. Befehle müssen situationsgemäß eingesetzt werden. Der Bauer hat eine emotionale Bindung zu seinen Arbeitstieren. Er führt sie zum Trinken, wäscht sie, prüft, ob alles in Ordnung ist. Viele dieser Vorstellungen und Emotionen in Bezug auf ein Rind haben Stadtmenschen nicht.

Bauern haben einen reichen **Wortschatz für Pflanzen.** Aussehen, Farbe, Geschmack, Wachstumszeit, Entwicklungsprozesse, Verwendungszwecke von Pflanzen, vieles kann von einem Bauern benannt werden. Wenn der Bauer den Namen einer Pflanze nennt, weiß er auch, wo sie zu finden ist. Sie hat einen genauen Platz in der Landschaftskarte in seinem Kopf. Er weiß, an welcher Ecke des Waldes welche Bäume und Pflanzen wachsen. Er weiß, wann welche Pflanzen Früchte oder Knollen tragen. Er weiß, wann welche Lianen ausgewachsen sind, wann er sie ernten kann. Er kennt den Boden, auf dem er läuft und arbeitet. Er weiß, welcher Boden der fruchtbarste ist. Er ahnt, wo die Krabben und Frösche gerne ihre Löcher graben. Für die Bauern spenden die Erde, der Wald und die Naturlandschaft Leben. Für Stadtmenschen ist es schön, dort einmal Picknick zu machen. Wohnen wollen sie jedoch nicht in der Natur. Bei ihren Gesprächen über Regen und über Wasser denken die Bauern an verschiedene Tätigkeiten beim Reisanbau, an das Wachstum der Reispflanzen. Stadtmenschen denken oft an Regenmäntel oder -schirme.

Das **Leben mit der Natur** erfordert keine Uhr. Das Tageslicht, die Nacht, die Sonne, der Mond, die Kühle, die Hitze, der Regen, das Wasser im Reisfeld, das Wachstum der Reispflanzen, die Trockenheit, all das bestimmt, wann die Bauern aufstehen, was sie machen und wie lange und wie schnell sie arbeiten müssen. Ab- und zunehmender Mond dient als sichere Richtgröße bei der Zählung der Tage und Bestimmung der buddhistischen und anderen Feste. Die Uhrzeit kam mit den Öffnungszeiten der lokalen Verwaltung und den Schulen auf das Land. Aber wie oft im Jahr geht man schon zur Gemeindeverwaltung? Eigentlich kaum. Und wenn, dann geht man eben am Morgen vor dem Mittagessen hin. Mit der Schule ist es schon etwas anderes. Aber das ist Sache der Kinder. Sie müssen sich selbst darum kümmern. Da die Khmer-Kinder schon vor 6 Uhr aufstehen, ist es nicht schwer, kurz vor 7 Uhr in der Grundschule unweit des Dorfes zu sein. Verabredungen zu bestimmten Uhrzeiten sind ungewohnt. Das Dorf ist klein. Wenn man jemanden sprechen will, geht man einfach außerhalb der Mahlzeiten zu ihm. Eine Mitteilung wie „Ich komme um 14.40 Uhr" wirkt komisch.

Fernab von Elektrizität, Steinhäusern und moderner Technik ist man den **Naturgöttern** sehr nah. Das Gelingen vieler landwirtschaftlicher Aktivitäten hängen von den Göttern ab. Sie können helfen oder auch bestrafen. In diesem Lebensumfeld sind der Zusammenhalt der Familie und die gegenseitige Hilfe der Menschen in der Dorfgemeinschaft lebenswichtig.

Das Leben der Arbeiter

Leben im Takt der Maschinen

Gegen 5 Uhr am Nachmittag wimmelt es in den Hauptstraßen Phnom Penhs nur so von Menschen. Gedränge, Stau, alle wollen nach Hause. Wer um diese Uhrzeit in einem **Industriegebiet,** z. B. im Südosten der Stadt entlang des Flusses Tonle Basak unterwegs ist, erlebt ein nur schwer vorstellbares Schauspiel. Menschen, überall Menschen, viele in Betriebsuniformen und mit Namensschildern, strömen aus den Toren der Fabriken und füllen die einzige Straße, die Phnom Penh mit Takhmao, der Hauptstadt der Provinz Kandal, verbindet. Um diese Uhrzeit gibt es diese Straße eigentlich gar nicht. Was sich die Straße entlang wälzt, ist eine an einen Fluss erinnernde langsam strömende Masse aus Menschen, Mopeds, Fahrrädern, Autos und allerlei anderen Fahrzeugen.

An den schmalen Rändern dieses Stromes steigen in dichten Abständen leichte Wolken aus Holzkohlerauch in die Höhe und verbreiten den Geruch von gegrillten Rindfleischspießen, frittierten Teigkuchen, Nudelsuppe ... Kleine Snacks für die müden Arbeiter und Reisenden, die auf das Weiterkommen warten. Wer in dieser Masse steckt, kommt sich vor wie ein Sandkorn, das durch den zu engen Hals einer Sanduhr muss. Man wartet und wartet und glaubt kaum noch, jemals nach Hause zu kommen.

Termine, Gedränge, Lärm – das kennzeichnet das Leben in Phnom Penh. **Auf dem Lande** ist das unbekannt. Gedränge gibt es manchmal bei buddhistischen Feierlichkeiten auf dem Klostergelände. Aber auf der Straße und auf dem Weg zum Feld? Niemals. Kommt ein Ochsenkarren von vorne, fährt der andere Bauer eben ein Stück ins Reisfeld hinein, um auszuweichen. Niemals ist jemand im Stau stecken geblieben. Aber die Stadt ist anders. Ihr Herz schlägt im Takt der Maschinen. Die Maschinen kennen keine Jahreszeiten. Sie laufen, wenn der Strom angeschaltet wird. Sie laufen, wenn die Besitzer und Manager der Fabriken meinen, dass sie laufen müssen. Und wer an einer Maschine arbeitet, muss sich nach ihr richten. Läuft die Maschine schneller, muss auch er schneller arbeiten. Steht sie still, kann man eine Pause machen. Wird sie ganz abgeschaltet, gehen alle nach Hause.

Tag ein Tag aus bewegen sich viele Menschen in Phnom Penh im Takt der Maschinen: 7 Uhr Arbeitsbeginn, 11 Uhr Pause, 13 Uhr Wiederaufnahme der Arbeiten und dann um 17 Uhr Arbeitsschluss. So strömen am frühen Morgen die Menschenmassen in die Betriebe und am späten Nachmittag wieder nach Hause. Und da es in der Stadt keine freien Felder gibt, um auszuweichen, stehen die Menschen im Stau.

Beschäftigung in der Industrie

Erste Ansätze zur **Industrialisierung** gab es in den 1960er Jahren. Damals entstanden rund 70 mittelgroße Betriebe. Das waren staatliche oder halbstaatliche Unternehmen, die in einigen Bereichen der Grundversorgung agierten wie der Stromerzeugung, Wasserversorgung, Erdölraffination, Zuckerraffination, Getränkeherstellung, Zementherstellung, Weberei und Kautschukverarbeitung. Daneben gründeten private Unternehmer rund 2000 kleine Betriebe, die ihrem Charakter nach Handwerksbetriebe waren. In den 1960er Jahren beschäftigten die Industrie und das Handwerk etwa 100.000 Menschen, damals ca. 4 % der Arbeitskräfte des Landes. Dann kamen der Krieg, die Pol-Pot-Zeit und dann wieder Krieg. Nach Beendigung des Kambodscha-Konflikts und den Wahlen 1993 begannen sich Investoren für Kambodscha zu interessieren. Der **Industriesektor boomte.**

Innerhalb von einem Jahrzehnt nach den Wahlen 1993 vergrößerte sich der Anteil der Industrie am Bruttoinlandsprodukt von 15 auf 25 %. Der Industriesektor wurde langsam genauso groß wie der Landwirtschafts- oder Dienstleistungssektor. Die Entwicklung geht dahin, dass jeder Sektor ein Drittel des Bruttoinlandsprodukts liefert. Vorreiter des Wachstums ist die Produktion von Textilien. Als sich zeigte, dass Kambodscha Importbegünstigungen von den USA und der EU erhält, wuchs der Textilbereich drei Jahre lang jährlich um 70%. Die Asienkrise drückte das Wachstum um die Hälfte. Danach stieg es noch einmal kräftig und erreichte zum Anfang des neuen Millenniums eine Sättigung. Seitdem wächst dieser Bereich im Jahr nur noch um ca. 20%. Ein Bereich, der in dem genannten Zeitraum jährlich relativ konstant um etwa 20% wuchs, ist der Bausektor.

Wichtige Produktionsbereiche des Landes sind die Getränke- und Nahrungsmittelindustrie, die Verarbeitung von Leder, Kautschuk, Plastik, Holz, die Herstellung von Möbeln sowie die Erzeugung von Energie, Gas und Wasser. Rund 10% der Arbeitskräfte des Landes sind im Industriesektor beschäftigt. Etwa die Hälfte davon arbeitet in den Fabriken, die Textilien und Schuhe herstellen, fast 20% in der Nahrungsmittelindustrie und über 10% in der Bauindustrie.

In den **Familienbetrieben** sind die Familienmitglieder Arbeiter und Mitbesitzer des Betriebs zugleich. Es handelt sich um kleine Handwerksbetriebe zur Herstellung von Nahrungsmitteln wie Trockenfisch, Fischpaste, Fisch- oder Sojasaucen, Trockenfleisch und Wurst oder Produktionsstätten für Gewürze, Nudeln, Kuchen, Palmenzucker u.a. Ähnlich sieht es in den Werkstätten, in denen Silber- und Souvenirartikel, Kerzen, Räucherstäbchen usw. produziert werden und in der Seidenweberei und der traditionellen Textilherstellung aus. In diesen Betrieben wird für die Produktion kaum Elektrizität benutzt.

Das Know-how geben die Eltern in der Regel an ihre Kinder weiter. Schafft die Familie die Arbeit nicht, wird jemand gegen Bezahlung eingestellt. Solche Betriebe haben kaum mehr als 10 Mitarbeiter, die eigene Familie mit eingerechnet. Die Familienmitglieder bekommen keine Entlohnung. Die Einnahmen fließen in die Kasse der Eltern, die das Geld verwalten. Daraus werden der Bedarf für die Produktion und der Lebensunterhalt der Familienmitglieder gedeckt. In so einem Betrieb denkt man wie in einer Bauernfamilie: Eltern und Kinder arbeiten gemeinsam für den Lebensunterhalt. Man versteht sich nicht als Angestellter oder Arbeiter. Die Eltern kümmern sich darum, dass das Geschäft läuft und sorgen für die Ernährung der Familie. Die Kinder haben Mitleid mit dem alten Vater oder der alten Mutter und möchten ihre Eltern unterstützen und ihnen die Arbeit erleichtern.

In **großen Betrieben** sieht es anders aus. Die Textil- und Schuhfabriken und die Kautschukverarbeitungsbetriebe haben bis zu tausend Beschäftigte. Ähnlich ist es in der Energie- und Wassererzeugung. Hier wird nicht im Familienverband gearbeitet. Es gibt an der Spitze die Betriebsleitung, das Management und den Personalchef, die z.T. Hunderte von Arbeitern unter sich haben.

In der **Textilindustrie** beträgt der Anteil der Frauen an den Beschäftigten über 70%. Männerdomänen sind Bauwirtschaft, Transportwesen, Lebensmittelverarbeitung, Gummi- und Plastikverarbeitung, die Herstellung von Möbeln und Gerätschaften. Dass überwiegend Frauen in der Textilindustrie beschäftigt sind, liegt daran, dass dieser Bereich ist sehr arbeitsintensiv ist. Es werden billige Arbeitskräfte benötigt, die für viele Arbeitsgänge nur angelernt werden.

Ein großer Teil der Arbeiterinnen sind Frauen, die vom Lande kommen und eine geringe Schulbildung haben. Sie finden in diesen Fabriken eine Gelegenheit, Geld zu verdienen. Außerdem ist die Ansicht verbreitet, dass Frauen eine Arbeit wie das Nähen besser beherrschen als Männer und sich leichter führen lassen als Männer. Gerne genommen werden junge Frauen, die noch keine Kinder haben. Sie sind eher bereit Überstunden zu machen als verheiratete Frauen, die sich noch um eine Familie kümmern müssen. Sie bekommen nur kurzfristige Arbeitsverträge und genießen keinen Kündigungsschutz.

Gearbeitet wird sechs Tage in der Woche. Die festgeschriebene **Wochenarbeitszeit** beträgt 48 Stunden. Überstunden sind an der Tagesordnung. Wenn zu viele Überstunden gemacht werden müssen, wird in großen Betrieben auch schon mal gestreikt. Die Urlaubsregelungen sind meist unklar. Eine betriebliche Ausbildung gibt es kaum. Einige Nichtregierungsorganisationen haben daher Nähkurse in ihr Programm aufgenommen, um jungen Frauen eine Qualifizierung zu geben, mit der sie eine Arbeit in der Textilindustrie finden können. Es gibt keine soziale Absicherung im Krankheitsfall und für das Alter. Die Bezahlung im Textilbereich ist zwar besser als in vielen anderen Bereichen, reicht aber bei weitem nicht aus, um in der Stadt ein Auskommen zu haben. Der **Verdienst** liegt bei rund 60 US-Dollar im Monat. Das Minimalgehalt beträgt 40 US-Dollar – Ergebnis eines langen Arbeitskampfes und zahlreicher Gespräche zwischen der Regierung, den Gewerkschaften und den Arbeitgebern.

In anderen Bereichen verdienen ungelernte Arbeiter noch weniger. Oft sind es nur 30 US-Dollar im Monat. Um eine Arbeit zu bekommen, muss oft eine Vermittlungsgebühr an einen Vermittler gezahlt werden, der den Personalchef gut kennt. Die Gebühr beträgt etwa ein Monatsgehalt des Arbeiters. Manche Arbeiter müssen daher zuerst Schulden machen, um eine Arbeit zu bekommen. Die meisten Arbeiter holen sich den Reis für die tägliche Ernährung von ihren Familien, die auf dem Lande leben. Haben sie ein wenig Geld gespart, schicken sie es dann nach Hause. Die Bauernfamilien empfinden es meist als Entlastung für die Familie, wenn ein Mitglied in der Stadt arbeitet. Gleichzeitig verliert diese Familie aber auch eine Arbeitskraft, die besonders in der Anbauzeit gebraucht wird. Denn die Tochter, die in der Fabrik arbeitet, kann nicht ohne weiteres frei nehmen, um ihrer Familie beim Reisanbau zu helfen. Bei den Arbeitern, die nur 30 US-Dollar im Monat verdienen und sich ihren Reis vom Dorf holen, stellt sich deshalb die Frage, ob die Familie tatsächlich entlastet wird.

Am Zahltag warten meist schon die Besitzer kleiner Garküchen am Fabriktor auf die Arbeiter, um die Schulden abzukassieren, denn viele Arbeiter lassen oft schon ab der zweiten Woche nach der letzten Gehaltszahlung anschreiben. Gut ist, dass die Kuchen- oder Nudelsuppenverkäuferinnen keine Zinsen verlangen. Es kam auch schon vor, dass Speisenverkäuferinnen so viel anschrieben, dass sie selbst Pleite gingen.

Die **Unterkunft in der Stadt** ist für die Leute vom Lande ein großes Problem. Wer nicht bei seinen Verwandten wohnen kann, mietet sich zu zweit oder zu dritt eine kleine Hütte am Stadtrand. Viele Arbeiter haben eine schwache körperliche Konstitution. Nicht selten kommt es vor, dass sie bei der Arbeit schädlichen Chemikalien ausgesetzt sind. In der Zeitung liest man von Arbeitern, die reihenweise das Bewusstsein verloren und ins Krankenhaus gebracht werden mussten. Viele Arbeiter können im **Krank-**

Im täglichen Stau nach Arbeitsschluss machen Händlerinnen ihr Geschäft

heitsfall nicht zum Arzt gehen, da das für sie zu teuer ist. Sie gehen direkt zum Apotheker, der ihnen dann die Tabletten zusammenstellt, die zur Behandlung von Kopfschmerzen, Bauchschmerzen oder Fieber nötig sind. Kleinere Krankheiten behandelt man selbst, zum Beispiel mit Schröpfen oder *koh khyál,* das Kratzen mit Münzen auf Rücken oder Brust.

Gegenwärtig gibt es fünf **Gewerkschaften** mit rund 100 Unterorganisationen in den Betrieben. Gewerkschaftsleute sehen den Kampf um die Wahrung der gesetzlich geschützten Rechte der Arbeiter als Ziel ihrer Arbeit. Beim Management der Fabriken herrscht oft die Ansicht, dass die Gewerkschaftsführer nur für ihre eigenen Interessen und nicht für die Belange aller eintreten und dass sie die Belegschaft während der Arbeitszeit anstacheln. Gewerkschafter sind bei ihnen nicht sehr gern gesehen.

In Stichworten sieht der **Lebensrhythmus der Arbeiter** so aus: 6 Tage in der Woche arbeiten; früh morgens aufstehen, frühstücken, zur Arbeit gehen; von 7 Uhr bis kurz nach 11 Uhr arbeiten; Pause mit Mittagsessen und Siesta; von 13–17 Uhr arbeiten; Überstunden; am späten Nachmittag nach Hause fahren, essen, schlafen. Wochenende: Ruhe, aufs Land fahren oder Überstunden machen. Dieser Rhythmus gilt sowohl in der Trockenzeit als auch in der Regenzeit. Man löst sich von dem Takt der Natur.

Verhältnis zu den Maschinen

Die Maschine ist metallisch, kantig und stumm. Sie spricht nicht, hört nicht und sie gehört meist nicht demjenigen, der sie bedient. Die Maschine gibt das Arbeitstempo vor. Auf dem Lande arbeitet man auch nach Vorgaben, die die Natur z. B. durch die Regenzeit macht. Aber es sagt keiner, dass die Pflugschar genau an dieser Stelle durch den Boden gezogen werden muss und wie viele Reissetzlinge pro Minute in die Erde müssen. Es gibt keinen genau beschriebenen Leistungsplan. Wann es regnet, das wissen nur die Götter. Vieles ist nicht scharf umrissen.

Das Gefühl der Sicherheit und die Geschwindigkeit bei der Arbeit wachsen mit dem Alter. Es gibt auch Raum für Kreativität. Der Boden spricht nicht, aber seine Fruchtbarkeit kann ich verbessern, und er gehört mir, meine Mutter hat ihn mir vererbt. Er ernährt uns. Auch *Neak Ta* beschützt ihn. Die Arbeitstiere, die Rinder und Wasserbüffel, sind Lebewesen. Sie laufen, geben Geräusche von sich und sie hören auf meine Befehle. Die Pflugschare, die Ochsenkarren, der Griff der Sichel und viel andere Dinge schmücke ich nach meinem Geschmack. Und der Reis selbst wird mit Ehrfurcht als *preah me* (göttliche Mutter) betrachtet. Alle diese Arten von Beziehungen und Bindungen spürt jemand, der eine Maschine bedient, kaum.

Trennung zwischen Arbeit und Leben

Auf dem Lande geht man „den Boden pflügen", „Reispflanzen vereinzeln", „Krabben fangen" usw. In der Stadt aber geht man nur „arbeiten", nicht etwa „ein Hemd nähen". Man näht in der Fabrik immer nur bestimmte Teile eines Hemds zusammen und schickt diese Teilarbeit an den Nächsten, der sie wieder nur partiell ergänzt. Dieser Arbeitsgang wird am Tage hundertmal vollzogen, und selbst versetzt zu werden bringt keine wirkliche Abwechslung, sondern nur eine andere monotone Tätigkeit. Der **Begriff „arbeiten gehen"** umfasst somit vieles, was man am Tag macht.

Jemand, der arbeiten geht, ist eben ein „Arbeiter". Das Khmer-Wort dafür ist *kamaká* und leitet sich ab von *kama* (Tat, Arbeit, auch: Karma) und *ká* (Person). Beides, *kama* und *ká*, sind Entlehnungen aus der Gelehrtensprache Pali, der Sprache des Buddhismus. Khmer selbst hat eigentlich gar keine Bezeichnung für „Arbeiter". Für die Tätigkeit der Bauern gibt es auch die verallgemeinernden Ausdrücke „Felder machen" *(thwö djámka)* oder „Reis anbauen" *(thwö sraä),* die aber nur auf die Frage nach der beruflichen Tätigkeit benutzt werden. Auf die Frage, wo ein Reisbauer gerade hingeht, antwortet er immer präzise: „Ich gehe die Reissetzlinge vereinzeln." Fragt man allerdings einen Arbeiter, wo er hingeht, antwortet er nicht, „Ich gehe Hemdenärmel annähen", sondern „Ich gehe arbeiten".

Man sieht, dass hier eine begriffliche Abstraktion stattgefunden hat. Durch diese Abstraktion entfernt man sich gedanklich von den konkreten Arbeiten. Diese einzelnen Arbeiten wie „Ärmel annähen" oder „säumen" sind in der Kommunikation nicht mehr so wichtig. Es reicht aus zu sagen „Ich gehe arbeiten". Wer genaueres wissen will, muss nachfragen.

Bei den Bauern gibt es weder Entfremdung noch Abstraktion. Alles, was ein Bauer macht, ist wichtig; er trennt nicht zwischen Arbeit und Leben. Die Anbauaktivitäten sind Teil seiner naturnahen Lebensweise. Diese ganzheitliche Vorstellung rührt unter anderem auch daher, dass die Reisbauern keine scharfe Trennung zwischen Wohnort und Arbeitsplatz kennen. Um das Haus oder das Dorf herum beginnen schon die Reisfelder. Bei den Arbeitern ist die Trennung zwischen Arbeit und Leben, Arbeitsort und Wohnort eindeutig.

Die Trennung zwischen Leben und Arbeit bedeutet – verglichen mit dem Bauern und seiner Arbeit – einen Riss der emotionalen Bindung des Arbeiters zu seiner Arbeit. Das Wort „Riss" ist nicht ganz zutreffend, weil vorher, bevor der Arbeiter mit seiner Arbeit begonnen hat, noch **keine emotionale Bindung** bestanden hat. Das Wort „Abwesenheit" wäre treffender, aber bei dem Vergleich mit der emotionalen Bindung der Bauern an seine Felder, Tiere und Arbeitsmittel lässt dieses Wort das Ergebnis des

Vergleichs nicht so bildhaft aussehen. Ich erlaube mir daher, das Wort „Riss" im Sinne von „Abwesenheit" zu benutzen. Die emotionale Bindung ist eine wichtige Quelle der Motivation und Verantwortung. Wo ein solcher „Riss" existiert, fehlt diese Art der Motivation und Verantwortung für die Arbeit in der Fabrik. In der Fabrik erfüllt man sein Arbeitspensum und bekommt dafür eine bestimmte Geldsumme am Monatsende.

Hier herrscht also ein reines Tauschverhältnis: Pflichterfüllung gegen Bezahlung oder umgekehrt. Wer seine Arbeiter mehr motivieren, sie emotional an den Betrieb binden will, müsste eine Art Ersatz für die Verhältnisse auf dem Lande schaffen. Dieser Ersatz könnte z.B. so aussehen: Die Leitung ist fürsorglich gegenüber den Mitarbeitern; im Betrieb herrscht ein ähnliches Klima wie in einer Bauernfamilie: kollektive Sicherheit und Teilpartizipation. Da aber viele Unternehmen, vorne an die Textilindustrie, nur wegen der niedrigen Arbeitskosten und der Importbegünstigungen durch die großen Wirtschaftsmächte wie die USA (bis 2005) und die EU hier investieren, gehört die Bindung der Arbeiter an den Betrieb meist nicht zur Firmenstrategie. Billig ist wichtig. Und billige Arbeit gibt es massenhaft. Was unter diesen Umständen bleibt, sind der „emotionale Riss", die Angst vor dem Verlust des Arbeitsplatzes und die Anpassung an den Druck.

Die Cyclo- und Mopedtaxi-Fahrer

Die Kambodschaner in der Stadt laufen nicht gerne. Nicht einmal 300 Meter. Liegt es an der Hitze? Liegt es an dem harten Beton der Fußgängerwege? Oder ist es Faulheit? Wahrscheinlich sind es alle drei Gründe und noch weitere. Für die Muskelbildung und für die Gesundheit im Allgemeinen mag diese Lauffaulheit nicht sehr förderlich sein, aber für die Volkswirtschaft ist sie gut. Man stelle sich vor, dass die Menschen in Phnom Penh auf einmal zum Markt oder zur Arbeit liefen.

Innerhalb kürzester Zeit würden Tausende Menschen ihre Arbeit verlieren. In erster Linie wären das die Cyclo- und Mopedtaxi-Fahrer (Cyclo = Rikscha). Aber auch die Reifenflicker am Straßenrand hätten weniger zu tun, die Vermieter von Cyclos gingen Bankrott, die kleinen Treibstoffstände am Straßenrand verkauften viel weniger Benzin. Ein Teil des Stadttransports würde zusammenbrechen, die Transporteure würden kein Geld mehr verdienen und könnten ihre Familien nicht mehr ernähren. Die Lauffaulheit hat also auch etwas Gutes.

Kein Guinessbuch-Rekordversuch, sondern Alltag eines Cyclo-Fahrers

Das Cyclo-Geschäft

Das hierzulande als Rikscha bekannte Dreirad ist ein beliebtes Transportmittel in den größeren Städten Kambodschas. Es ist ein **Dreirad-Transporter,** bei dem der Fahrgast vorne auf einer Sitzbank Platz nimmt, die von zwei Rädern getragen wird und überdacht ist. Der Fahrer sitzt hinten über dem dritten Rad. Pedalen und Lenkung befinden sich hinten. Die „Rikscha" wurde Ende des 19. Jahrhunderts in Japan entwickelt (*jin – riki – sha;* Mann – Kraft – Wagen). Ursprünglich bezeichnete das Wort ein von einem Mann gezogenes Zweiradfahrzeug. Dieser Fahrzeugtyp nahm im Laufe der Zeit unterschiedliche Entwicklungsformen an und verbreitete sich über ganz Asien. Das Wort „Rikscha" kennen die Kambodschaner nicht. Sie nennen dieses Fahrzeug **Cyclo,** die Abkürzung von dem französischen Worte *Cyclo-pousse* (Rad getrieben). Und ein Cyclo wird mit dem Ruf *„Cyclo!, Cyclo!"* angehalten.

Angetrieben wird dieses Fahrzeug einzig und allein durch die Beinmuskeln des Fahrers, oder die „Kraft vom Reis" – wie die Kambodschaner auch sagen. Aus diesem Grund ist die Geschwindigkeit nicht sehr hoch. Sind die Fahrgäste (meist fährt nicht nur eine Person) etwas korpulenter und bläst der Wind von vorne, geht es nur langsam voran. Wenn die Straße zudem noch ansteigt, heißt es für den Fahrer absteigen und schieben. Cyclo-Fahrer zu sein ist reine **Knochenarbeit.** Solange die Fahrer jung, kräftig und gesund sind, erholen sie sich schnell von den einzelnen Fahrten. Je älter sie werden, desto schwerer und unwirtschaftlicher ist diese Arbeit für sie. Es sei denn, das Cyclo gehört dem Fahrer selbst und er kann bestimmen, wie viele Gäste oder Güter er pro Strecke transportiert. So wählerisch kann jedoch kaum ein Cyclo-Fahrer sein, denn die meisten mieten das Gefährt von einem **Cyclo-Verleiher.** Das Geld für die Miete müssen sie also zuerst verdienen, bevor sie einen eigenen Verdienst haben. Und so sind die Fahrer über jeden Auftrag froh.

Transportiert wird alles, was von einem Ort zum anderen bewegt werden muss: Menschen, Schweine, Kühlschränke, kaputte Motorräder, riesige Gemüsekörbe, Säcke, Buddhafiguren aus Beton usw. Mit dem Cyclo kann man alles befördern. Nicht selten werden Verletzte bei Verkehrsunfällen mit dem Cyclo ins Krankenhaus gebracht. In dem Abteil vorne ist ziemlich viel Platz. Werden Waren transportiert, klappt der Fahrer das Sitzpolster hoch. Kommt ein Fahrgast, bleibt das Polster auf dem Sitz. So einfach ist das.

Beim **Warentransport** muss der Fahrer die riesigen Körbe oder Säcke, die oft über 50 kg wiegen, selbst auf sein Fahrzeug hieven. Drei oder vier schwere Säcke aufzuladen kann sehr anstrengend und knifflig sein, denn man hat nur zwei Arme und das Fahrzeug kippt bei dem großen Gewicht ständig nach vorne. Man muss das Gewicht auf die Achse der Räder verlagern. Allein ist das nicht einfach zu bewerkstelligen. Kraft und Geschicklichkeit sind gefragt. Manchmal hat jemand Mitleid und fasst mit an.

Die meisten Cyclo-Fahrer kommen vom Lande. Mit dieser Arbeit versuchen sie, in der Zeit zwischen der Ernte und der Anbauzeit etwas Geld zu verdienen. Nach einer Studie von Ende der 1990er Jahre hat nur etwa ein fünftel der Phnom Penher Cyclo-Fahrer einen festen Wohnsitz in der Stadt. Mit dem Beginn der Regenzeit gehen viele in ihre Dörfer zurück und helfen den Familien beim Reisanbau. Manche kommen schon nach der Vereinzelung der Reispflanzen wieder in die Stadt und überlassen die Überwachung des Wassers im Reisfeld der Familie. Erst zur Ernte gehen sie dann wieder zu ihrer Familie zurück. Unter den Cyclo-Fahrern trifft man auch Schüler, Studenten und kleine Angestellte, die sich so ihren Lebensunterhalt verdienen bzw. ihr Einkommen aufbessern.

Die Cyclo-Fahrer arbeiten mindestens 6 Tage in der Woche. Ihre **tägliche Arbeit** zählen sie nicht nach Stunden, sondern nach Kunden am Vormittag, am Nachmittag und am Abend. An einem guten Tag kann man schon vor Einbruch der Dunkelheit nach Hause gehen. Aber für die meisten ist die Arbeit am Abend die Regel. Einen großen Teil der Zeit verbringen die Cyclo-Fahrer mit Warten. Sie warten auf die Kunden vor den Märkten, den Kinos, den Hotels, den Restaurants. Sie sind wie die Angler, die darauf warten, dass ein Fisch anbeißt. Der Gast nimmt in der Regel das Cyclo, dessen Fahrer ihn zuerst anspricht. Man muss den Fahrpreis verhandeln, doch die Kollegen, von denen oft dutzende in unmittelbarer Nähe stehen, tun sich nicht hervor, um dem Fahrer das Geschäft wegzuschnappen.

Die **Fahrpreise** sind im Allgemeinen bekannt. Die Preisverhandlung ist somit gar kein richtiges Feilschen, sondern eher eine Abstimmung über die Strecke und die Entlohnung. Natürlich gibt es ab und zu auch „dicke Fische" wie z. B. Touristen oder Auslandskambodschaner auf Heimatbesuch. Die Fahrer erkennen sie gleich und verlangen mehr. Über die normalen Fahrpreise muss man sich bei Einheimischen erkundigen. Sie verändern sich in Abständen. Wenn ein Cyclo-Fahrer ablehnt, eine bestimmte Strecke für eine angebotene Summe zu fahren, dann tut er das sicher schweren Herzens. Mit dieser Summe kann er seine „Kraft vom Reis" nicht wiederaufbauen.

Manche Cyclo-Fahrer machen einem „dicken Fisch" das Leben aber auch schwer, denn sie bleiben sehr höflich, feilschen nicht und sagen nur: „Geben Sie, was Ihnen genehm ist." Hier muss jeder für sich entscheiden, ob er ein Geschäftsmann oder Mildtäter ist. Markthändler als feste Kunden zu haben ist das Beste, was einem Cyclo-Fahrer passieren kann. Er muss zwar sehr früh aufstehen, d. h. spätestens um 4 Uhr, und Obst- oder Gemüsekörbe vom Großhändler abholen und zum Markt fahren, aber er muss sich nicht viele Gedanken über die Einnahmen machen. Kinder von wohlhabenden Familien in den Kindergarten oder in die Schule zu bringen und abzuholen ist auch angenehm.

Cyclo-Fahrer gehören zu den **Ärmsten der Armen** in der Stadt. Unter ihnen rangieren nur noch die Lastenträger, die Kleinsthändler am Marktrand mit einem Körbchen Obst oder Gemüse und die Müllsammler. An schlechten Tagen wird zuerst am Essen gespart. Dann gibt es bei den Mahlzeiten zum Reis anstatt Suppe oder einem Rührpfannengericht ein kleines Stück Trockenfisch. An solchen Tagen muss die „Kraft vom Reis" wirklich vom Reis kommen. Kraftspender ist oft auch ein Gläschen Schnaps mit eingelegten Wildwurzeln, Früchten oder Schlangen. Glaube versetzt Berge. Ein Verkäufer dieser Wundermittel erklärte mir, dass eine Sorte von seinen Kraftspendern den Appetit anregen solle. Bei längerer Einnahme bewirke sie jedoch Ausgelaugtheit und Erschöpfung. Eine andere Sorte solle auch sehr gesund sein, jedoch führe längere Einnahme zur Erblindung. Ob er den Cyclo-Fahrern das auch erzählt? Krankenversicherung und Rente sind für die Cyclo-Fahrer Fremdwörter. Am meisten verdienen die Cyclo-Verleiher. Damit das Geschäft reibungslos läuft, richten viele Verleiher notdürftig Schlafplätze für die fahrenden Bauern ein, die in der Stadt keine Unterkunft haben.

Ausbildung und Fahrprüfung sind für Cyclo-Fahrer nicht notwendig. Man geht in die Stadt, mietet ein *Cyclo* und fährt. Einige Verkehrsregeln erlernt man so bei der Arbeit. Nur die Autofahrer müssen die Regeln in einer Fahrschule lernen, weil sie eine Fahrerlaubnis brauchen. Bei Fahrzeugen ohne Motor fragt kein Mensch nach einer Fahrerlaubnis. Wichtig ist nur, dass man keinen Unfall baut.

In dem für Außenstehende chaotisch wirkenden Straßenverkehr der Stadt gibt es eine ungeschriebene Regel, die anders als die in der Straßenverkehrsordnung ist und die jeder Verkehrsteilnehmer auch im Schlaf beherrschen muss. Sie lautet: „Der Größere hat Vorfahrt". Die Cyclos rangieren nach dieser Regel vor den Mopeds, den Fahrrädern und den Fußgängern. Besonders muss der Cyclo-Fahrer aber auf Autos und Lastkraftwagen achten, denn die beiden Letzteren sind von ihrer Masse und ihrer Stärke her den Cyclos weit überlegen. So gesehen hat das Cyclo einen festen Platz in der Hierarchie der Verkehrsteilnehmer.

Die Freiheit (Ich gehe in Stadt – miete ein Cyclo und fahre, brauche aber keine Fahrerlaubnis) hat auch ihre Kehrseite. Man hat öfter mit der Polizei zu tun. Wer angehalten wird, muss bezahlen, denn irgendetwas ist an dem Fahrzeug immer mangelhaft. An manchen Hauptstraßen dürfen die *Cyclos* nicht fahren. Die Verkehrsexperten sind der Ansicht, dass Cyclos den Verkehr behindern.

Im Vergleich zu der „Lambretta", der Motor betriebenen Drei- oder Vierradtaxe, die in den 1960er und Anfang der 1970er Jahren die Straßen von Phnom Penh bevölkerte, ist das Cyclo sehr langlebig. In den 1980er Jahren, gleich nach der Pol-Pot-Zeit, war es wieder da. Die „Lambretta" – andernorts nennt man sie Tuk-Tuk – erlebte keine Neuauflage. Doch auch die Tage der Cyclo-Fahrer wurden trüber, denn sie bekamen **starke Konkurrenz:** die Mopedtaxis. Im Vergleich zu einer Fahrt mit dem Mopedtaxi ist die Fahrt mit dem Cyclo viel langsamer und etwas teurer. Bei dem Cyclo verdienen zwei Leute: der Verleiher, der die Abschreibung seines Cyclos einberechnet und darauf noch ein Entgelt schlägt, damit er seine Familie ernähren kann, und der Fahrer, der nach Abzug der Miete für das Cyclo auch noch etwas für sich und seine Familie haben möchte.

Die Mopedfahrer dagegen arbeiten auf eigene Rechnung. Ihnen gehören die Fahrzeuge. Was sie verdienen, gehört ihnen. Die Langlebigkeit des Cyclos erklärt sich vielleicht aus der Bequemlichkeit. Der Sitzplatz ist geräumig. Wenn es sein muss, passt auch eine mittlere Familie hinein. Das Cyclo hat ein ausziehbares Dach, das bei Sonne Schatten spendet. Bei Regen spannt man eine Folie vom Dach bis zum Ende der Fußstütze und sitzt wie im Cockpit eines Hubschraubers. Nur der Fahrer sitzt hinten im Regen. Die hohen Räder bewahren den Fahrgast (meist) vor nassen Füßen. Diesen Komfort kann die Konkurrenz nicht bieten. Für den Fahrer selbst bietet das Cyclo auch Bequemlichkeiten. Es spendet Schatten und ist für ihn ein Ruheplatz beim Warten auf die Kunden.

Ein Cyclo kostet das Zwei- oder Dreifache von einem Moped. Die Bauern, die in der Stadt Cyclo fahren, können die Summe von rund 1500 US$ für den Kauf eines Cyclos nicht aufbringen. Und sie haben keine 700$ für eine leistungsstarke japanische Honda und auch keine 500 $ für ein schwächeres Moped chinesischer Produktion.

Mopedtaxi

Das Mopedtaxi *motodub* (*moto* – Motorrad, *dub* – schleppen) ist jünger als das Cyclo. In den 1960er und 1970er Jahren war das Wort *motodub* noch nicht bekannt. Nach der Pol-Pot-Zeit übernahmen in vielen Städten Kambodschas zunächst Pferdewagen den Platz der „Lambrettas" von früher ein. Vereinzelt sah man auch wieder Cyclos. Pfiffige Köpfe oder vielleicht auch hungrige Bäuche bauten den zierlichen Gepäckträger des Fahrrads zu einer Sitzgelegenheit aus grob zusammengeschweißten Metallstangen um. *Káng-dub* (*káng* – Fahrrad, *dub* – schleppen) nannten die Kambodschaner dieses sehr beliebte **Fahrradtaxi.** Auf dem Fahrradtaxi konnten ein Erwachsener mit einem kleinen Kind, ein 100 Kilogramm schwerer Sack Reis oder ein Schwein in einem Transportkorb Platz finden. Bis in die zweite Hälfte der 1980er Jahre fuhren die Fahrradtaxis auf den Straßen Phnom Penhs und anderer Provinzstädte. Mit der Zeit wuchsen die Ersparnisse der Menschen. Immer mehr japanische Motorräder prägten das Straßenbild der Städte.

Gegen Ende der 1980er Jahre konnten die Fahrgäste zwischen dem Cyclo, dem Fahrradtaxi oder dem Mopedtaxi wählen. Als der Krieg zu Ende ging, kamen die UN-Truppen und -Experten ins Land. Über zwei Milliarden US-Dollar wurden ausgegeben, um Kambodscha den sicheren Frieden zu bringen. Die Geschäfte florierten, die Leute waren viel unterwegs. Investitionen lohnten sich. Wer nicht selbst genug Kapital hatte, borgte sich Geld oder verkaufte sein Reisfeld und kaufte sich ein Moped. Damit konnte man in der Stadt Geld verdienen. Die UN-Zeit war für die Mopedtaxi-Fahrer ein wahrer Segen. Überall in der Stadt sah man Mopedtaxis. Sie waren schnell und die breiten Schaumstoffsitze bequem. Wer wollte da noch Fahrradtaxi fahren? Sie verschwanden aus dem Straßenbild. Nur die Cyclos schafften es mit größter Mühe, zu überleben.

Wer sind die Mopedtaxi-Fahrer? Wie die Cyclo-Fahrer sind auch die **Mopedtaxi-Fahrer** alle Männer. Unter ihnen finden sich Bauern, die ihr Reisfeld verkauft haben, ehemalige Soldaten, Arbeiter, die nicht fest angestellt sind, Lehrer und Staatsangestellte, die keinen anderen Nebenverdienst finden, Studenten und Leute, die schon immer in der Transportbranche gearbeitet haben. Anders als die Cyclo-Fahrer haben die Mopedtaxi-Fahrer ihre Wohnung meist in oder am Rande der Stadt.

Arbeitstag und -woche der Mopedtaxi-Fahrer sehen fast genauso aus wie die der Cyclo-Fahrern. Da die Mopedtaxi-Fahrer **Einmannunternehmer** sind, können sie ihre Zeit flexibler als die Cyclo-Fahrer gestalten. Insbesondere die Gelegenheitsfahrer wie die Studenten oder kleinen Staatsangestellten arbeiten vor, zwischen und nach der Hauptbeschäftigung. Wer einzig und allein von seinem Mopedtaxi-Geschäft lebt, hat den gleichen Tagesrhythmus wie ein Cyclo-Fahrer. Die meiste Zeit wird mit Warten verbracht und zwar dort, wo auch die Cyclos warten. Die Augen des Fahrers suchen ständig die Umgebung ab. Sobald ein Passant am Straßenrand anhält und über die Straße schaut, ruft er ihm zu: *Moto hey?* (Ein Moped?) Manche Mopedtaxi-Fahrer sind nicht gerne am Abend unterwegs, weil sie Angst vor **Raubüberfällen** haben. Der Räuber hat ein leichtes Spiel. An einem dunklen und abgelegenen Ort drückt er dem Fahrer die Pistole in den Rücken. Versucht sich der Fahrer zu wehren, wird er erschossen. Das Hauptinteresse des Räubers ist nicht das Portemonnaie des Fahrers, sondern das Moped. Eine gebrauchte japanische Honda kostet um die 700 US-Dollar. Das ist viel Geld, wenn man bedenkt, dass bis Ende der 1990er Jahre ein Hektar Ackerland in den entlegenen Teilen Kambodschas nur 200 US-Dollar kostete.

Da die Stadt voller Mopeds ist und die Mopedtaxis sich nicht durch besondere Farbe oder Kennzeichen hervorheben, haben sich die Fahrer etwas einfallen lassen: Sie tragen **Käppis** wie die amerikanischen Touristen. Nun ist aber nicht jeder, der ein Moped fährt und ein Käppi trägt, auch tatsächlich Mopedtaxi-Fahrer. Man erkennt den Mopedtaxi-Fahrer am einfachsten an seinen Augen. Sie tasten ständig die Passanten am Straßenrand ab. Der Mopedtaxi-Fahrer reagiert sofort, wenn jemand seinen Blick erwidert. Er kommt angefahren und fragt, ob ein *motodub* gebraucht wird. Hat der Passant einen Mopedtaxi-Fahrer ausgemacht, kann er ihn durch das Hochheben der Hand zu sich rufen.

Der Nicht-Mopedtaxi-Fahrer schaut weg. Passiert es, dass ihm doch einmal „*moto!*" zugerufen wird, schämt er sich und wird demnächst versuchen, mehr auf seine äußere Erscheinung zu achten, damit solche Verwechslungen nicht mehr vorkommen. Manche Mopedtaxi-Fahrer tragen aber auch kein Käppi. Wenn sie selbst keine Gäste ansprechen oder bei den anderen Mopedtaxi-Fahrern warten, kann man sie überhaupt nicht erkennen. Es gibt aber auch einige, die einen Sturzhelm tragen und wie kleine Angestellte oder Lehrer auf dem Weg zur Arbeit aussehen. Das sind tatsächlich Angestellte oder Lehrer, die sich schnell etwas dazuverdienen wollen. Die „echten" Mopedtaxi-Fahrer sehen weniger schick aus als die Gelegenheitsfahrer.

Das **Haupttransportgut** der Mopedtaxis sind die Menschen. Auf dem hinteren Sitz finden – wenn sie etwas zusammenrücken – zwei erwachsene Kambodschaner Platz. Bei besonderen Aufträgen baut man den hinteren Sitz um und kann so auch riesige Säcke, Körbe oder ein Schwein sicher ans Ziel bringen. Hinter dem Lenkrad kann links und rechts jeweils ein stattliches Bündel Hühner, die an den Beinen zusammengebunden sind, hängen. Das Mopedtaxi ist somit fast ein Allestransporter. Wenn es jedoch darum geht, einen Kühlschrank oder ein kaputtes Motorrad zu transportieren, kann es mit dem Cyclo nicht konkurrieren.

Die Goldverkäuferinnen

Wer einen Diamantring kaufen möchte, geht zu den **Goldständen auf den großen Märkten** der Stadt. Am Goldstand kann man zwar auch Blattgold kaufen, aber vorwiegend werden Schmuckstücke angeboten. Eigentlich ist es nicht ganz richtig, diese Geschäfte als Goldstände und die Verkäuferinnen als Goldverkäuferinnen, *neak-luok-mias* (Person – verkaufen – Gold), zu bezeichnen. Man müsste sie eher Juwelierinnen, *neak-luok-alanka* (Person – verkaufen – Schmuck) nennen. Das Wort *alanka* (Schmuck) ist zwar auch bekannt, aber es ist ein Lehnwort aus dem Pali und klingt umständlich. Das Wort *mias* (Gold) dagegen ruft gleich die Assoziation zu Gold funkelnden Gegenständen in Glasvitrinen hervor. Den Goldvitrinen sind in der Regel die besten Plätze auf dem Markt vorbehalten. Das kann ganz in der Mitte des Marktes sein, wie im Phsar Thmey, dem zentralen Markt in Phnom Penh. Auf Märkten, die in der Mitte Fisch, Fleisch oder Gewürze verkaufen, stehen die Vitrinen der Goldverkäuferinnen oft im Haupteingangsbereich. Nicht selten hat eine Goldverkäuferin dicht am Markt auch noch einen Goldladen.

Die Goldverkäuferinnen sind Stadtbewohner. Sie gehören zu den **Gutverdienern.** Meistens stammen sie aus chinesischen oder Sino-Khmer-Familien, die traditionell ihren Lebensunterhalt durch Handel bestreiten. Viele Goldverkäuferinnen sind mit Staatsbeamten verheiratet. Diese Kombination ist für beide Seiten sehr förderlich, wie am Ende dieses Kapitels noch beschrieben wird.

Für Außenstehende verläuft die Arbeit der Goldverkäuferinnen sehr gemächlich: Sitzen, warten, sich mit den Verkäuferinnen nebenan unterhalten, ab und zu einen potenziellen Kunden ansprechen und Verkaufsverhandlungen führen. **Hinter den Kulissen** gibt es aber viel zu tun. Sie müssen ständig Informationen über die Preise für Gold und Edelsteine auf dem Weltmarkt und im Lande einholen, den Dollarkurs und den Wert des kambodschanischen Riel verfolgen, sich nach der allgemeinen Marktlage und der politischen Situation erkundigen, die für das Geschäft von Relevanz sind, sich über neue Trends informieren, Kunden betreuen, Aufträge von Kunden annehmen, Gespräche mit den Goldschmieden führen, Material prüfen und kaufen, Ware bestellen, das Geld verwalten und vieles mehr. Da die Märkte in Kambodscha an jedem Wochentag geöffnet sind, arbeitet eine Goldverkäuferin 7 Tage in der Woche. Ruhezeiten sind nur zu den Feiertagen wie z. B. dem chinesischen oder kambodschanischen Neujahrsfest.

Verglichen mit den Gemüse-, Fleisch und Fischverkäuferinnen, ist die Arbeit der Goldverkäuferinnen angenehm. Sie haben nicht mit nassen Blät-

tern, Blut und unangenehmen Gerüchen zu tun. Sie sitzen im Trockenen und befassen sich mit Diamanten, Saphiren, Rubinen, Ohrringen und Goldketten. Sie müssen auch nicht so früh wie die Obst- und Gemüsehändlerinnen aufstehen, die schon um 4 Uhr beim Großhändler die Ware abholen. Es reicht aus, wenn der Ehemann sie zum Markt bringt, bevor er selbst zur Arbeit fährt. Man arbeitet aber länger als andere Verkäuferinnen. Viele Gemüse- oder Fischhändler schließen ihre Stände schon gegen Mittag, denn die Hausfrauen gehen nur am Vormittag einkaufen. Der Einkauf reicht dann für das Mittag- und Abendessen. Lebensmittel wie Gemüse und Fische bleiben bei der großen Hitze nicht lange frisch. Bei Goldschmuck ist es anders. Die edlen Stücke werden erst gegen 17 Uhr, wenn der umzäumte Bereich des Marktes geschlossen wird, eingepackt.

Den **Kundenkreis** der Goldverkäuferinnen in Phnom Penh bilden die kambodschanische Laufkundschaft, einige finanzkräftige Stammkunden, ausländische Touristen und Juweliere aus den Provinzen. Kambodschanerinnen verwandeln einen Teil der Ersparnisse der Familie gerne in wertvolle Goldketten. Eine Goldkette kann an die Tochter vererbt werden. Goldschmuck dient in Kambodscha nicht nur dazu, die Schönheit der Frau zu betonen oder das Ansehen ihrer Familie durch die Zurschaustellung des Reichtums zu heben, sondern auch als Wertanlage. Daher wird sehr darauf geachtet, dass das Platin oder Gold möglichst einen hohen Reinheitsgrad hat. Andernfalls könnte man den Schmuck in Notzeiten schlecht verkaufen. Kambodschanerinnen tragen deshalb gerne Ketten oder Armbänder aus 24-karätigem Gold.

Nur große Geschäfte bringen großes Geld. Das sind in der Regel die geräumigen, prunkvollen **Juwelierläden** mit mehreren Mitarbeitern in unmittelbarer Nähe des Marktes. Solche Geschäfte werden gut bewacht. Die Besitzer sind auch an anderen Geschäften wie z. B. Hotels, Hausvermietungen und Grundstücksspekulationen beteiligt. Und man hat gute Beziehungen zu hohen Stellen in der Verwaltung und Politik. Bei den kleineren Goldverkäuferinnen, die nur eine Vitrine haben, bleiben nach Abzug der Materialkosten, der Kosten für den Goldschmied, der Standmiete, der Steuern und der Transportkosten im Monat etwa 300 bis 400 US-Dollar übrig. In guten Monaten kann es auch mehr sein.

Das ist etwa so viel wie ein Kambodschaner monatlich bei einer internationalen Nichtregierungsorganisation im Lande verdient. Damit kann eine Familie, die eine eigene Wohnung in der Stadt hat, schon ordentlich leben. Das heißt, die Familie kann sich abwechslungsreich ernähren, ange-

Nach außen läuft das Geschäft ruhig, doch hinter den Kulissen ist viel zu tun

messen kleiden, den Kindern den Schulbesuch und eine Ausbildung oder ein Studium ermöglichen und dem Sohn zum Bestehen der Abschlussprüfung der 10. Klasse oder dem Abitur ein japanisches Moped schenken. Man kann an sozialen Ereignissen teilnehmen und muss nicht befürchten, wegen zu sorgsamen Umgangs mit dem Geld „das Gesicht zu verlieren". Man hat eine kleine Rücklage, sodass die Familie bei Krankheit eines Mitglieds nicht gleich ins Unglück stürzt. Goldverkäuferinnen haben oft hohe Ziele. Ihre Kinder sollen studieren und später eine Beamtenkarriere machen, denn Beamte sind hoch angesehen.

Das Goldgeschäft braucht lange Erfahrungen. Dafür gibt es keine institutionalisierte Ausbildung. Man wächst mit dem Geschäft der Familie auf und arbeitet über viele Jahre mit. Geschult werden insbesondere der **Seh- und Tastsinn.** Hiervon hängt die Sicherheit des Geschäfts ab. Eine Goldverkäuferin muss den Goldgehalt einer Kette mit ihrer Handfläche, ihren Fingern und Augen fühlen und sehen können. Sie muss auf Anhieb erkennen, ob das Gold rein ist oder ob die Kette nur 80 oder 70% Gold enthält. Anhand von Farbnuancen, Gewicht, Umfang und Oberfläche des Materials erkennt sie die Zusammensetzung des teuren Metalls.

Für diese Fähigkeiten sind viele Jahre Übung notwendig. Sie muss auch das Grundwissen des Goldschmieds über die Prüfung des Goldgehalts und über die Zusammensetzung der Legierungen und über Schmuckgestaltung haben. Ebenso lebenswichtig ist das Wissen über **Edelsteine.** Mit bloßen Augen muss sie die Echtheit und die Qualität der Steine prüfen können. Bei kleineren Saphiren, Rubinen und anderen Edelsteinen, die für billige Ringe oder Kettenanhänger bestimmt sind, ist man nicht sehr pingelig. Beim Kauf hochkarätiger Diamanten oder anderer wertvoller Steine wird akribisch jedes Pünktchen im Stein begutachtet, denn ein Pünktchen an der falschen Stelle kann dazu führen, dass man auf dem mehrere tausend Dollar teuren Stein für immer sitzen bleibt. Der Grund: Kambodschaner glauben, dass ein „Fleck" mit bestimmter Farbe an einer bestimmten Stelle des Steins dem Besitzer ein großes Unglück bringen kann, z.B. Hausbrand, Unfall und dergleichen. Es gibt aber auch Glück bringende „Flecken", die den Wert des Steins in die Höhe treiben. Jede geringfügige Schattierung und Farbnuance macht den Stein teurer oder billiger.

Die Arbeit der Goldverkäuferinnen ist gefährlich. Gold und Diamanten locken hungrige Männer mit Gewehren an. Am gefährlichsten ist der Weg von zu Hause zum Markt und zurück. Hierbei muss sie der Ehemann begleiten. Auf dem Markt ist es sicherer. Denn dort gibt es Polizisten und das Sicherheitspersonal vom Markt. Sie tragen Kalaschnikows und kennen die Gesichter der **Diebe.** Auch die Marktleute kennen die Diebe. Sie erkennen sie mit ihrem guten Instinkt. Durch mündliche Warnungen über Walkie-Talkie oder Handy werden die Händler in den bestimmten Marktbereichen und die Sicherheitsleute vom Markt gleich alarmiert. Marktbesucher bekommen davon gar nichts mit. Sie wundern sich höchstens darüber, dass die Sicherheitsleute und Polizisten im schnellen Schritt in eine Richtung laufen. Vor den Juwelierläden in unmittelbarer Nähe des Marktes sieht man oft ein oder zwei Polizisten sitzen. Das sind meist Polizisten im Nebenjob, denn sie werden gerne als Schutzpersonal angeheuert.

Gold lockt auch Leute an, die Macht besitzen, aber kein Geld haben. Um die mangelnde Rechtssicherheit auszugleichen, verheiraten Goldverkäufer/Juweliere ihre Tochter gerne mit einem Offizier der Polizei oder der Armee oder mit einem **Staatsbeamten.** Später, wenn die Tochter das Geschäft übernimmt, ist ihr Ehemann ihre Hauptstütze. Diese Verbindung ist für beide Seiten äußerst fruchtbar. Wenn jemand von der lokalen Verwaltung vorbeischaut und dieses oder jenes im Geschäft bemängelt, dann reicht oft schon die Bemerkung des Ehemannes, dass auch er Staatsbeamter ist und der Kollege doch keine Schwierigkeiten machen möge. Natürlich ist es noch besser, wenn der Schwiegersohn oder Ehemann viele Beziehungen zu höheren Stellen unterhält. Mit diesen Verbindungen und diesem Schutz kann das Geschäft gut gedeihen. Auch der Mann, der die finanzielle Unterstützung des Geschäftes seiner Frau hat, kann sich auf seine Arbeit und den Aufbau der Beziehungen nach oben konzentrieren. Er muss nicht daran denken, nach Dienstschluss Mopedtaxi zu fahren. Ihn erwarten gute Karriereaussichten.

Die Staatsdiener

khpuah káp popok djrok adj djunleen
(Höher als Wolken, aber niedriger als Regenwurmkot.)
(Bedeutung: Wer eine hohe Funktion verliert, fällt sehr tief.)
Kambodschanische Weisheit

In den Köpfen der kambodschanischen Schüler und Studenten schwebt der große Traum, nach dem Studium eine **Beamtenkarriere** zu beginnen. Diesen Traum haben ihnen ihre Eltern vermittelt, die schon lange davon träumen, wie schön es wäre, wenn ihr Sohn Beamter würde. Für diejenigen, die die Schule beizeiten verlassen und gleich ins Arbeitsleben eintreten müssen, weil ihre Eltern arm sind, wird dieser Traum nie wahr werden. Aber sie träumen oft doch noch ein bisschen weiter, wenn sie sich mit Figuren aus Liedern, Romanen und Filmen identifizieren, die aus einfachen sozialen Verhältnissen stammen und den harten Kampf um eine große

Phka kábah (Baumwollblüte)

Auch die jungen Frauen träumen von einem Ehemann, der Beamter ist – wie in dem Lied „Baumwollblüte". Das Lied war in den 1960er und 1970er Jahren sehr beliebt. Auch heute noch hört man es zu Hause gerne. Es vermittelt ein kleines Bild über das Denken der Eltern- und Großelterngeneration der heutigen jungen Kambodschaner.

> Oh Blüte, Blüte der Baumwollpflanze, maßlos erfüllt mich Freude,
> ich bekomme einen Mann, Mutter suchte mir einen aus.
>
> Ich dachte, ich werde eine Dame,
> ich dachte, ich werde eine Dame.
> Doch der Mann, der baut Reis an.
>
> Mein Herz verdorrt, sitzen und weinen möchte ich nur.
> Mutter, du hättest mich nicht zwingen sollen.
>
> Wenn er Beamter wäre,
> wenn er Beamter wäre.
> So einen nehme ich auch als Greis, ich sage nicht nein.

Liebe und eine schöne Zukunft als Staatsbeamter wagen und gewinnen. Ob Marktfrau, Geschäftsmann, Werkstattbesitzer, Fleischverkäufer, Beamter, alle wollen, dass ihre Kinder Beamte werden. Und nicht nur das, sie sollen hohe Beamte werden. Dieser Wunsch der Eltern beeinflusst die Berufswahl der Kinder nachhaltig. Sie studieren Medizin, Wirtschaft, Jura, Literatur oder gehen zur technischen Fachhochschule und möchten letzten Endes im Staatsdienst arbeiten. **Selbstständig** sein und eine Praxis oder Kanzlei eröffnen, einen Laden führen oder eine Werkstatt betreuen, ist weniger beliebt: „Na ja, wenn es nicht anders geht" oder „Das mache ich nebenbei" sind Kommentare zum Schritt in die Selbstständigkeit. Der allergrößte Traum ist, Ministerialbeamter zu werden. Dass die Beamten dort so wenig verdienen und von ihrem Gehalt nicht leben können, scheint weniger wichtig zu sein. Erst will man die Anstellung in einem Ministerium, das hohe Ansehen und die Macht haben – alles andere wird sich finden.

Dieser Traum ist bei allen gleich – bei den Reichen wie den Armen. Der Traum hat keine Grenzen, denn nur so bleibt er ein Traum. Sonst wäre er ein Plan. Und planen ist nicht nur für die Armen schwierig. Um aus dem Traum einen Plan zu machen, braucht man zumindest drei Dinge: Erstens Geld, um die zwölfjährige Schulzeit des Kindes finanzieren zu können. Vor der Pol-Pot-Zeit dauerte es sogar 13 Jahre bis zum Abitur. Danach folgt ein vier- oder fünfjähriges Studium. Zwar müssen für die Schule und das Studium keine hohen Gebühren gezahlt werden, aber Schule und Studium sind trotzdem immer eine Geldfrage.

Neben der staatlichen Bildung müssen Eltern diverse Nachhilfekurse für ihre Kinder finanzieren. Ohne diese Kurse hätten die Kinder nur eine geringe Chance, die Prüfungen zu bestehen. Zweitens muss das Kind auch bildungsfähig sein, denn sonst kann es für die Eltern unheimlich teuer werden. Drittens sollten die Eltern zur oberen Schicht der Gesellschaft gehören oder sehr gute Beziehungen zu diesen Kreisen haben. Dieser dritte Faktor ist sehr entscheidend dafür, ob aus dem Kind, das die Hochschule gerade beendet hat, bald ein hoher Beamter wird. Da Söhne bei der Karriereplanung bevorzugt werden, ergibt sich ein besonderer Handlungsbedarf für die Eltern.

Wer mit dem dritten Faktor nicht aufwarten kann, muss sich darum bemühen, seinen Sohn in eine höhere Familie zu verheiraten. Da nicht jedem diese Chance geboten wird, gibt es in Kambodscha viele Beamte, die auch am Ende ihrer Karriere den Aufstieg nicht geschafft haben. Das hat aber auch etwas Gutes für sich. Wenn der Traum für alle Wirklichkeit werden würde, wer würde dann die Zuarbeiten für die Chefs liefern? Die Staatsverwaltung würde zusammenbrechen.

Wer sind die Beamten?

Staatsbedienstete, die in den Ministerien arbeiten, sind meist Bewohner der Hauptstadt Phnom Penh. Doch nicht alle Angehörige der Ministerien leben in Phnom Penh. Da die Verwaltung Kambodschas zentralistisch organisiert ist, haben viele Ministerien ihre Zweigstellen auch in den Provinzen. Lehrer, Ärzte und Bedienstete in den Provinzialämtern für Bildung, Gesundheitswesen, Information usw. sind Beamte der zentralen Regierung. Sie führen die Arbeit der zentralen Regierung auf der Ebene der lokalen Verwaltung durch. Diese Ämter und Beamte sind den Provinzen zugeordnet. Auch wenn die verschiedenen Ämter den einzelnen Fachministerien direkt unterstehen, sind sie dem Gouverneur der Provinz gegenüber informationspflichtig. Der **Gouverneur** hat auch bei allen Dingen, die in der Provinz geschehen, ein Wort mitzureden. Genau genommen ist auch der Provinzgouverneur selbst ein Beamter der zentralen Regierung, denn die Provinz als eine administrative Ebene untersteht dem Ministerium für Inneres. Auf dieser Weise haben viele zivile Bedienstete der zentralen Regierung ihren Wohnsitz in den Provinzstädten und Kreisen. Militärangehörige und Polizisten sind auch Teile der zentralen Regierung. Sie leisten ihren Dienst im ganzen Land.

Während in den Bereichen Bildung und Gesundheitswesen der Staat viele Frauen beschäftigt, ist die Armee und Polizei fast ausschließlich Männerdomäne. In den rund 20 Ministerien arbeiten viele Frauen auf unterschiedlichen Ebenen. Die höheren Positionen ab Abteilungsleiter aufwärts haben meist die männlichen Kollegen inne.

Wie wird man Staatsbediensteter?

Viele Wege führen zu einer Anstellung in der Staatsverwaltung. Die Hürden auf dem Weg dahin sind unterschiedlich hoch. Wer Beamter im Ministerium für Wirtschaft, Finanzen, Auswärtige Angelegenheiten, Bildung, Gesundheitswesen, Justiz und dergleichen werden will, muss nicht nur entsprechende **Qualifikationen** vorweisen, sondern oft auch viel Glück und **Beziehungen** mitbringen. In den 1960er und 1970er Jahren haben zahlreiche Absolventen der Hochschule für Rechts- und Wirtschaftswissenschaften und der Verwaltungshochschule eine Anstellung in den Ministerien und staatlichen Behörden gefunden. Nach der Pol-Pot-Zeit ist ein Teil der überlebenden Intellektuellen nach Thailand geflohen. Von dort aus sind etliche in ein drittes Land gegangen.

Unter denen, die geblieben sind und eine Anstellung in der kambodschanischen Staatsverwaltung gefunden haben, waren ehemalige Beamte, Lehrer, Ärzte, Studenten und Mittelschüler. Sie erhielten Kurzlehrgänge in Politik und Verwaltungsarbeit in den einzelnen staatlichen Stellen und fingen dort an zu arbeiten. Jüngere Staatsangestellte und Schulabsolventen erhielten Stipendien von den ehemaligen Ostblockländern. Ab Mitte der 1980er Jahre kehrten sie zurück und besetzten verschiedene Positionen im Staat. Auch die Absolventen der Schulen, Fachhochschulen und Hochschulen im Lande wurden bis Mitte der 1990er Jahre zahlreich in der Staatsverwaltung angestellt. Dann wurde es in Bezug auf neue Stellen eng und die Aussichten für junge Absolventen waren nicht mehr so gut. Später hat man in den einzelnen Ministerien Prüfungsverfahren eingeführt, damit die Ministerien ihren eigenen Bedarf bestimmen und die besten Kandidaten aussuchen konnten.

Beamter kann man auch durch eine **Karriere beim Militär** oder der Polizei werden. Insbesondere in Kriegszeiten wie in der Lon-Nol-Zeit und in den 1980er Jahren sahen nicht wenige Schulabsolventen durch die Tätigkeit in diesen Institutionen Aufstiegschancen. Durch Fleiß, Mut, Glück und

Fahnenappell in einer Grundschule. Am Eingang bietet eine private Sprachschule ihre Dienste an – die ersten Karriereschritte wollen früh gegangen sein.

Beziehungen kann man Offizier werden. Doch auch hier ist es jetzt schwieriger geworden. Denn es herrscht Frieden im Land und der Staat versucht, zugunsten der sozialen Bereiche die Ausgaben im Militärbereich auch durch die Verringerung des Militärpersonals zu senken.

Politische Parteien danken ihren aktiven Mitstreitern für ihr Engagement und ihre hervorragende Arbeit oft mit einer Anstellung in einer staatlichen Behörde auf zentraler oder lokaler Ebene. Diese Art von Dankbarkeit können jedoch nur siegreiche und große Parteien ihren Leuten zuteil werden lassen. Wer für kleine Parteien arbeitet und auf einen Dienstgrad als Leutnant oder Hauptmann bei der Polizei hofft, kann oft lange hoffen. Vielleicht klappt es bei der nächsten Wahl.

Ausbildung

Zwei Jahrzehnte nach dem Fall des Regimes der Roten Khmer, in dem sehr viele Akademiker und ehemalige Staatsbeamte umkamen, übersteigt die Anzahl der **Hochschulabsolventen** die Nachfrage an qualifizierten Arbeitskräften im Staat. Jährlich verlassen Tausende junger Menschen die juristische Fakultät, die Wirtschaftshochschule, die Verwaltungsschule, die medizinische Hochschule, die technische Hochschule, die Hochschule für Pädagogik, die sozialwissenschaftlichen Fakultäten der Universität Phnom Penh und andere Fachschulen und strömen auf den Arbeitsmarkt. Die Glücklicheren von ihnen finden eine Stelle im Staat. Andere bekommen eine qualifikationsgerechte Arbeit in der Wirtschaft oder bei den internationalen Organisationen, die im Land tätig sind.

Wen das Glück noch nicht ereilt, hilft vorerst in Hotels oder Familiengeschäften aus. Während die staatlichen Stellen in der Hauptstadt Phnom Penh und in den größeren Städten sehr gefragt sind, möchten Ärzte, Juristen und Lehrer nicht gerne in entlegenen Regionen arbeiten. Die Lebensweise in den ländlichen Gebieten entspricht nicht den Vorstellungen der meisten Hochschulabsolventen, die zum größten Teil Stadtmenschen sind. Auf dem Lande ist es außerdem schwer, einen Nebenjob zu bekommen, der genügend Geld einbringt, um die Familie ordentlich zu ernähren und den eigenen Kindern eine schöne Zukunft zu ermöglichen. Nicht wenige lehnen deshalb eine staatliche Stelle in entlegenen Gebieten ab und versuchen, etwas anderes in den Städten zu finden. So sammeln sich Akademiker und qualifizierte Beamte in den Städten.

Karriereaussichten

ngöy skák aon dak kroap
(Aufrecht stehende Halme sind leer, sich neigende Halme tragen Körner.)
(Bedeutung: Überheblichkeit schadet einem selbst.
Wer sich beugt, hat Erfolg.)
Kambodschanische Weisheit

Das Beamtenrecht regelt vieles, was mit der Karriere eines Beamten zu tun hat, wie Dienstränge, Gehalt, Gehaltserhöhung, Dienstzeit und Rente. Ein Beamter muss sich daher keine Sorgen machen, dass er, wie es manchmal in der freien Wirtschaft geschieht, aus dem Betrieb geworfen werden kann. Auch die Rente ist ihm sicher. Eigentlich bräuchte er nur noch richtig zu arbeiten. So würde er weit kommen.

Bevor der Vietnamkrieg 1970 auf Kambodscha übergriff, konnten sich die Beamten noch auf ihre Arbeit konzentrieren, denn es ließ sich mit den Gehältern gut leben. Dann wütete der Krieg und die Wirtschaft des Landes brach zusammen. Währungsreform und Inflation verschlangen den größten Teil der Gehälter und der Ersparnisse. Schullehrer und kleine Beamte mussten am Abend Reissuppe essen, weil ihre Gehälter nicht ausreichten, um sich zwei Mahlzeiten mit fest gekochtem Reis leisten zu können. Fleisch und Fisch standen immer seltener auf dem Speiseplan.

Wurde ein Kind krank, waren Angst, Wut und Hilflosigkeit groß. Denn woher sollte das Geld für die Behandlung und die Medikamente kommen? Wer konnte sich unter diesen Umständen noch auf seine Arbeit konzentrieren? Nebenjobs und Korruption waren verbreitet. Nur wer reich war, konnte in dieser Zeit konzentriert arbeiten. Karriere machte nur, wer aus einer reichen Familie stammte und gute Beziehungen nach oben hatte. Richtig reich wurden in dieser Zeit die hohen Offiziere. Sie machten durch „Phantom-Soldaten" (Soldaten, die nur als Namen auf der Gehaltsliste existieren) und Waffenverkäufe an die gegnerische Partei ein Vermögen. Aber wie viele Lon-Nol-Beamte unterer Ränge in den Städten waren reich?

So sank die Qualität der Arbeit in der Staatsverwaltung und in den Schulen. Die letzte Bastion der sauberen und pflichtbewussten Staatsdiener waren die Lehrer. In den ersten beiden Kriegsjahren konnten sie trotz des geringen Gehalts ihre Pflichten erfüllen, da sie nach und nach ihr Hab und Gut verkauften. Dann gingen auch ihre Ersparnisse zu Ende. Fälle von Bestechungen bei Prüfungen wurden immer häufiger.

Die Kambodschaner glaubten, dass es, wenn die Korruption erst das Bildungswesen erreichte, für die Gesellschaft keine Hoffnung mehr gäbe. Und so war es dann auch.

In der Zeit der sozialistischen Orientierung Kambodschas von 1979 bis Anfang der 1990er Jahre erhielten die Beamten der unteren Ränge weniger als 20 US-Dollar im Monat. Dazu gab es noch eine Reisration und andere Zuteilungen (Zucker, Öl, Zigaretten, Stoff u. a.). Böse Zungen sprachen schon früh von „Korruptionsgehältern". Denn wer konnte von dem staatlichen Gehalt leben? Am Anfang – 1979 bis 1980 – war der Enthusiasmus für den Wiederaufbau des Landes nach der Pol-Pot-Herrschaft eine wichtige Motivation für die Staatsdiener. Viele arbeiteten selbstlos für eine kleine Reisration am Tag. Dann wurde das Geld wieder eingeführt. Die Geschäfte wuchsen. Soziale Unterschiede wurden deutlicher. Kinder wohlhabender Familien mussten nicht in die Armee. Sie gingen an die Hoch- und Fachschulen. Die Menschen begannen, Vergleiche anzustellen. Selbstlose Beamte wurden immer rarer. Wer konnte, strebte nach oben. Erfolgreich war, wer außer Wissen und Disziplin auch noch Geld, familiäre, politische und sonstige Beziehungen hatte.

Heute verdient ein großer Teil der Staatsdiener immer noch nur etwa 20 US-Dollar im Monat. Für die Deckung des minimalen Lebensbedarfs in der Stadt (ohne Miete) bräuchte man aber mindestens 150 US-Dollar im Monat bzw. 5 US-Dollar am Tag. Wer von den 150 US-Dollar noch Miete zahlen muss, kann seine Familie nicht ernähren. Im Grund hat sich von der Lon-Nol-Zeit bis heute wenig geändert. Es klingt paradox, aber nur wer Geld hat, kann im Staatsapparat arbeiten. Andererseits kann ein Beamter durch die Stellung im Staat die Geschäfte seiner Familie vor unliebsamen Störungen bewahren. Außerdem gibt es auch sehr lukrative Posten. Sie sind jedoch rar.

Wer nach oben schaut, muss einige Verhaltensnormen beherzigen. Solche Normen sind schon in den „Chbab", die in der Nach-Angkor-Zeit verfasst wurden, zu finden. Interessant ist, dass diese alten Normen bis heute Gültigkeit besitzen. Im Kern geht es darum, dass man durch Sprache, Körperhaltung, Verhalten, Kleidung usw. seinen Respekt gegenüber der Obrigkeit, gegenüber der Hierarchie zum Ausdruck bringt. Man muss absolute Loyalität zeigen. Anordnungen müssen richtig ausgeführt werden. Aufmüpfigkeit und Kritik sind zu unterlassen. Das Gesicht des Chefs muss stets gewahrt werden. Ein guter Beamter soll nie versuchen, die vertikalen Beziehungen zum Chef in horizontale zu verwandeln. Selbst seine Kleidung darf nicht besser sein als die seines Vorgesetzten.

Stolze Leute

Für Personen, die ihre Entscheidungen ausschließlich auf der Grundlage ihres fachlichen Wissens treffen, die ihr Weiterkommen an die Ergebnisse ihrer Arbeit knüpfen und stolz auf ihre Arbeit sind, gibt es im Khmer eine Bezeichnung: *Neak-sadj-ka* (Person – Fleisch – Arbeit). „Fleisch" ist hier eine wortwörtliche Übersetzung. Gemeint ist eigentlich der Inhalt einer Sache, das Wesentliche. Man meint damit, dass bei solch einer Person alles von der Arbeit abhängt. Auf Deutsch könnte man den Ausdruck am ehesten mit „sachlicher Mensch" wiedergeben.

Irgendwann hat ein wortgewandter Mensch, dessen Name wohl für alle Ewigkeiten unbekannt bleiben wird, die Unterscheidung zwischen *neak-sadj-ka* und *neak-sadj-koo* (Person – Fleisch – Rind) getroffen. *Sadj-koo* (Fleisch – Rind) bedeutet Rindfleisch. Rindfleisch schmeckt vielen Menschen besonders gut. Man kann es auch anderen anbieten, denn auch ihnen wird es gut schmecken. Mit dem Wort *neak-sadj-koo* (Rindfleisch-Mann) wird auf einen bestimmten Personentyp angespielt. Es sind Menschen, die selbst Gutes mögen und gleichzeitig anderen etwas Gutes besorgen können. Klar ist auch, dass der Rindfleisch-Mann nicht selbstlos arbeitet. So entstand die Unterscheidung zwischen Arbeitsfleisch-Mann und Rindfleisch-Mann. Ich rate aber jedem davon ab, dem Rindfleisch-Mann ein Stück Rindfleisch mitzubringen, wenn er seine Angelegenheit beschleunigen möchte.

So kompliziert wie das Leben ist, so schwierig ist es auch, zwischen dem Arbeitsfleisch-Mann und dem Rindfleisch-Mann zu unterscheiden. Manch ein Arbeitsfleisch-Mann ist auch Rindfleisch-Mann und umgekehrt. Trotz dieser Verwirrungen trifft man aber auch immer wieder auf Beamte, die ausschließlich dem Typ Arbeitsfleisch-Mann zugerechnet werden können. Wie sieht so einer aus? Meinem Eindruck nach legen Arbeitsfleisch-Leute etwas weniger Wert auf Äußerlichkeiten und Statussymbole wie z. B. teure Bekleidung, Krawatten und Autos. Vielleicht haben sie auch zu wenig Geld, um sie sich leisten zu können. Es sind **Akademiker,** die sehr stolz auf ihre Arbeit sind. Besonders stolz sind sie dann, wenn im Ernstfall große Autos vorfahren, um eine Analyse von ihnen zu erbitten. Sie ernähren sich ausschließlich durch ihre geistigen Fähigkeiten. Sie geben nach der Arbeit im Staatsdienst Unterricht an Privatschulen oder arbeiten als Buchhalter. Andere arbeiten nebenbei an Projekten, wo sie ein paar hundert Dollar im Monat bekommen. Vorgesetzte geben ihnen solche Projekte, um sie an die Institution zu binden. Manch einem gibt man auch eine höhere Stellung, damit er nicht weggeht. Vielleicht kann der Staat irgendwann seine Beamten so bezahlen, dass die Zahl der stolzen Leute steigt.

Lebensalltag

Der Lebensalltag der Beamten ist ziemlich fest geregelt. Am Morgen beginnt die Arbeit um 7.30 Uhr und geht bis 12 Uhr. Danach ist Pause. Am Nachmittag fängt man um 14 Uhr wieder an und hört um 17.30 Uhr auf. Ausnahmen von dieser festen Arbeitszeit gibt es bei der Polizei, der Armee und beim medizinischen Personal von Krankenhäusern und Gesundheitsstationen, wo in Schichten gearbeitet wird.

Es ist ziemlich beliebt geworden, dass die Leute am frühen Morgen, bevor sie in ihre Ämter gehen, in einem **Nudelsuppenladen** *(hang kuyteav)* frühstücken. Vor der Zeit der Roten Khmer und in den 1980er Jahren beschränkte sich das Außer-Haus-Frühstück auf das Wochenende. Jetzt verstopfen am Morgen gegen halb sieben Motorräder und Autos den Straßenrand vor den Lokalen. Um die Parkprobleme zu regeln, haben die Nudelsuppenläden eigene Leute, die auf der Straße die aus- und einfahrenden Fahrzeuge dirigieren. Es gibt natürlich auch viele Familien, die zu Hause frühstücken, aber die Ehemänner haben die Wahl. Sie können zu Hause mit der Frau und den Kindern frühstücken oder außer Haus. Denn sie bekommen jeden Tag ein Taschengeld von ihren Frauen.

Viele Männer entscheiden sich doch für chinesische Nudeln, denn in den Lokalen trifft man Bekannte und redet über Neuigkeiten. Und irgendwie schmeckt das Essen draußen doch besser als zu Hause, selbst wenn die eigene Frau Kochweltmeisterin wäre. Nudelsuppenladen ist nicht gleich Nudelsuppenladen. Es gibt solche für höhere Staatsbeamte, solche für kleine Beamte und solche für das einfache Volk. Die Lokale für die obere Schicht sind vollständig verglast und klimatisiert. Die Tische sind aus massivem Holz, groß und ordentlich gedeckt. Die Bedienung hat eine gepflegte Sprache und Erscheinung. Die Nudelsuppenläden für die kleinen Beamten sind offen. Um die klappbaren Plastiktische stehen Plastikstühle. Auf dem Tisch und dem Boden liegen Suppenknochen. Kurz bevor man Platz nimmt, wird der Tisch saubergemacht. Die Bedienung schreit laut durch den Raum, welchen Kaffee der Kunde bestellt.

Nach dem Frühstück beeilen sich alle in Phnom Penh mit ihren Mopeds oder Autos durch die verstopften Straßen ins Büro zu kommen. Die Arbeit beginnt für viele mit einem **Fahnenappell.** Danach sucht man seinen Arbeitsplatz auf, unterhält sich noch mit den Kollegen oder beginnt gleich zu arbeiten. Wenn es keine Morgenbesprechung gibt, wühlt man in den Akten oder unterhält sich weiter. Die **Arbeitsräume** sehen nicht selten wie Klassenzimmer aus: Die Kollegen sitzen in Reihen an ihren Tischen und vorne steht der Cheftisch. Bis Ende der 1980er Jahre, als die Computer noch keinen Einzug gehalten hatten, standen auf den hinteren Tischen der Arbeitszimmer Schreibmaschinen, die von Personal oder Sekretärinnen genutzt wurden. Das Klappern der Schreibmaschine wirkte mit der Zeit wie Hintergrundmusik.

Gegen 9 Uhr ist **Pause.** Alle strömen aus ihren Büros und bestürmen die kleinen Lokale an der nächsten Ecke oder auf der anderen Straßenseite. Es gibt heißen Kaffee, Reissuppe mit Schweinefleisch oder Fisch und Süßspeisen. Zeitungen, die Kinder anbieten, werden gekauft, es wird geraucht, geredet und sich geneckt. Doch auch Geschäfte werden gemacht. Nach einer halben oder dreiviertel Stunde hat die schöne Auszeit ein Ende. Jeder geht in sein Büro, an seinen Arbeitstisch zurück, setzt das Lesen, Schreiben oder das Gespräch fort. Ab und zu wird die Ruhe unterbrochen. Das Telefon klingelt. Jemand muss nach oben gehen. Er soll irgendeine Akte mitnehmen. Jemand kommt rein und will etwas vom Chef oder von einem selbst. Recht bald ist es dann 12 Uhr. Innerhalb weniger Minuten sind die Büros so leer, als wäre Wochenende. Wer 10 Minuten nach 12 Uhr den Raum noch nicht verlassen hat, bekommt es mit der Angst zu tun. Denn außer den Tischen und Stühlen, den offenen Türen und dem Wind ist dort nichts mehr, keine Stimme, kein Wort.

In der **Mittagspause** geht man nach Hause, denn das Mittagessen ist heilig. Die Kambodschaner glauben, dass die Gesundheit von der Konstellation der Windbewegungen im Körper abhängt. Durch Essen zur falschen Zeit werden die Windbewegungen gestört. Das könnte dazu führen, dass man „Wind krank" (*khyál-chab*) wird oder sogar „Windstau" (*khyál-ko*) auftritt. Beim „Windstau" könnte man umfallen. Bei ganz schlimmem „Windstau" kann man auch sterben. Da die Kambodschaner und ihre Beamten so fest daran glauben, werden sie auch krank, wenn es erst später Mittagessen gibt. Aus diesem Grund sind tiefgründige Gespräche kurz vor 12 Uhr oder Arbeiten, die die Mittagszeit beanspruchen, von den Beamten sehr gefürchtet. Zu Hause angekommen läuft alles wie immer ab: Fahrzeug abstellen, Duschen, Umziehen, Essen. Dann machen die meisten ein Mittagsschläfchen für eine halbe oder dreiviertel Stunde. Danach wieder Duschen, Umziehen, zur Arbeit fahren.

Der Ablauf des Nachmittags ist nicht anders als der am Vormittag. Gegen 15 Uhr macht man eine kleine Pause und alles stürmt die Kaffeelokale. Danach arbeitet man weiter bis 17.30 Uhr und geht nach Hause. Fünf Tage die Woche wird gearbeitet, Sonnabend und Sonntag sind frei. Für viele Beamten heißt es: Nach der Arbeit weiter arbeiten. Die **Nebenjobs** warten. Manche Chefs haben ein gutes Herz. Sie erlauben ihren Mitarbeitern abwechselnd in Abständen einen Nachmittag oder auch mal einen ganzen Tag für den Nebenjob frei zu nehmen. Nur die Glücklichen, die eine Wohnung oder ein Haus zu vermieten haben, die Vermittlungsgeschäfte machen oder bei denen die Geschäfte der Ehefrauen einigermaßen Geld nach Hause bringen, können sich ausruhen.

Bei der **Freizeitgestaltung** gibt es keinen Unterschied zwischen Beamten und Nichtbeamten. Wer sonntags frei hat, fährt mit seiner Familie in die Umgebung der Stadt. Man isst Nudelsuppe am Stadtrand, schaut sich etwas an und macht Picknick. Sehr beliebt sind Ausflüge ans Meer. Manche männliche Beamte ziehen es vor, die Zeit unter Männern zu verbringen. Denn das Essen, Trinken und Scherzen unter Männern scheint lustiger als ein Familienausflug zu sein. Außerdem ist Essen, Trinken und Reden nicht nur gut fürs Privatvergnügen. Man erfährt dadurch viele Dinge und so werden auch etliche Geschäfte geschlossen, Beziehungen geknüpft und ausgebaut. Andere wiederum lassen lieber die Hähne für sich kämpfen. Bei diesen Hahnkämpfen kassiert der Gewinner meist eine schöne Summe. Auf dem Lande liegt der Wetteinsatz der Hahnbesitzer bei etwa 50 US-Dollar und ein Kampfhahn kostet etwa 25–30 US-Dollar. Ein Superhahn in Phnom Penh kann bis zu 10.000 US-Dollar wert sein. Da beim Kampf die Hähne pfeilspitze Sporen tragen, werden aus vielen Superhähnen Suppenhähne. In Phnom Penh gibt es ein Lokal, in dem man die 10.000 Dollar teuren Hähne essen kann. Das Fleisch der Kampfhähne soll aber etwas zäh sein.

Beamte und ihre Familien haben gegenüber Nichtbeamten keinen Vorteil in den staatlichen Krankenhäusern. Die **ärztliche Behandlung** ist grundsätzlich kostenfrei, man muss aber Medikamente selbst bezahlen. In einem Punkt leben Beamte etwas ruhiger. Sie brauchen sich bei längerer Krankheit keine Sorgen zu machen, dass sie ihre Arbeit verlieren könnten. Im Alter bekommen Staatsbedienstete eine Rente. Gegenwärtig ist sie für die meisten kleinen Beamten mit etwa 10 US-Dollar pro Monat allerdings so gering, dass sie nur durch die Unterstützung ihrer Kinder leben können.

ALLTAG UND LEBENSWEISE

So wie man isst, so ist man

Essengehen auf Kambodschanisch

Essengehen ist eher eine neue Freizeitbeschäftigung vieler Bewohner Phnom Penhs. Auf dem Lande geht man bis heute nicht essen, denn Restaurants gehören nicht ins Dorf. „Außerhaus-Essen" findet dort meist in den Klöstern statt. Bei religiösen **Festlichkeiten** bringen die Bauern den Mönchen gekochten Reis, gegrillten Fisch, Curry-Suppe, Rührpfannengerichte und was sie sich sonst noch leisten können. Nach der Mittagsmahlzeit der Mönche (buddhistische Mönche dürfen nur am frühen Morgen und zu Mittag essen) und den Gebeten nehmen sich die Laien das, was übrig geblieben ist – in der Regel bleibt viel übrig. Sie setzen sich (mit den

Leben auf dem Wasser – die Anwohner des Tonle Sap haben sich dem See angepasst

Beinen nach hinten abgewinkelt) in der *sala chhan* (Esssaal) des Klosters in großen Runden auf Matten und nehmen gemeinsam die Mahlzeit ein. Hochzeiten und Totenfeiern sind auch wichtige Anlässe um außer Haus zu essen. Bei Totenfeiern wird oft eine dicke Glasnudel-Suppe zubereitet.

Gibt es keine feierlichen Anlässe, isst man zu Hause. Das Essen wird aber oft außer Haus zu Verwandten oder Leuten im Dorf gebracht. Wird eine besondere Suppe gekocht wie *mdjou kroeung sadj koo* (würzige saure Suppe mit Rindfleisch), aber es muss auch nicht immer etwas Besonderes sein, schickt die Mutter ihre Tochter mit einer Schüssel voll Suppe, frisch aufgetan und heiß, zu den Nachbarn. Die Frau des Nachbarn bedankt sich, lobt die Suppe und gibt die abgewaschene Schüssel zurück. Manchmal füllt sie die Schüssel auch mit selbst zubereitetem Kuchen oder Süßspeisen. So wird Freundschaft und gute Nachbarschaft gepflegt.

In der Stadt ist diese Tradition schon fast ausgestorben. Fluktuation und verstärkte Isolationstendenzen zerreißen enge nachbarschaftliche Bande bzw. verhindern, dass sie entstehen. Die Städter gehen – wenn sie Geld haben – mit der Familie oder mit Freunden, aber nur sehr selten mit Nachbarn essen. Bei den Bewohnern Phnom Penhs sind am Sonntagmorgen seit längerer Zeit Ausflüge an den Stadtrand wie z.B. nach Takhmao, Chroy Changva oder nach Baek Chan beliebt, um dort *kuyteav* (chinesische Nudelsuppe) zum Frühstück zu essen. Eigentlich rechnet man solche „Frühstücksfahrten" gar nicht zum Essen gehen, denn *kuyteav* (Nudelsuppe) gilt nur als eine Art **Snack** und die Kambodschaner benutzen dafür eine eigene Bezeichnung: *töw si kuyteav* (kuyteav essen gehen).

Ein Snack dauert nicht lange, nach etwa einer halben Stunde sind alle fertig. Ein bisschen schade, wenn man an das „Sich-hübsch-machen" und an die Fahrt denkt. Doch so schlimm ist es nun auch wieder nicht, denn man fährt danach oft noch ein Stück spazieren. Das snackmäßig **kurze Verweilen in den Esslokalen** hat schon manche Übersee-Kambodschaner, die nach langer Zeit wieder einmal zu Hause waren, verwundert. Denn nicht nur die Nudelsuppe wird schnell gegessen, sondern auch das aufwendige Abendessen in einem teuren Restaurant. Die Familie oder die Freunde sitzen beisammen, scherzen ein wenig, um die Atmosphäre aufzulockern und schätzen die Speisen. Wer nicht redet, isst und erlebt bewusst den Genuss der Speisen. Nach einer halben Stunde oder vierzig Minuten ist die Gruppe satt, die Teller sind fast leer (es gilt als angemessen, ein paar Scheibchen Gurke auf dem Teller liegen zu lassen – den Teller bis auf den Grund zu leeren ist ein Ausdruck von Hungersnot und Armut).

Nun wollen alle wieder nach Hause. Den Abend ausdehnen können sie gar nicht. Die Scherzthemen sind ausgegangen. Der Bauch ist voll. Viele Kambodschaner mögen es auch nicht besonders, am Tisch viel von geschäftlichen Dingen zu reden. Vielleicht erlaubt es die Suppe auch gar nicht, dass man zu lange Gespräche führt, denn lange Reden lassen die Suppe kalt werden. Und kalte Suppe ist für einen Kambodschaner genauso unakzeptabel wie für einen Deutschen warmes Bier.

M e i n Essen gibt es nicht

Alles wird vor den ungeduldig Wartenden mit einem Mal hingestellt: Suppe, Gebratenes, eingelegtes Gemüse und was sonst noch zu einer Mahlzeit geboten wird. Alle Speisen *(mhob)* werden in die Mitte der Runde platziert. Jeder Einzelne hat einen Reisteller vor sich. Wer zuerst seinen Gaumen beleben und die Speiseröhre benetzen möchte, füllt sich mit einer Kelle aus der Suppenschüssel etwas Suppe in seinen Teller. Wer zu Anfang etwas „Trockenes" probieren möchte, holt sich mit einem Löffel z. B. ein Stück von dem gegrillten Süßwasserfisch und nimmt etwas Fischsauce dazu. Jeder nimmt sich das, was er mag. Außer gebratenem oder gegrilltem Fisch, dessen Fleisch sich problemlos mit dem Löffel von den Gräten lösen lässt, sind Fleisch und Gemüse immer mundgerecht geschnitten. Messer werden nicht benötigt.

Es gibt keine Reihenfolge nach der die Speisen gegessen werden und es gibt keine Einzelportionen. So guckt jeder nicht nur auf seinen Teller. Der eigene Teller ist zweitrangig. Darauf befindet sich nur ein weißes Häufchen gegarter Reiskörner, das wichtig aber farblich eintönig ist. Alle Teilnehmer an der Tafel schauen in die Mitte der Runde, wo die Suppenschüssel(n) und die übrigen bunten Gerichte stehen. Und da sie über den eigenen Tellerrand schauen, sehen sie, was den anderen am besten schmeckt. Sie bemerken auch, wenn der Reisteller eines anderen leer ist.

Da das Denken der Hausfrauen in Kambodscha darauf gerichtet ist, dass es einer geliebten oder geschätzten Person an nichts fehlt, diese sogar im Überfluss schwimmen soll, entsteht mit ihren Blicken über den eigenen Tellerrand ständiger Handlungsbedarf. Sie füllt den Teller des Gastes immer wieder mit den besten Stücken. Das ist Ausdruck der Verbundenheit und des Respekts. Der Gast lächelt dankend und lobt das Essen – so entsteht soziale Interaktion und Kommunikation. Wenn gegessen wird, sieht es manchmal so aus, als würden alle gemeinsam in der Runde an einem in der Mitte stehenden flachen Korb flechten und sich dabei fröhlich austauschen. Wem etwas schmeckt, der nimmt sich davon, wer etwas zu erzählen hat, erzählt etwas.

Manche Khmer-Restaurants in Europa haben sich soweit an die europäische Esskultur angepasst, dass das Essen in Einzelportionen, d.h. auf einem Teller, serviert wird: auf der einen Hälfte des Tellers der Reis und auf der anderen das Rührpfannengericht und dergleichen. Bezogen auf das Essverhalten der Kambodschaner bedeutet dies das Ende der Vorstellung, dass ein vollständiges Essen mindestens aus einer Suppe und einem „Trockengericht" (*mhob kook*) wie z.B. etwas Gebratenem besteht. Denn dann müsste man ja mindestens zwei Gerichte bestellen. Wie unpraktisch! Vorbei wäre es mit dem „gemeinsamen Körbeflechten" und damit, dass die Gastgeberin fast ununterbrochen lächelnd und dem Gast gut zusprechend Fleischstücke auftut. Vorbei wäre es auch damit, dass ein kleines Kind mit einem Magenvolumen von einem Froschschenkel und zwei Löffeln Reis auch essen könnte, ohne eine eigene Portion bestellen zu müssen. Denn wer keine eigene Portion bestellt, bekommt oft auch keinen Teller und kein Besteck.

Der einzige „Pluspunkt" für das Servieren von Portionen bestünde darin, dass man nicht unaufhörlich mit freundlich lächelnder Mine den Nachschub an Leckerbissen durch die Gastgeberin ablehnen bräuchte. Doch eine völlige Sicherheit dafür bieten auch Einzelportionen nicht.

Das ständige Ablehnen kann unter Umständen sehr negativ ausgelegt werden. Die Gastgeberin könnte innerlich stöhnen: *aoy nih min sii aoy nuh min sii* (Dies isst er nicht und das isst er auch nicht). Mehr dazu im nächsten Kapitel. Unter Kambodschanern ist schon eine solche Bestellung wie „Ich nehme Currysuppe" Ausdruck mangelnden Gemeinschaftsgefühls. Wenn der Kellner die Suppe aufträgt und man die lang ersehnte Suppenschüssel sofort an sich reißen möchte, ist in den Augen der anderen der Egoismus vollkommen. Am besten ist es, wenn man es bei der Bestellung mit einer „demokratischen" Abstimmung versucht, wobei man mit guten Argumenten die anderen z. B. von der besonderen Schmackhaftigkeit eines gegrillten Fisches überzeugt. Die Bestellung für alle sollte dann von einem in der Runde vorgenommen werden.

Noch einmal: aoy nih min sii aoy nuh min sii (Dies isst er nicht und das isst er auch nicht)

Werden Gäste nach Hause eingeladen, sind besonders die Frauen gefordert. Für sie bedeutet es: *dot day dot choeung* (sich die Hände und die Füße verbrennen). Den ganzen Tag über heißt es Schälen, Schneiden, Waschen, Stampfen, Pressen, Kneten, Rühren, Würzen, vom Morgengrauen bis zum späten Nachmittag. Die Auswahl und die Gestaltung der Gerichte übernimmt die Hausherrin gewöhnlich allein, denn die Küche ist ihr Revier und nicht die Domäne des Mannes. Sie entscheidet, was am besten schmeckt und den geladenen Gästen würdig ist und wer was bei der Vorbereitung zu tun hat.

Irgendwann ist es dann soweit. Alle sitzen am Tisch, strahlend und gut gelaunt und tauschen Höflichkeiten aus. Das Essen wird aufgetragen: rohes Rindfleisch, hauchdünn geschnitten, das Blut ausgepresst, mit Zitronensaft voll gesaugt (Kambodschaner sagen dazu: ‚garen mit Zitronensaft'), vermischt mit fein geschnittenem Zitronengras, mit Sojasprösslingen und Blättern verschiedener Pfefferminzarten. Das ausgepresste Blut wird mit Salz, Fischsud und verschiedenen Gewürzen verrührt und dient als Sauce für den Rindfleischsalat *(phlea sadj koo)*. Für Kambodschaner ist das ein Hochgenuss und – das wird manchmal unter Männern erzählt – Potenz fördernd noch dazu. Die Stimmung steigt. Beste Noten also für *phlea sadj koo*. Natürlich gibt es auch andere Gerichte. In der Regel wird bei besonderen Anlässen auch bei nicht vermögenden Leuten die Anzahl von drei Gerichten nicht unterschritten.

Manch eine Hausfrau hat erfahren, dass in Europa Tomaten zu Saft verarbeitet werden. Also gibt es als Erfrischungsgetränk für den Gast aus Europa Tomatensaft, dünn aber süß wie Honig.

Für all diese Mühen erwartet sie Lob und Anerkennung. Doch dann der Schock. Der Freigeist aus Europa sagt: „Rohes Rindfleisch? Nein, das esse ich nicht." „Süßer Tomatensaft schmeckt mir nicht." Der Abend ist verdor-

ben – für die Köchin allemal. Sie zeigt ihre Enttäuschung nicht, lächelt weiter (das Gesicht wahrend) und grübelt: „Was habe ich falsch gemacht, dass er weder dies noch das zu sich nimmt? Ist mein Essen wirklich ungenießbar? Ist es wertlos oder ekelt sich der Gast gar davor?" Die Überlegungen sind oft gar nicht so falsch. Nur, sie werden zu spät angestellt. Das Beste macht doch nicht immer glücklich.

Tipps: Unverträglichkeit von Nahrungsmitteln aus gesundheitlichen Gründen ist auch für Kambodschaner als Grund für die Ablehnung akzeptabel. Nur muss man sich genau überlegen, ob man z. B. Rindfleisch über-

---

Geröstete Erdspinnen – bei manchen Speisen wird die Ablehnung des Gastes anstandslos akzeptiert

haupt nicht verträgt oder nur kein rohes Rindfleisch. Denn andere Gerichte bei der Mahlzeit könnten auch Rindfleisch enthalten. Die Erstellung einer kompletten Negativwunschliste (das und das esse ich nicht und das vertrage ich nicht) würde bei dem kambodschanischen Gastgeber nicht besonders gut ankommen. Der Gastgeber würde denken: *lombak mleh!* (Wie schwierig!) Am besten wäre es, die Informationen über das, was man nicht mag, auf verhaltene Art in den Gesprächen, die lange vor der Einladung zum Essen stattfinden, scheibchenweise einzustreuen. Mit ein bisschen Glück werden solche vorsichtigen Mitteilungen auch registriert.

Kambodschaner und ihre Götter leben nicht vom Reis allein

Was essen die Normalsterblichen?

Der Ruf zum Essen *nham bay!* heißt wortwörtlich übersetzt zwar „gegarten Reis *(bay)* essen *(nham)*", aber man muss nicht befürchten, dass es nur trockenen Reis gibt. Der **Reis** ist in Kambodscha so wichtig, dass er auch für die ganze Mahlzeit steht. Richtiger ist daher die Übersetzung „Essen!". Der Reis ist dermaßen wichtig, dass er nicht nur von den Göttern gerne verspeist wird, sondern selbst eine göttliche Stellung erlangt hat. Die Alten in den Dörfern nennen ihn auch *preah me* (die göttliche Mutter). Die Stellung als Gott und als Mutter ist durchaus sehr zutreffend, denn *preah me* spendet Leben. Das Wohl der Menschen auf dem Lande hängt eben vom Gedeihen des Reises auf ihren Feldern ab.

So wie man sich in hiesigen Breitengraden Gedanken macht, wie die verschiedensten Brotsorten auseinander gehalten werden können (Schrotbrot, Brötchen, Bauernbrot, Vollkornbrot, Pumpernickel usw.), so zerbrechen sich Kambodschaner seit Generationen den Kopf, wie sie die **Reissorten** und deren Verarbeitungsweise bezeichnen können. Die genaue Klassifizierung der über 400 Bezeichnungen für Reissorten in Kambodscha überlassen wir getrost dem Reisforschungsinstitut IRRI (International Rice Research Institute) und den Bauern.

Zum Kennenlernen der kambodschanischen Esskultur reicht die folgende grobe Einteilung aus: Erstens die Einteilung nach der Verarbeitungsweise: *bay* (gegarter Reis), *ángká* (geschälter Reis) und *sröw* (ungeschälter Reis). Und zweitens die Einteilung nach der Beschaffenheit und der Funktion bei der Ernährung: *ksay* (nicht stark klebender Reis) und *dámnaoeb* (Klebreis). Kambodschaner essen Klebreis *(bay dámnaoeb)* nicht als Grundnahrungsmittel wie das bei den Laoten und vielen Thailändern der Fall ist. Die Kambodschaner sagen: „Zu viel Klebreis macht den Hals heiß." Er wird fast ausschließlich zur Zubereitung von Desserts verwendet.

So wichtig der Reis auch ist, die **Khmer-Küche** beherrscht er nicht allein. Manche Khmer-Kochbücher bringen es auf über 300 Gerichte. Doch hier ist Vorsicht angesagt, denn nicht alle Rezepte, die darin stehen, sind wirklich traditionelle Khmer-Gerichte.

Ein wenig Klarheit über die **Herkunft der Gerichte** kann man sich verschaffen, wenn man Hausfrauen befragt. Was sie nicht kochen können, hat sicherlich keinen inländischen Ursprung und stammt aus einem anderen Land. *Tom yam* z.B. ist vielen Köchinnen auf dem Lande kein Begriff. In Phnom Penh dagegen lernen immer mehr Feinschmecker diese sauerscharfe thailändische Suppe schätzen. Doch trotzdem haben auch viele Hausfrauen in Phnom Penh keine Vorstellung davon, wie sie ihren Ehemännern *tom yam* zaubern sollen.

Auch anhand ihrer Namen erkennt man leicht – das gilt natürlich nur für denjenigen, der Khmer spricht – die Herkunft einiger Gerichte wie *mi siam* (siamesische Nudel) oder *sámlá kaeng liav* (laotische kaeng-Suppe). Einige vietnamesische Gerichte erkennt man an der Anfangsbezeichnung *banh*. Das *banh* übersetzt „Kuchen" heißt, wissen viele Kambodschaner nicht. Die am meisten geschätzten banh-Gerichte sind *banh chaev, banh hay* und *banh sung*.

Die **Gewürze** und die Art, wie man etwas zubereitet, verraten viel über die Esskultur eines Volkes. Kambodschaner denken, dass die Thais feuerscharf essen. Sie sind der Ansicht, dass die Vietnamesen viel mehr Fischsaucen verwenden als sie selbst. Diese Vorstellung rührt vielleicht daher, dass verschiedene vietnamesische Gerichte, die in Kambodscha bekannt sind, wie die gebratenen Frühlingsrollen *chay ya,* die frisch gewickelten Rollen *kuong, banh chaev* (gebratener Teig mit Füllung) und *banh hay* (feine Nudel mit verschiedenen Fleischbeilagen und Gemüsearten) immer die süß-saure Fischsaucen zum Dippen haben. Weiter meinen sie, dass Klebreis und *prahok-leav* (laotische fermentierte Fischpaste) das Charakteristische der Esskultur der Laoten ausmachen, dass Rührpfannengerichte und fade Gemüsesuppen Leibgerichte der Chinesen sind und Brot (Weißbrot) etwas Europäisches ist.

Wer wissen möchte, wie **ursprüngliches Khmer-Essen** schmeckt, sollte ein Stück weiter weg von der Hauptstadt Phnom Penh fahren. Dort, wo die mit Palmenblättern bedeckten Hütten zwischen den Mango- und Kapokbäumen stehen, wo in Abständen die rotgoldenen Dachspitzen der buddhistischen Pagoden über alles Grüne ragen, wo die Bauern im Mai oder Juni ihre nassen Reisfelder mithilfe von Rindern oder Wasserbüffeln umpflügen und die Frauen mit bloßen Händen die Reispflanzen in die weiche Erde unter Wasser bringen, dort findet man die ursprüngliche Khmer-Küche. Dort sind *mdju trákuon* (saure Suppe mit *trákuon*, eine

Wasserpflanze, als Gemüse), *mdju prolit* (saure Suppe mit Stücken von Wasserlilienhalmen) und *trey ang chruak svay* (gegrillter Fisch mit feingeschnittenen, eingelegten grünen Mangos) noch beliebt. *Práhok djámhoy* (gedämpfter Prahok) und *knáb* (winzige Fische mit Zitronengras, anderen Gewürzen und *práhok* vermischt, in Bananenblatt eingewickelt und in heißer Asche mit etwas Glut drauf gebacken) werden dort hoch geschätzt.

Apropos *práhok*, diese streng riechende Fischpaste, die in vielen Gerichten so unentbehrlich ist, kann man ohne Zögern als die Essenz des Khmer-Essens bezeichnen.

Was essen Götter, Heilige und Geister

Genau genommen bekommt **Buddha** nichts zu essen. Er will auch nichts, denn er ist im Nirwana, im Nichts. Und im Nichts ist er mit Nichts schon sehr zufrieden. Darauf hat er ziemlich lange in seinen unzähligen Leben hingearbeitet. Wenn die Leute den Mönchen die besten Speisen wie *sámla kari* (Curry-Suppe), *sámlá khtih* (Kokosnuss-Suppe) oder *trey bámpong* (frittierte Fische) in die Klöster bringen, glauben sie, dass sie dadurch gutes Karma sammeln. Dieses gute Karma können sie sowohl für ihre eigene Zukunft und ihr nächstes Leben anlegen als auch über die Mönche den verstorbenen Verwandten und Freunden zusenden *(utih)* sowie auch den Lebenden, damit auch sie viel davon haben. Buddha werden eigentlich nur Blumen geopfert, wobei man drei oder fünf Räucherstäbchen anzündet und ihn anbetet.

Die **Mönche** essen fast alles, was ihnen die Laien bringen. Wichtig ist dabei nur, dass man nicht wegen des Ganges zum Kloster Tiere schlachten muss. Praktisch heißt das, dass bereits vor dem Kauf der Fisch leblos im Korb oder das Huhn schon zur Zubereitung fertig auf dem Verkaufstisch liegen soll. So versuchen die Leute, dem Gebot Buddhas „töte kein Leben" zu entsprechen.

Doch nicht immer halten sich die Menschen streng an das Gebot. Wenn die Mutter mit der Tochter, die mit dem Einkauf beauftragt war, schimpft: „Warum bringst du den lebenden Fisch her?", dann löst einer ihrer Söhne das Problem und aus dem zappelnden Fisch wird noch ein Leckerbissen. Es gibt aber Fleischarten, die man einem Mönch nicht anbieten darf. Das ist das Fleisch von Haus- und Wildhunden, Pferden, Löwen, Elefanten, Bären, Tigern, Panthern, Menschenfleisch und Fleisch von Schlangen. Wenn ein Mönch, auch unbewusst, Fleisch von den genannten Tieren oder von Menschen zu sich nähme, dann reißt sein „Band der Mönch-Tugenden" (in Khmer: *dadj sil*). Das angehäufte gute Karma geht ihm in diesem Fall verloren. Derjenige, der solch einen Spaß mit einem Mönch treibt, würde im nächsten Leben als *praet* wieder geboren werden, ein Ekel erregendes Geschöpf, das mehrere zehn Millionen Jahre dazu verdammt ist, unerträglichen Hunger zu erleiden und sich nur von Leichensekreten zu ernähren.

Es gibt auch Mönche, die sich rein vegetarisch ernähren. Das sind meist die Wandermönche *(look tudong),* die sich monatelang im Wald aufhalten. Oft gehören zu ihren Mahlzeiten neben dem gegarten Reis nur geröstete und gemahlene Sesamkörner oder Erdnüsse mit ein wenig Salz oder eingelegtes Gemüse sowie manchmal Wildfrüchte.

Tevada, die **Götter unterer Ränge,** essen alles das gerne, was auch die Menschen essen. In den Häuschen, die man für sie baut, finden sich oft Bananen und Speisen in kleinen Schüsselchen.

Bei den **Neak Ta,** den Geistern der Urahnen, die bestimmte Gebiete beschützen, und bei den **Waldgeistern** *(Arak)* sieht es schon ein wenig anders aus. Sie bevorzugen als Hauptspeise einen gekochten Schweinekopf oder ein gekochtes Huhn. Als Dessert nehmen sie gerne *djek nuon* (eine Bananenart). Ihr Lieblingsgetränk ist der weiße Reisschnaps *(sra sá).*

Etwas unappetitlich sind die Mahlzeiten der **Aab.** *Aab* sollen Frauen sein. Man sagt, sie fliegen von einem Haus zum anderen. Manch einer will gesehen haben, wie *Aab* bei ihren nächtlichen Flügen ein helles Licht ausstrahlen. Die Lichtquelle soll so groß sein wie ein mittlerer Kochtopf. Es wird auch erzählt, dass sie bei ihren nächtlichen Flügen nur den Kopf und die Gedärme mitnehmen, während sie die untere Hälfte des Körpers zu Hause im Bett liegen lassen. Ihre Mahlzeiten nehmen sie nur nachts ein. *Aab* sollen sich von dem dreckigen Schlamm, der sich unter den auf Pfählen gebauten Häusern der Leute befindet, ernähren. Manche Bauern fühlen sich von den Geräuschen der nächtlichen Besuche unter ihrem Haus sehr gestört und legen daher nachts Dorngestrüpp über die schlammigen Stellen. *Aab* meiden das Dorngestrüpp, denn mit ihrem Gedärm würden sie daran hängen bleiben.

Wie isst man?

Wie man isst, hat auch damit zu tun, was man isst. Wer heiße Suppe schlürft, braucht einen Löffel. Schon der chinesische Gesandte *Chou Ta-Kuan,* der sich Ende des 13. Jahrhunderts in Angkor aufhielt und sich das Leben der Bevölkerung im Land angeschaut hatte, berichtete davon, wie man zum Zuführen flüssiger Nahrung in den Mund kleinere Löffel aus Baumblättern faltete. Diese Löffel wurden nach dem Essen weggeworfen. Kellen wurden aus Kokosschalen gefertigt. Reis wurde mit der Hand gegessen, mit der rechten Hand versteht sich. Die linke Hand galt als unrein, da sie für die Reinigung nach dem großen Geschäft benutzt wurde.

Chou Ta-Kuan berichtete auch davon, dass Geschirr und Trinkgefäße aus Metall, Gold, Silber und aus Ton in Kambodscha gebraucht wurden. Heutzutage isst man auch auf dem Lande mit Metalllöffeln. Stäbchen werden von vielen weiterhin als etwas Chinesisches angesehen. Sie werden nur bei Nudelgerichten eingesetzt. Für die Kambodschaner, die bei den Mahlzeiten Suppen nicht entbehren können, finden Stäbchen im Alltag kaum Verwendung. Seit einiger Zeit hält die Gabel verstärkt Einzug in den Besteckgebrauch der Städter. Sie wird mit der linken Hand gehalten und leistet beim Schieben der Speisen auf den Löffel Hilfe.

Wachsendes hygienisches Bewusstsein führt dazu, dass in vielen städtischen Haushalten und in Restaurants auf jedem Speiseteller und in jeder Suppenschüssel ein extra Löffel oder eine extra Kelle liegen, sodass der Löffel jedes Teilnehmers einer Tafelrunde nur mit dem Essen auf seinem Teller in Berührung kommt. Bei manchen Gerichten empfiehlt der Gastgeber, mit der Hand zu essen. Das betrifft insbesondere Dipp-Gerichte mit verschiedenen frischen Blattgemüsen.

Aufgrund des europäischen Einflusses gehört in der Stadt das **Essen am Tisch** schon längst zum Alltag vieler Haushalte. Doch der Tisch hat die Matte auch in der Stadt noch nicht ganz verdrängen können. Auf der Mat-

Im Lokal wird selbstverständlich am Tisch gegessen

te zu sitzen ist vielen Kambodschanern bequemer. Auch die traditionellen architektonischen Konzepte ländlicher Hütten sehen Tische und Stühle als Möbelstücke nicht vor. Auf den unebenen Bambusdielen, die häufig mit kleinen Abständen auf Balken verlegt sind, können Tische und Stühle mit ihren vier dünnen Beinen nicht stehen. Ein Stuhl würde bei einem bestimmten Gewicht durchsacken und ein Tisch schon bei leichter Berührung wackeln. Die Matte dagegen harmoniert mit den Bambusdielen. Auf dem Lande ist unter anderem auch deswegen das Essen auf der Matte die gewohnte Art, Mahlzeiten einzunehmen.

Bequem **auf der Matte sitzen** heißt aber nicht, dass jeder sitzen kann, wie er will. Schneidersitz *(paen phnaen)* ist nur dem Herrn des Hauses oder hohen männlichen Gästen vorbehalten. Frauen und Kinder sitzen mit den Beinen schräg nach hinten abgewinkelt *(bát choeung)*. Damit bezeugen sie einer Person mit höherer sozialen Stellung ihren Respekt. So sitzen auch die Laien im Kloster vor Buddha und den Mönchen. Hocken mit beiden Knien in Höhe des Kinnes *(chaong haong)* gilt als unerzogen.

Wasser wird am Ende einer Mahlzeit angeboten. Europäer mögen sich wundern, warum beim Essen keine Gläser auf der Matte stehen. Ein Gastgeber, der noch stark traditionell denkt, hütet sich davor, dem Gast zeitig und ungebeten Wasser zu reichen, denn er denkt, das könnte von dem Gast als Hinweis darauf gewertet werden, dass die Mahlzeit zu Ende geht. Schroffer formuliert: *degn phgniev* (den Gast vertreiben). Viele Menschen stellen die Assoziation her, dass das Reichen von Wasser die Beendigung der Mahlzeit bedeutet. Im Zug der interkulturellen Beziehungen, die Kambodscha im Rahmen der Globalisierung erlebt, verliert diese Assoziation jedoch immer mehr an Bedeutung. Die Bewohner der Städte und der Ortschaften wollen Touristen, Geschäftsleuten oder Entwicklungshelfern Annehmlichkeiten bei der Einnahme von Khmer-Speisen bieten und servieren daher Wasser zu den Speisen.

Übrigens: Ein Wasserglas vorne rechts vor dem eigenen Essteller stört. Das Glas behindert jede Bewegung eines Rechtshänders, der ständig mit seinem Löffel nach den Speisen in den Schüsseln in der Mitte der Runde greift. Wird auf einer Matte gespeist und diese außerdem auf unebenen Bambusdielen ausgebreitet, würde ein Wasserglas mit Sicherheit bald umkippen. Vielleicht ist auch deshalb **phtel** weiterhin das beliebteste Trinkgefäß in den ländlichen Haushalten. *Phtel* sieht wie ein kleiner bauchiger Topf aus. Nur hat es keinen Griff und keinen Deckel und seine Materialstärke ist viel dünner als die eines Topfes. Es kippt nie um. Wird es nicht gebraucht, schwimmt es wie ein Boot im Wasserfass. *Phtel* wird aus Aluminium oder Silber hergestellt. Es gibt auch Plastikausführungen. Manche Bauern benutzen Kokosschalen als Trinkgefäße.

Bekleidung

Kleider machen Leute. Dieser Spruch scheint überall Gültigkeit zu besitzen, auch heutzutage in Kambodscha. Früher, das heißt vor etwa zweitausend Jahren, war das allerdings anders und viel einfacher. Die Menschen waren nach frühen chinesischen Berichten aus der Chin-Dynastie im Funan-Reich nackt. Auch in dem Gründungsmythos Kambodschas waren die Königin *Lieu Yi* und ihre Untertanen unbekleidet. In einem Feldzug wurde die Königin von einem Brahmanen namens *Hun Tien* besiegt. Er heiratete sie und wurde König. Da ihm missfiel, dass die Königin nichts anhatte, kleidete er sie mit einem Stück Stoff, das ein Loch besaß, wodurch ihr Kopf passte. Das war das erste Damenkleid im Reich Funan.

Spätere chinesische Berichte ab Ende des 5. Jahrhunderts geben Auskünfte darüber, dass sich die Menschen mit einem Stück Stoff bekleideten. Schenkt man dieser Gründungslegende Glauben, dann war es der den Brahmanismus verehrende König, der die Bekleidung eingeführt hat. Das würde bedeuten, dass die oberste politische Institution und die ethisch-religiösen Vorstellungen aus Indien die treibenden Kräfte bei der Bekleidung der Menschen waren.

Kinder im Vorschulalter

Die Einfachheit von früher kann heute nur noch eine kleine Gruppe von Menschen genießen: nämlich die kleinen Kinder. Bis etwa zum dritten Lebensjahr rennen sie auf dem Lande nackt herum. Die Mädchen werden schon etwas früher bekleidet. Die Jungen aber haben noch viel Freiheit. Keiner der älteren Leute in einer Familie macht sich Gedanken darüber, dass sich das nackt herumlaufende Kind erkälten könnte. Wie sollte es auch bei einer Durchschnittstemperatur von 27 Grad Celsius?

Die jahreszeitlichen Schwankungen betragen nur 3 bis 4 Grad, es ist also das ganze Jahr durchgehend warm. Die wenigen kalten Tage, an denen die Temperatur bis auf 20 Grad oder gar 15 Grad sinkt, bilden eine Ausnahme. Das Wetter scheint daher in Kambodscha nicht der Faktor gewesen zu sein, der die Menschen veranlasste, sich etwas anzuziehen. Da sich die kleinen Kinder noch nicht schämen und die Erwachsenen nichts dabei finden, laufen die Kleinen eben nackt herum. In der Stadt ist man in vielen Familien strenger geworden. Dort wird den Kleinen etwas angezogen, wenn Gäste kommen. Es reicht aber, wenn sie ein Höschen tragen. Der Oberkörper kann frei bleiben. Zuhause tragen die Mädchen einen weiten Faltenrock mit Gummizug und mit 4 oder 5 Jahren dann auch ein luftiges, kurzärmliges T-Shirt.

Während der Schulzeit

Wenn die Kinder das Schulalter erreichen, manche gehen mit 6 Jahren in die Schule, andere aber erst mit sieben, beginnt für sie ein neuer Lebensabschnitt. Sie müssen sich auf viele neue Dinge einstellen: sich korrekt anziehen, die Fingernägel kurz und sauber halten, ordentliche Schuhe anziehen und sich kämmen. Das Spielen und halbnackte Herumrennen zu Hause wird weniger. In der Schule lernen die Kinder die strenge gesellschaftliche Ordnung kennen. Das Aussehen, das Lernen, die Disziplin und der Umgang mit den Lehrern und den Mitschülern im Unterricht ist klar geregelt. Hier müssen sich die Kinder anpassen.

Die richtige **Schulkleidung** ist vom ersten Schultag an sehr wichtig. Für alle ist ein weißes Hemd oder eine weiße Bluse Pflicht. Schülerinnen tragen einfarbige dunkelblaue Röcke. Faltenröcke, die nach unten weiter fallen und bis zu den Knien reichen, sind bei den jungen Mädchen sehr beliebt. Etwa ab der 6. Klasse, wenn die Mädchen langsam kleine Damen werden, werden diese jungmädchenhaften Röcke nicht mehr gern getragen. Sie tragen dann den typischen kambodschanischen Rock *(sámput)*, der eine tiefe seitliche Falte hat. Er wird durch Häkchen am oberen Abschluss gehalten und fällt von der Hüfte bis zur Wade gerade herunter. In den höheren Klassen muss der Rock nicht unbedingt dunkelblau sein. Auch dunkelbraun ist möglich. Die Jungen tragen in den unteren Klassen noch gerne kurze Kakihosen. Ansonsten ist eine lange Hose in Kakifarbe, dunkelblau oder dunkelbraun das Richtige. Ab der 6. oder 7. Klasse tragen die Jungen ausschließlich lange Hosen. Sie schämen sich in kurzen Hosen, da sie finden, dass kurze Hosen nur etwas für die ganz Kleinen sind.

Wer sagt, wie man sich anziehen soll? Die Kinder in den unteren Klassen haben selbst gar keinen Einfluss auf das, was sie tragen. Sie werden von ihren Eltern angekleidet und in die Schule geschickt. Die Eltern selbst haben in ihrer Schulzeit auch Schulkleidung getragen und betrachten das daher als normal. Es ist eine Norm, die einfach akzeptiert und nicht hinterfragt wird. Die heutige Generation der Eltern im Kambodscha scheint diese Schulbekleidungsnormen verinnerlicht zu haben. Doch das ist in früheren Generationen nicht immer so gewesen.

Hierzu ein **Beispiel aus den 1960er Jahren.** Damals forcierte die zentrale Regierung die Alphabetisierung im ganzen Land. Auch in den entlegenen Gebieten im Osten und Nordosten des Landes, wo nationale Minderheiten lebten, die sich durch Jagen und Sammeln und durch Brandrodung ernährten und zum Teil ein nomadisches Leben führten, wurden Schulen gebaut. Die kleinen Minderheiten wurden damals mit dem Sammelbegriff *Khmer-Loeu* (die Khmer vom Hochland) bezeichnet.

Staatliche Lehrer wurden in diese Region gesandt und die Menschen dort wurden aufgerufen, ihre Kinder in die Schulen zu schicken. Auch ihre Kinder sollten Schulkleidung tragen und so kamen die Kinder der *Khmer-Loeu* in Kakihosen und weißem Hemd in die Schule. Aber sobald der Unterricht beendet war, zogen sie Hose und Hemd aus, legten den Lendenschurz wieder an und gingen mit freiem Oberkörper.

Hier prallten zwei kulturelle Normen aufeinander. Auch die *Khmer-Loeu* hatten ihre „Schule". Nur ihre Schule war nicht von ihrem Leben getrennt. Die Kinder lernten das Handwerk des Jagens oder des Reisanbaus von den erwachsenen Mitgliedern ihrer Familie. Daher kamen sie gar nicht auf die Idee, zwischen Alltags- und Schulbekleidung zu unterscheiden. Für die Eltern der Hochland-Khmer musste die Verordnung über das Tragen einer Schulkleidung etwas sehr Fremdes gewesen sein, denn der Lendenschurz war ein charakteristisches Merkmal verschiedener ethnischen Gruppen der Region. Sie befolgten aber die Anordnungen, denn die Schulen waren ja Teil der zentralen Staatsmacht.

Was passiert, wenn man die Normen verletzt? In Sachen Bekleidung gibt es bei den kambodschanischen Schülern weniger Probleme. Die Kinder passen sich schnell an die Schulordnung an. Sie machen keinen Aufstand, weil sie eine „Uniform" tragen müssen. Auch für die Großen ist das kein Thema. Nach dem Abitur, wenn sie zur Universität gehen, ziehen sie sich weiterhin wie in der Oberstufe an. Wer sich dagegen auflehnt, bekommt Ärger. Die **Bekleidungsnorm** darf nicht umgangen werden.

Jeans zum Beispiel sind zwar auch dunkelblau, dürfen aber in der Schule nicht getragen werden. Die Kambodschaner sagen zu Jeans *khao-khawboy* (Cowboyhose). Cowboyhosen sind für Rinderzüchter oder für die Freizeit bestimmt. Sie haben im offiziellen Rahmen nichts zu suchen. Es wird von der Schuldirektion und dem Lehrerkollegium als Ausdruck der Respektlosigkeit aufgefasst, wenn Jeans in der Schule getragen werden. Harsche Beschimpfungen durch den Lehrer, ein Verweis aus dem Unterricht oder ein Gespräch beim Direktor können die Folge sein. Natürlich gibt es immer wieder Jungen, die es wagen, Jeans zu tragen. In der Lon-Nol-Zeit waren das oft Kinder von hohen Militärs, deren Macht so groß war, dass es die Lehrer nicht wagten, etwas dagegen zu unternehmen. Damals wie heute ist für diese „harten Kerle" das Klassenzimmer nicht der Ort, an dem sie gerne verweilen. Von den Mitschülern werden sie als Rowdys angesehen.

Auch die **Frisur** und die Schuhe müssen gepflegt aussehen. Für die Jungen ist ein kurzer Haarschnitt ein Muss. Die Mädchen können lange oder halblange Haare tragen. Als die Hippie-Welle Anfang der 1970er Jahre Kambodscha erreichte, trugen manche Jungen lange Haare. Die Schule und die Öffentlichkeit bewerteten solche Langhaarfrisuren bei Jungen als abartig und als Verstoß gegen die gute Tradition der kambodschanischen Gesellschaft.

In der Zeit der Überspitzung kursierten Gerüchte, dass an manchen Tagen in Phnom Penh am Straßenrand Militärposten aufgestellt wurden, um diese Jugendlichen anzuhalten und ihnen einen Kurzhaarschnitt zu verpassen. Was die **Schuhe** betrifft: Für Schüler und Schülerinnen gelten Ledersandalen als sehr respektvoll. Badelatschen sind auch akzeptiert. Geschlossene Lederschuhe gelten als etwas gehoben. So etwas tragen eher Schüler der höheren Klassen oder Studenten. Abstand sollte man aber von zu bunten Sportschuhen oder Militärstiefeln nehmen.

Durch die Schulkleidung gibt es zwar keine Konkurrenz unter den Schülern in Bezug auf Markenkleidung. Ihr eigentliches Hauptziel besteht aber nicht darin, die Kinder und Jugendlichen anzuregen, über ein vernünftiges Konsumverhalten nachzudenken. Die Schüler konkurrieren nämlich untereinander mit teuren Füllern, Uhren, Mopeds usw. Nein, Schulkleidung ist dazu da, dass die jungen Menschen lernen, sich absolut an die herrschenden gesellschaftlichen Normen anzupassen und die ihnen zugewiesene Rolle in dieser stark hierarchisierten Gesellschaft – in diesem Fall die Rolle als Schüler – zu akzeptieren.

Zu Hause in ihrer **Freizeit** tragen die Mädchen bis 12 oder 13 Jahre den weiten Rock mit Gummizug aus Baumwollstoff. Der Rock reicht bis zu den Knöcheln. Eine kurzärmlige Bluse passt dazu. Größere Mädchen tragen einen Sarong mit Blumen- oder anderen Mustern. Die Jungen gleichen Alters tragen oft eine kurze Hose und ein kurzärmeliges T-Shirt. Wem ein Hemd wegen der Hitze zu warm ist, zieht keins an. Bis heute gehen viele Männer zu Hause mit freiem Oberkörper. Sie tragen nur einen Sarong oder eine Hose. Jeans sind bei Jugendlichen sehr beliebt.

Die Erwachsenen

Das Erwachsenenalter bringt einem Kambodschaner **Würde** und diese Würde muss er pflegen. Das tut er auf verschiedene Weise. Er hält Abstand zu kleinen Kindern. Das heißt, er agiert nicht mehr als Spielgefährte für Kinder wie früher. Er spricht standesgemäß als Älterer zu den Jüngeren. Und er zieht sich wie ein Erwachsener an: Der Mann **in der Stadt** trägt zu Hause einen Sarong oder eine Hose und ein T-Shirt. Mit der kurzen „Kinder"-Hose ist es schon lange vorbei. Wer eine kurze Hose anzöge, wie es in westlichen Ländern modern ist und es sich vom Wetter her anböte, würde von der Gemeinschaft schief angesehen und nicht ernst genommen werden. Frauen tragen gerne einen Sarong zu Hause.

Auf dem Lande gibt es keine Trennung zwischen Haus- und Arbeitsbekleidung. Bei der Arbeit auf dem Reisfeld oder auf der Obstplantage ziehen Frauen schwarze oder dunkle Röcke aus Baumwollstoff an. Die Oberbekleidung bildet häufig eine Bluse oder ein T-Shirt. Bis in die 1970er Jahre trugen viele Reisbäuerinnen bei der Arbeit gerne ein „Röhrenhemd" (**aw-bámpung**). Man nennt dieses Kleidungsstück so, weil es wie eine Röhre von der Schulter bis zu den Knien gerade herunter reicht. Das Röhrenhemd ist schwarz und meist langärmlig. Wenn die Männer die Felder pflügen und eggen, tragen sie häufig schwarze Kniehosen aus Baumwollstoff und ein einfaches Hemd. Genauso ziehen sich Männer an, die auf die Zuckerpalmen klettern, um die Bambusgefäße mit dem Palmensaft herunter zu holen. Bei solchen Arbeiten tragen manche Männer kein Hemd. Die Kniehosen, die viele Cyclo-Fahrer in Phnom Penh wegen der Beinfreiheiten gerne tragen, sind denen der Reisbauern nachempfunden.

Als die Roten Khmer 1975 an die Macht kamen und den **Bauernkommunismus** in Kambodscha errichteten, ordneten sie an, dass alle im ganzen Land, egal ob Mann oder Frau, alt oder jung, klein oder groß, **schwarze Bekleidung** tragen mussten. Bunte Blusen mit Blumenmustern wurden als Erbschaften des Imperialismus, der Ausbeutergesellschaft, angesehen. Das Tragen schwarzer Bekleidung, wie sie die Bauern immer getragen haben, galt als revolutionär und war gut angesehen. Auch *Pol Pot* selbst als Premierminister und andere Persönlichkeiten aus der Regierung der Roten Khmer ließen sich gerne in der Bauernbekleidung mit einem *kráma* (einem Stoff mit kariertem Muster) um den Hals fotografieren. Der Bauernlook wurde zur Uniform für die ganze Gesellschaft. Für die Menschen, die von den Städten aufs Land deportiert wurden, hieß es, alle farbigen Sachen mithilfe bestimmter Früchte oder Baumrinden schwarz kochen. Erst mit dem Sturz *Pol Pots* im Jahr 1979 verschwand der Bauernlook wieder aus dem öffentlichen Leben in den Städten.

In den **Behörden und Büros** tragen die Männer heute ein weißes Hemd und eine dunkle Stoffhose. Die Frauen tragen einen dunklen Rock. In manchen Bereichen gibt es eine Uniformpflicht, wie z. B. bei den Soldaten, Polizisten und Zöllnern. Ärzte und Krankenschwestern tragen weiße Kittel bei der Arbeit. In vielen Fabriken ziehen sich die Arbeiterinnen und Arbeiter Betriebsuniformen an. Bei offiziellen Anlässen in der höheren Verwaltung tragen die Herren einen Anzug und die Damen ein Kostüm mit einem kambodschanischen Rock, der vorne eine tiefe Falte hat.

In den Büros wird erwartet, dass Männer zumindest ordentliche Ledersandalen tragen. Bei wichtigen Angelegenheiten tragen sie geschlossene Lederschuhe. Für Frauen sind Ledersandalen geeignet. Sie tragen aber auch gerne Pumps.

Parlamentarier und **hohe Regierungsmitglieder** lassen sich auch den traditionellen *kben* und eine weiße Jacke mit Stehkragen und goldenen Knöpfen schneidern. Diesen Anzug tragen sie, wenn sie zu bestimmten Feierlichkeiten im Parlament oder am Königshof gehen. **Kben** ist ein großes Stück Stoff, das man zunächst wie einen Rock um die Hüfte befestigt. Ein größerer Teil des Stoffes wird jedoch nicht um den Körper gelegt, sondern vorne übrig gelassen. Dieser Teil wird zunächst direkt unter dem Bauchnabel mit einem Gürtel befestigt und kunstvoll zu einer Falte gelegt. Kurz unter den Knien wird der Stoffteil unterhalb dieser Falte zu einer Art Rolle gedreht, die zwischen den beiden Beinen des kben-Trägers nach hinten durchgezogen und hinten an der Taille mit dem Gürtel befestigt wird.

Kben war einst ein sehr angesehenes Beinkleid. Erst durch den Einfluss der Kleiderregeln der Franzosen, die fast hundert Jahre lang über das Land herrschten, wurden *khao-barang* (Franzosenhosen) nach und nach zum Inbegriff des Modernen in der Verwaltung und der Stadt. So wurde *kben* in der Stadt immer mehr verdrängt und das Tragen beschränkte sich auf religiöse und wichtige private Feierlichkeiten.

Auf dem Lande trugen bis zur Kriegszeit ältere Frauen immer noch gerne *kben*. Auch heute findet man in den Dörfern noch ältere Frauen, die *kben* tragen. Wer am Königshof im *kben* erscheint, muss die alten Regeln, an welchem Tag welche Farbe getragen wird, kennen. Dieses Wissen ist

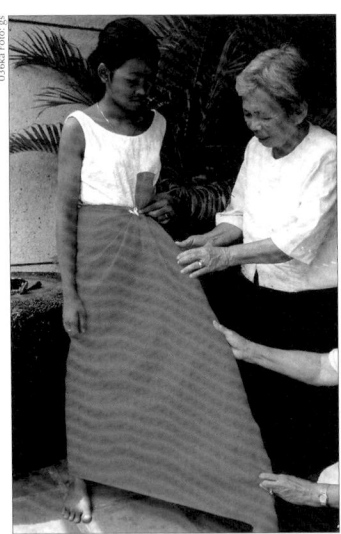

erstens wichtig, weil man nicht als einziger in Rot erscheinen möchte, während alle anderen Persönlichkeiten blau tragen. Zweitens ist das Wissen wichtig, weil Kambodschaner glauben, dass die Auswahl der richtigen Farbe einem Erfolg und Wohlergehen beschert. Ein großer Teil junger Menschen heutzutage kennt die Farbenregeln nicht mehr.

Das Tragen ihrer wertvollen **Seidenröcke** heben sich die Frauen für besondere Feierlichkeiten auf. Die Röcke heißen *hol* und *phamuong*. Beides sind Stoffbezeichnungen, die aber auch als Begriffe für die Röcke verwendet werden. Der Schnitt ist gleich. Es handelt sich um den typischen Khmer-Rock, der schon weiter oben beschrieben wurde. *Hol* hat oft eine rotbraune Grundfarbe, worauf sich kleine abstrakte Blumenmuster in goldgelben Farben befinden. *Phamuong* gibt es in dunkelbraun, glänzend grün oder blau und auch in anderen Farben. Dieser Stoff hat im Gegensatz zu *hol* kein Blumenmuster. Viele Frauen tragen auch gerne *Soeung*. Auch hier gibt es keinen Formunterschied zu den anderen Röcken. Nur der Stoff ist anders. *Soeung* kann auch aus Baumwolle hergestellt werden. Er ist daher pflegeleichter und nicht so wertvoll wie die beiden oben genannten Röcke, die nicht einmal gewaschen werden dürfen. Der *Soeung* hat eine Grundfarbe.

Im unteren Bereich des Rocks, etwa ab Kniehöhe bis zur halben Wade verlaufen mehrere relativ breite Querstreifen in kontrastierenden Farben. Manche *Soeung* haben schon von oben an in größeren Abständen feine Querstreifen, die sich farblich jedoch nicht so sehr vom Untergrund abheben. Erst die unteren großen Streifen sollen den Kontrast bilden. Zu diesen Röcken tragen Kambodschanerinnen gern Blusen aus Spitzenstoff. Weiß, goldgelb, rosa oder auch grün sind beliebt. Ländliche Frauen mögen satte und knallige Farben. Die Stadtfrauen tragen eher dezentere Farben und belächeln die Frauen vom Lande wegen ihres Farbgeschmacks. Bei dieser traditionellen Kleidung der Frauen gab es über viele Generationen nur wenige Formveränderungen.

Das Schöne liegt nicht im Schnitt, sondern im Stoff, in der Farbe und in den Nahtstichen. Hier liegt das Ästhetische, man lobt den Weber und den Schneider. Die Beständigkeit der Form stiftet auch Identität.

Unter anderem auch durch diese einheitliche Form und die damit verbundene Tradition begreifen sich die Frauen als kambodschanische Frauen, als Teil einer Nationalität.

Seit etwa Mitte des 20. Jahrhunderts orientieren sich immer größere Kreise der städtischen Bevölkerung an den Modevorstellungen aus

> **Das Tragen der richtigen Farbe**
>
> Die Vorfahren der Kambodschaner haben diese Farbregel als Kurzgedicht gefasst. Die sinngemäße Übersetzung lautet:
>
> Sonntag mag hell- oder dunkelrot,
> Montag orange,
> Dienstag lila,
> Mittwoch schilfgrün schillernd, die Schönheit,
> Donnerstag hellgrün wie ein junges Bananenblatt,
> blau braucht man für den Freitag,
> dunkelblau hebe auf für den segenreichen Sonnabend.
> Wer den Weisen folgt, erfährt nur Wohlergehen und viel Erfolg.

Europa. Durch die Anlehnung an die **europäische Mode** verändern sich die Trends bei Formen und Farben viel schneller als vorher. In den 1960er Jahren waren auch in Phnom Penh bei Frauen Rinderbuckelfrisur (Dutt), Omegafrisur, schwarze Brille und taillenbetonte Blusen ohne Ärmel beliebt. Die Männer blieben bei ihren normalen Hosen und Hemden. Dann kamen die 1970er Jahre mit *khao-patt* (Schlaghose). Außerhalb der Schulen und öffentlichen Einrichtungen tobte unter den jungen Erwachsenen der Kampf um die größte Weite der Hosenbeine. Die Roten Khmer setzten dem bunten Treiben mit einem Schlag ein Ende.

Aber nach dem Ende ihres Regimes waren die weiten Hosenbeine wieder da. Die Mode der beginnenden 1970er Jahre war vier Jahre lang eingefroren. Erst etwas später bemerkte man in Kambodscha, dass die weiten Hosenbeine in anderen Ländern schon lange nicht mehr in Mode waren. Durch die Handelsbeziehungen mit Thailand und anderen Nachbarländern kamen dann Jeans, die nach unten hin enger geschnitten waren, ins Land.

In der Folgezeit kamen dann auch andere Modewellen ins Land gerollt. Nach den Wahlen im Jahr 1993 und der vollkommenen Öffnung des Landes erfolgt der Wettlauf um die neuesten **Modetrends** im privaten Bereich in rasanter Geschwindigkeit. Filmstars, Sänger, TV-Moderatoren und Werbung beeinflussen in starkem Maße das Modebewusstsein der Menschen. In Phnom Penh sieht man jetzt auch junge Frauen im neuesten MTV-Look mit ihren Mopeds durch die Straßen kurven. Man kann sagen, dass im heutigen Kambodscha die Verflechtung der Massenmedien mit der Bekleidungsindustrie den Hauptfaktor für die schnellen Veränderungen im Modebereich darstellt.

Im Alter

thwö bon toan bámpung ká tscho
(Tue Gutes, solange sich die Speiseröhre in der Senkrechte befindet.)
(Bedeutung: Tue etwas für ältere Menschen, solange sie noch leben.)
Kambodschanische Weisheit

Menschen in höherem Alter erfahren großen Respekt durch die Gesellschaft. Als alt gilt jemand, der über 50 Jahre ist. Um den Respekt zu wahren, muss man sich altersgemäß anziehen. Das bedeutet für Frauen ein schwarzer Rock und eine weiße Bluse und für Männer eine dunkle Hose und ein weißes Hemd. Auf dem Lande gilt *khao lanh* für Männer als sehr angemessen. *Khao lanh* ist eine knopflose Hose aus einem schwarzen, glänzenden Stoff. Diese Hose ist oben sehr weit geschnitten und wird ähnlich wie ein Sarong getragen. Das heißt, man steckt einen Zipfel vom Stoff an einer Seite der Hüfte fest und hält die Hose mit einem Gürtel. Ältere Männer mit solchen Hosen sieht man häufig bei Festlichkeiten in den buddhistischen Klöstern. Auch die Frisur muss stimmen. Frauen tragen nur noch kurze Haare. Bei Männern ändert sich da wenig, nur dass die Haare weiß geworden sind.

Wohnen – gestern und heute

Wohnen gestern

Die Funanesen bewohnten Häuser aus geflochtenem Bambus oder Nipa-Palmen. Ihre Häuser standen auf Stelzen. Diese **Stelzenbauweise** ist bis heute bei verschiedenen Bergstämmen Südostasiens bekannt.

Am Ende des 13. Jahrhunderts, als der chinesische Gesandte *Chou Ta-Kuan* das Angkor-Reich besuchte, sah er die unterschiedlichen Wohnweisen der Menschen. Er schrieb, dass sich der **Königspalast,** die amtlichen Gebäude und Häuser der hohen Persönlichkeiten nach Osten richteten. Die Ziegel des zentralen Turmes des Palastes waren aus Blei. Andere Teile des Palastes waren mit gelblichen Ziegeln aus Ton bedeckt. Riesige Türstürze und Säulen hatten eingemeißelte oder aufgemalte Buddhabildnisse als Dekoration. Lange Kolonnaden und offene Korridore dehnten sich aus und standen in harmonischer Beziehung zueinander. In dem Raum, in dem der König die Staatsangelegenheiten leitete, gab es ein goldenes Fenster. Links und rechts von diesem Fenster waren etwa 40 Spiegel an viereckigen Säulen angebracht. Unter dem Fenster befand sich ein Elefantenfries. *Chou Ta-Kuan* hörte, dass es in dem Palast viele fantastische Orte geben sollte, zu denen er aber keinen Zutritt hatte.

Die **Wohnhäuser der Prinzen** und hohen Beamten unterschieden sich in Größe und Form von denen des gemeinen Volkes. Die Größe der Häuser stand mit dem Rang des Beamten, der darin wohnte, im Zusammenhang. **Familientempel** und wichtige Gebäude waren mit Ziegeln bedeckt, die Häuser der einfachen Leute hingegen mit Stroh. Keiner von ihnen hätte es gewagt, auch nur einen Ziegel auf seinem Dach anzubringen, um nicht mit den hohen Persönlichkeiten zu konkurrieren.

Ob die Häuser, die *Chou Ta-Kuan* gesehen hat, auf Stelzen standen oder sich zu ebener Erde befanden, wissen wir nicht. Auf den Reliefs der Tempel Banteay Srey (10. Jh.) und Bayon (12. und Anfang 13. Jh.) sind Häuser auf Stelzen zu sehen. Am Tempel Preah Khan, der aus derselben Zeit wie der Tempel Bayon stammt, blieb ein zweigeschossiges, von Säulen getragenes Steingebäude erhalten. Aus Erzählungen und Bildern der Nach-Angkor-Zeit weiß man, dass die Khmer auch weiterhin in Häusern, die auf Stelzen standen, lebten.

Durch die Kontinuität wurde der Stelzenbau zu einem wichtigen Charakteristikum der Khmer als ethnische Gruppe. Dazu gibt es aus der neueren Geschichte des Landes eine Anekdote: In der Kolonialzeit haben die Franzosen Kantonchinesen als Vertragsarbeiter nach Kambodscha geholt, um auf den Kautschukplantagen zu arbeiten. Die Häuser für die Chinesen waren zu ebener Erde gebaut. Nach der Erringung der Nationalen Unabhängigkeit gingen die Chinesen zurück. Khmer-Arbeiter wurden eingestellt und sollten in die Häuser der Chinesen einziehen. Aber die Khmer-Arbeiter lehnten das kategorisch ab. Sie konnten nicht zu ebener Erde wohnen. Auch die Vietnamesen bauen ihre Häuser gern zu ebener Erde oder auf einem Erdsockel.

Wohnhäuser heute

In Phnom Penh wird es von Tag zu Tag schwieriger, herauszufinden, was eigentlich die typische kambodschanische Wohnweise ist. Mehrgeschossige Wohnblocks, Hotels und mächtige Glasgebäude dominieren zunehmend die Hauptstraßen. Die **hohen Häuser** machen auch vor den Nebenstraßen keinen Halt. Grundstücke, auf denen einst ein Holzhaus stand, werden verkauft und neu bebaut. Entsteht ein Zwei- oder Dreigeschosser, will auch der Nachbar ein ebenbürtiges Gebäude hochziehen – wenn er es sich finanziell leisten kann. Denn niedriger als die anderen zu wohnen ist nicht gut. Kambodschaner glauben, dass das Glück dadurch heruntergedrückt wird. So etwas kann sich schlecht auf die Geschäfte oder die

Karriere auswirken. Ein Wettlauf beginnt. Wer es sich nicht leisten kann, allein zu bauen, nimmt Kontakt zu einem Bauunternehmer auf und macht ein so genanntes „Fifty–Fifty–Geschäft". Eigentlich braucht man den Kontakt gar nicht erst zu suchen, denn Grundstücksbesitzern in Phnom Penh werden ständig solche Angebote gemacht.

Bei dieser Art von Geschäft stellt der Grundstücksbesitzer sein Grundstück für die Bebauung zur Verfügung. Der Bauunternehmer errichtet dort ein hohes Haus, das in der Regel aus mehreren Wohnungen besteht. Nach Fertigstellung gehören das Haus und das Grundstück je zur Hälfte dem ursprünglichen Grundstücksbesitzer und dem Bauunternehmer. Auf diese Weise kann man auch so hoch bauen wie der Nachbar. Bei so einem Geschäft geht es vorrangig um die Masse. Je höher das Haus, desto höher die Mieteinnahmen oder desto mehr Käufer für die einzelnen Wohnungen. Infolge dieser Geschäfte werden üblicherweise Wohnblocks gebaut, aber keine Villen oder gar schöne traditionelle Holzhäuser.

Eine Villa baut nur ein Grundbesitzer, der sie auch aus eigener Tasche bezahlen kann. Traditionelle Holzhäuser werden in der Stadt kaum noch gebaut. Sie gelten als unmodern. Solche Häuser bauen nur noch vermögende Liebhaber oder Menschen, die wirklich nicht genug Geld für ein Steinhaus haben und ihr Grundstück auch nicht teilen wollen. Vor allem aus Sicherheitsgründen (Diebstahl) wohnt man lieber in einem Steinhaus.

Traditionelle Khmer-Häuser

Traditionelle Khmer-Wohnhäuser findet man aber noch auf dem Lande. Die traditionellen **Stelzenhäuser** der Kambodschaner haben einen rechteckigen Grundriss. Sie sind oft 12 Meter lang und 6 Meter breit. Die Fläche ist dreigeteilt in Veranda, Wohnbereich und Küche. An der Veranda befindet sich eine Holztreppe. Viele Häuser stehen auf 20 Pfählen. Das heißt, sie haben vier Pfahlreihen à fünf Pfähle. Die Pfähle sind etwa 2 Meter hoch. Die Höhe des Hauses ohne Pfähle beträgt rund 6 Meter. Abhängig vom Reichtum der Bewohner sind die Dächer mit Palmenblättern oder roten Ziegeln gedeckt. In neuerer Zeit decken die Leute ihre Häuser auch mit Zinkblech oder ähnlichen Materialien. Die Hauswände bestehen aus Palmblattgeflechten oder aus Holz.

Dass die Häuser auf Pfählen stehen, hat weniger mit dem Schutz vor Überschwemmungen zu tun, denn Häuser werden normalerweise in höher gelegenen Teilen der Siedlungen gebaut. Auch in Gebieten weit ab von Flüssen oder Flussarmen, wo kein Hochwasser zu befürchten ist, stehen die Häuser auf Stelzen. Die Kambodschaner glauben, dass es sich in einem hochgelegenen Haus gesünder wohnt als zu ebener Erde. Dieser Glaube hat auch seine praktische Seite. Solche Häuser passen sich gut den natürlichen Bedingungen des Landes an. Immer zieht eine Brise durch die Türen und Fenster des Hauses und auch unter dem Haus gibt es Luft. Übermäßige Hitze oder Feuchtigkeit werden auf natürlicher Weise reguliert. Außerdem bietet so ein Haus in der Regenzeit mehr Sicherheit vor Kriechtieren wie Schlangen, Skorpionen und anderen kleinen Tieren, die sich gerne trockene Schlafplätze suchen.

Anhand der **Dachformen** werden fünf Grundtypen der Khmer-Häuser unterschieden. Trotz unterschiedlicher Dachkonstruktionen bleibt die Teilung in Veranda im Vorderbereich, Wohnfläche in der Mitte und Küche im hinteren Bereich als das Grundprinzip der Raumteilung der Khmer-Häuser erhalten.

Die einfachste Dachkonstruktion haben Häuser vom Typ *pteah khmer* (Khmer-Haus). Sie haben ein hohes und sehr spitzes Dach. Die beiden Dachflächen fallen steil herab. Dieser Haustyp gehört zu den ältesten in Kambodscha.

Ähnlich einfach sind die Dächer des Typs *pteah rong* konstruiert. Die beiden Dachflächen fallen jedoch nicht so steil herab wie bei dem Typ *pteah khmer*. Sie sind von der Form vergleichbar mit dem Satteldach deutscher Häuser. Der Unterschied zum Satteldach besteht aber darin, dass die Dachfläche auf einer Seite um ein kleines Abdach verlängert wird. Diese Verlängerung überdacht den Küchenraum, der von außen gesehen wie ein kleiner Anbau wirkt. Die Küche befindet sich in der Regel im hinteren Bereich des Hauses. Manche nennen diesen Haustyp auch *pteah kantang*. Größere Häuser des Typs *pteah rong* haben ein Paralleldach bestehend aus drei Satteldächern. Das Vorderdach überdeckt die Veranda. Es ist kleiner als das Mitteldach, welches den Schlafbereich bedeckt. Und schließlich überdeckt das dritte Dach, das genauso groß wie das Vordach ist, die Küche. Die ungleichen Dachgrößen erklären sich aus der unterschiedlichen Länge der einzelnen Bereiche des Hauses und verhindern, dass Monotonie aufkommt. Bisweilen begegnet man auch Häusern mit mehr als drei Paralleldächern.

Eine beliebte Dachkonstruktion gehört zum Haustyp *pteah poet*. Das Dach besteht aus vier Dachflächen und ist relativ flach. Zwei Dachflächen, die sich am First treffen, sind trapezförmig. Die beiden anderen, die beide Trapeze seitlich miteinander verbinden, haben die Form von Dreiecken. Hier wird diese Dachform Walmdach genannt. Das Dach überdeckt in der Regel ein ganzes Haus. Ab und zu sieht man aber auch Häuser mit einem zusätzlichen niedrigeren Walmdach an der Vorder- oder Hinterseite.

Zwei weitere Grundformen sind *pteah rong daol* und *pteah rong doeung*.

Bei ersterem wird am Fuß des Giebels der vorderen Hausseite eine trapezförmige Dachfläche angebracht, die beide Seitendachflächen miteinander verbindet. Bei letzterem ist diese Dachverlängerung auch auf der hinteren Seite des Hauses zu sehen. Diese Dachkonstruktionen erinnern an die hier bekannten Fußwalmdächer.

Traditionell richten sich die Khmer-Häuser wie auch die Tempel nach Osten, denn im Osten geht die Sonne auf. Der Sonnenaufgang ist Symbol des neuen Lebens. Mit wachsender Urbanisierung und dem Ausbau des Straßennetzes richten sich die Häuser aber immer mehr zur Straße.

Wie wohnt man in einem Khmer-Haus? Nach den traditionellen Vorstellungen vom Hausbau bildet die **Veranda** mit der Treppe, die von unten nach oben führt, die Vorderseite des Hauses. Der mittlere Teil ist der **Schlafbereich.** Hinten liegt die **Küche.** Bis heute befindet sich in den ländlichen Gebieten die **Toilette** in einem getrennten Häuschen auf dem hinteren Teil des Grundstücks. Gäste kommen eigentlich nur in den Bereich der Veranda. Engere Verwandte können auch den Schlafbereich oder die Küche betreten. Es ist auch heute noch so, dass Kambodschaner mit ihren Gästen auf der Veranda auf einer Matte sitzen. Es stehen zwar meistens Stühle dort, aber sie werden nur für offizielle Anlässe verwendet. Für den täglichen Bedarf sind sie entbehrlich.

Verlässt man die Veranda, kommt man in den mittleren Bereich des Hauses, der den Hauptteil bildet. Er besteht zunächst aus einer großen freien Fläche. Auf der einen Seite unter dem Fenster steht häufig ein breites Bett.

Etwa ab der Mitte des Raumes nach hinten verlaufend befinden sich die **Schlafzimmer** der Eheleute und Kinder. Sie sehen wie Büroabteile, die man in eine Ecke des Raumes gestellt hat, aus und wirken in dem großen Raum wie Fremdkörper. Häufig sind sie nur so groß, dass gerade ein Bett und ein winziger Schrank Platz haben. Früher gab es diese Schlafzimmer gar nicht. Am Abend breiteten die Menschen in einer Ecke des großen Raumes ihre Matten aus, spannten die Moskitonetze auf und schliefen dort. Für Ehepaare wurde ein Vorhang vorgezogen oder eine spanische Wand aufgestellt. Am Tag wurde alles wieder weggeräumt und man hatte eine große freie Fläche. An den Wänden des großen Raumes standen auch Truhen oder Schränke, wo jeder seine Dinge verstauen konnte.

Früher baute man höchstens für die erwachsene Tochter einen Schlafraum, der sich oft neben der Küche befand. Das **Leben ohne eigenen Raum** erklärt sich daher, dass individualistische Freiräume über Jahrhunderte nicht zu den Hauptbedürfnissen der Kambodschaner gehörten. Den Tag verbrachte man immer gemeinsam mit den anderen. Keiner blieb allein. Bis heute haben Kambodschaner ein geringes Bedürfnis nach per-

sönlicher Abgeschiedenheit. Die kollektivistische Lebenseinstellung ist also der Hauptgrund dafür, dass tagsüber der mittlere Teil des Hauses für alle zugänglich war. Doch wie bei vielen anderen Dingen des Lebens erfuhr auch diese Lebensphilosophie mit der Zeit eine sanfte Veränderung.

Der große Raum ist geblieben, aber man sieht jetzt die kleinen, fremdartigen Abteile darin. Sie wirken immer noch fremdartig, weil die feinen Züge des Individualismus historisch gesehen noch zu jung sind, um eine harmonische Beziehung zum kollektivistischen Raum im traditionellen Khmer-Bau entfalten zu können. Auch wenn einigen Bewohnern des Hauses die kleinen persönlichen Räume gewährt werden, darf ihre Rolle nicht überbewertet werden, denn in diesen Räumen spielt sich nicht hauptsächlich das Leben des Bewohners ab. Sie bleiben Schlafkabinen. Kambodschaner sind bis heute oft und gerne zusammen.

Am Tag ist auf dem Lande die große Pritsche unter dem Haus der Hauptversammlungsort. Dort verlesen die Mutter und die Tochter Gemüseblätter, dort sitzt die Großmutter und schaukelt den Enkel in der Hängematte, dort wird gegessen und ein Nickerchen gemacht. Auf der Pritsche flickt die Frau die Löcher in den Hosen und unterhält sich mit den Nachbarinnen, die am Nachmittag zu Besuch kommen. Unter manchen Häusern stehen Webstühle. Tagsüber ist dieser Ort Arbeitsplatz für die Familienmitglieder.

Über Generationen war die **Veranda der Mittelpunkt des Abends.** Dort unterhielten sich die Erwachsenen. Die Kinder hörten dem Großvater zu, der Buddha-Legenden erzählte. Jemand las beim Schein der Öllampe eine Geschichte von einer alten „Sastra" (Palmblattmanuskript).

Auf der Veranda genoss man die kühle Brise des Abends vor dem Zubettgehen. Dann begann die **Ära der Fernseher.** In den 1990er Jahren hielt das Fernsehen auch in den entlegenen Winkeln des Landes Einzug. Dort, wo noch keine Stromleitungen gelegt sind, zapfen die Leute den Strom aus Autobatterien oder kleinen Generatoren. So können am Abend für eine Weile Neuigkeiten und Spannung ins Haus geliefert werden. Da der Fernseher ein wertvolles Gerät ist, sucht der Hausherr für ihn einen gebührenden Platz. Die Veranda ist dafür nicht geeignet. Dort könnte es hineinregnen und das Gerät eventuell beschädigt werden. Wenn man ins Bett geht und die Tür zur Veranda verschließt, würde das teure Gut einsam im Freien stehen, was so manchen Langfinger in Versuchung führen könnte.

Der beste Platz für den Fernseher ist daher der Mittelbereich des Hauses. Er wird dort in einer Ecke aufgestellt und Jung und Alt sitzt im Halbkreis davor. So verlagert sich der Mittelpunkt des Abends von der Veranda in die Hausmitte. Nur Großvater, dem der ganze Fernsehrummel nicht so sehr am Herzen liegt, sitzt auf der Veranda, raucht seine selbst gedrehten Zigaretten und schaut in die Dunkelheit. Ist der Film zu Ende oder der Abend schon weit vorangeschritten, geht jeder in seine Schlafkabine. Wer keine hat, bereitet sich seinen Schlafplatz auf dem Boden des mittleren Raumes. Innerhalb kürzester Zeit verwandelt sich die große freie Fläche zu einem schwer überwindbaren Dschungel aus weißen und dunklen Moskitonetzen, deren Schnüre wie Tentakel in den ganzen Raum greifen. Am nächsten Tag wird alles wieder weggeräumt.

In den traditionellen Häusern auf dem Lande beherbergt der hintere Bereich des Hauses nicht nur die Küche. Sie macht nur die Hälfte des Raumes aus. Die andere Hälfte wird als **Speicher** für den Reis, den man auf seinen Feldern geerntet hat, und als Abstellplatz für verschiedene Geräte verwendet. Manchmal befindet sich neben dem Speicher auch ein kleiner Schlafraum für eine erwachsene Tochter. Menschen in der Stadt, die nach wie vor traditionell wohnen, machen aus dem Speicher und dem Lagerraum ein Esszimmer. Dort steht eine große Pritsche, worauf die Familie gemeinsam diniert.

Phteah rong -
Wer hier wohnt, braucht keine Klimaanlage

Wohnblocks

Der Wohnblock ist eine der drei Grundformen der Wohnhäuser in Kambodscha. Die Kambodschaner nennen solche Häuser *phtea lveng* (Reihenwohnungen). Die Bezeichnung beschreibt die Gestaltung des Wohnblocks sehr treffend. Es sind Wohnungen, die aneinander und übereinander gereiht sind. Sie sind in der Regel vier Meter breit und 15 oder 20 Meter lang. Besteht der Wohnblock aus vier Stockwerken mit vier Wohnungen pro Etage, sind es insgesamt 16 Wohnungen. Davon können theoretisch 8 Wohnungen, die links und rechts außen liegen, Fenster zur Seite haben. Die anderen 8 Wohnungen in der Mitte haben die Fenster nur nach vorne und nach hinten hinaus.

Da Grundstücke in der Stadt sehr teuer sind, stehen oft auch auf den Nachbargrundstücken Wohnblocks. Die Blocks stehen so dicht nebeneinander, dass man manchmal gar nicht merkt, wo einer anfängt und der andere aufhört. Durch diese enge Bebauung haben die meisten Außenwohnungen von vornherein keine Chance auf ein Fenster zur Seite. Diese Wohnform ist noch nicht sehr alt.

Die **ersten Wohnblocks** entstanden am Ende des 19. Jahrhunderts. Damals hat ein Franzose neben den Märkten in Phnom Penh zweistöckige Wohnblocks mit jeweils mehreren Wohnungen gebaut. An den Märkten sammelten sich die **chinesischen Geschäftsleute.** Diese doppelstöckigen Reihenhäuser waren ideal für ihre Arbeits- und Lebensweise. Sie entsprachen auch der kulturellen Tradition der Chinesen, denn Chinesen bauen Häuser zu ebener Erde.

Die Wohnblocks wurden von den Chinesen sofort angenommen. Unten, im vorderen Bereich wurden Waren angeboten. Im hinteren Teil wurden Sachen gelagert, für den Verkauf vorbereitet oder produziert. Oben war dann der Wohnbereich. Solche Gebäude, die oft gelb gestrichen waren und rote Ziegeldächer hatten, nannten die Franzosen **compartiment.** Mit der Zeit wuchs die Stadt. Um die Märkte entstanden immer mehr Wohnblocks. Auch in den Provinzstädten wurden sie gebaut.

Es dauerte aber über ein halbes Jahrhundert, bis schließlich die Kambodschaner diese Wohnform annahmen. Bis Ende der 1950er Jahre waren Wohnblocks noch nicht für das Stadtbild prägend. Abseits der Märkte säumten damals traditionelle Holzhäuser, vereinzelte Villen und ab und zu große Kolonialbauten als Verwaltungsgebäude die Straßen der Stadt. Die Häuser waren von Gärten mit Kokospalmen und Mango- und Jackfruchtbäumen oder Ziersträuchern umgeben. Die Stadt erschien wie ein sehr großes, grünes Dorf.

Anfang der 1960er Jahre entstanden in Phnom Penh am Ufer des Flusses Bassak die ersten großen zusammenhängenden Wohnblocks. Man

Wie wohnt man im phteah lveng?

Wer in einer Reihenwohnung unten wohnt, kann nicht mehr an dem traditionellen Hauskonzept mit Vorder- und Hinterseite festhalten. Der Gast tritt bei ihm in das Wohnzimmer ein, wo Stühle, Sessel oder eine Holzpritsche zum Sitzen stehen. Das entspricht der Veranda. Will der Gast mal auf die Toilette gehen, muss er sich den Flur entlang schlängeln vorbei an einer Schlafkabine (mittlerer Bereich) und gelangt dann am anderen Ende zur Toilette. Ein paar Schritte weiter befindet sich die Küche. Beide Einrichtungen bilden den hinteren Bereich der Wohnung.
Im *phteah lveng* muss der Gast im Ernstfall die gesamte Wohnung durchqueren. Bewohnt man aber eine Wohnung im oberen Stockwerk, ist es anders herum. Die Treppe führt in der Regel in den hinteren Teil der Wohnung. Dort ist die Eingangstür. Wenn man einen Gast nach vorne bittet, dann heißt es in das Zimmer mit Balkon oder Fenstern, die zur Straße gehen. In diesem Fall passiert ein Gast zunächst die Toilette und die offene Küche, dann geht es vorbei am Schlafzimmer. Danach gelangt man in den „vorderen" Bereich der Wohnung, den Empfangsraum. Wer etwas Geld angespart hat, das aber nicht für ein Haus reicht, kauft sich zwei Wohnungen übereinander, sodass dann unten der Bereich ist, wo Gäste empfangen werden und oben der Bereich, in dem geschlafen wird.

Da häufig die Kinder am Abend in dem Empfangsraum schlafen, muss der Gast stets darauf achten, ob der Gastgeber barfuss läuft oder Straßenschuhe trägt. Trägt der Gastgeber keine Schuhe, muss der Gast seine Schuhe ebenfalls auszuziehen, auch wenn der Gastgeber abwehrt und sagt, dass das nicht notwendig ist.

---

nennt sie bis heute **Building.** Damit wurde ein anderes Konzept als bei den zweistöckigen Wohnblocks für die Chinesen verfolgt. Sie waren nicht als Kombination von Geschäfts- und Wohnraum konzipiert. Die Grundidee der *Buildings* war, in der Stadt Wohnungen für die Khmer und für Staatsbeamte, die nicht genug Geld hatten, um sich ein Grundstück oder eine Villa zu kaufen, zu schaffen. Kambodschas Stararchitekt *Vann Molyvann*, der in Paris studiert hatte, wurde mit der Konzeption und dem Bau betraut. Er vereinigte das damals aufkommende architektonische Konzept „La ville radieuse" (die strahlende Stadt) mit den natürlichen und sozialen Gegebenheiten Kambodschas.

Die Building-Wohnblocks sollten ihre kambodschanischen Bewohner an die Verhältnisse in den Dörfern erinnern. Die Kambodschaner waren gewohnt, in Holzhäusern auf Pfählen zu leben, die sich in Gärten mit Bäumen befinden. Eine leichte Brise geht immer durch ihre Häuser. Die Wohnungen des Building-Blocks bekamen zur Fluss- und auch zur Stadtseite Fenster und Türen, damit sowohl die Brise vom Fluss als auch die Brise von Westen, von der Stadt her, durch die Wohnungen ziehen konnte. Die Bewohner sollten dabei an die Häuser am Fluss denken. Auch die Küchen wurden in den offenen, windreichen Bereichen der Wohnung platziert, da die Khmer-Kochweise viel Qualm und Geruch erzeugt.

Die Toiletten wurden konzeptuell völlig von Schlaf- und Gästezimmern getrennt. Sie gehören wie die Küche in den „Außenbereich" der Wohnung. Um die Wohnblocks herum wurden Parks mit Rasenflächen mit Bäumen angelegt. Die Gebäude waren an beiden Hauptseiten wie Vorderfronten gestaltet. Auch von der Form her sollte nicht der Eindruck von Monotonie entstehen. Die Gebäude sollten nicht wie eine große Box aussehen, sondern wie die Finger einer Hand. Der Building-Komplex wurde vom Staat finanziert. Der Staat entnahm die Zinsen dem Pensionsfond. Durch Mieteinnahmen und den Verkauf der Wohnungen, wurde das Geld an den Fond zurückgezahlt.

Bis Mitte der 1970er Jahre wuchs **Phnom Penh** unaufhörlich. In Marktnähe und an den Hauptstraßen entstanden immer mehr Wohnblocks mit vier bis sechs Stockwerken. Die Idee des Building-Komplexes schien jedoch keine Nachahmer zu finden. Die meisten der Wohnblocks wurden weiterhin im Stil der alten *compartiments* wie für die Chinesen gebaut: unten das Geschäft, oben der Wohnbereich. Aber diese Häuser waren jetzt bis zu vier Stockwerken höher. Kleine Angestellte, Polizisten, Lehrer und Leute, die sich kein Haus leisten konnten, wohnten zur Miete in der dritten Etage oder höher. Dann kamen die Roten Khmer. Phnom Penh und die anderen Städte wurden entvölkert. Nur wenige Verwaltungsleute der Roten Khmer waren in der Stadt tätig. *Compartiments* wurden nicht mehr gebaut. Auch nach der Pol-Pot-Zeit, in den 1980er Jahren, wurden kaum neue Wohnblocks gebaut, denn die Eigentumsverhältnisse waren unklar.

Die Grundstücke waren eigentlich Staatseigentum, aber die Leute verkauften sie trotzdem. Ab 1989 wurde das **Privateigentum an Grund und Boden** in der Verfassung festgeschrieben. Vor den Wahlen 1993 boomte das Baugeschäft. Die Einwohnerzahl der Stadt wuchs auf über eine Million. Die Infrastruktur der Stadt bis 1970 war auf die Bedürfnisse von etwa 700.000 Menschen ausgerichtet. Die Grundstückspreise stiegen enorm an. Die Menschen suchten Unterkünfte. Die Ausbreitung und Akzeptanz der Wohnblocks war nicht mehr zu stoppen.

Bis heute setzt sich der Siegeszug der modernen *compartiments* fort. Der Geist der neuen Zeit ist Geschäft und schnelles Geld. Auch die alten *Buildings* wurden diesem Geist angepasst. In den 1990er Jahren hat man einen ganzen Block des Komplexes renoviert und zu Geschäftsräumen umgebaut. Jetzt sieht er wie eine Box aus. Die Brise vom Fluss, die früher durch Türen und Fenster streifte und die Bewohner an das alte Khmer-Haus am Fluss erinnerte, wird jetzt durch den kühlen Wind aus der Klimaanlage ersetzt.

Villen

Ursprünglich stammten die Villen von den französischen Beamten und Geschäftsleuten aus der Zeit der französischen Kolonialherrschaft in Kambodscha. Sie haben ihre Träume vom **Wohnen im südfranzösischen Stil** in Kambodscha verwirklicht. So entstanden zweistöckige, gelblich oder weiß gestrichene Häuser mit roten Ziegeldächern und großen überdachten Balkonen auf der vorderen Seite des ersten Stockes. Ein großer freier Raum diente im Erdgeschoss als Empfangs- oder Esszimmer. Im hinteren Bereich liegen Zimmer für das Hauspersonal, die Küche, das Badezimmer und die Toilette. Eine Steintreppe im Haus führt von dem großen Raum unten direkt auf den riesigen Balkon in der oberen Etage. Hier erholte man sich in der kühlen Abendluft. Vom Balkon aus führt ein offener Wandelgang mit hüfthohem Geländer zu den einzelnen Zimmern.

Kambodschaner verstehen unter „Villa" ein **Steinhaus,** in dem eine Familie wohnt und das einen umzäunten Garten hat. Häufig ist das Haus zweistöckig. Beliebt sind Villen mit flachem Dach, das dann als Terrasse genutzt werden kann. An einer Ecke der Terrasse steht manchmal ein kleines Häuschen, wo man in warmen Nächten auch mal übernachten kann. Häufig sind aber auch Villen mit roten Ziegeldächern.

Die **Raumgestaltung** ist sehr vielfältig. Bei manchen Villen handelt es sich um eine Kombination aus Reihenhaus unten und traditionellem Khmer-Haus oben. Andere setzen die Idee der Dreiteilung auf zwei Etagen fort, wobei die beiden Etagen durch eine Seitentreppe miteinander verbunden werden.

Bei dieser Verbindung führt in manchen Villen die Außentreppe zunächst in einen geraden Wandelgang. Über diesen Wandelgang erreicht man als erstes das räumlich geschlossene Wohnzimmer, dann das/die Schlafzimmer und anschließend die Küche mit einem Nebenzimmer als Esszimmer. Weit verbreitet ist die folgende Raumteilung: Unten ist das Haus wie bei den Villen der Franzosen aus der Kolonialzeit geschnitten, dann führt eine Innentreppe nach oben zu einem großen freien Raum mit einer weiten Tür zum Balkon. An einer Seite dieses Raumes reihen sich zwei Zimmer bis zur Front des Hauses. Ist das Haus groß genug, kann auf der anderen Seite des Raumes im hinteren Teil ein Eckzimmer sein. In dem großen Raum steht der Fernseher.

Eine Neuerung der letzten Jahre besteht darin, dass jetzt jedes Schlafzimmer einen **Raum mit Dusche** und Toilette hat. Der Grund für diese „Erfindung" liegt darin, dass sich solche Villen einfacher an Wohngemeinschaften ausländischer Experten vermieten lassen oder ganz als Gästehäuser genutzt werden können. Diese Idee wurde von den Hotels übernommen.

Wann baut man ein Haus?

Die geeignete Zeit für den Bau eines Hauses sind die Monate in der **Trockenzeit** von November bis Mai. Kambodschaner müssen dabei einiges beachten. Für die Zeremonie *loek phteah* (Heben des Hauses), bei der alle Säulen des Holzhauses aufgestellt werden und somit das Grundgerüst des Hauses geschaffen wird, sind nicht alle Tage der Woche geeignet. Sonntag und Montag sind nicht gut. Wer es trotzdem wagt, an einem der beiden Tage sein Haus „zu heben", dem könnte nach dem Glauben der Kambodschaner etwas Schlimmes passieren, z. B. dass das Haus wieder umkippt. Am Dienstag kann man das Haus zwar „heben", aber es wird nie fertig werden. Die Wände werden immer luftig sein. Ein Architekt, der ein Khmer-Haus baut, sollte darauf achten, lieber einen Mittwoch, Donnerstag, Freitag oder Sonnabend zu wählen.

Die Hauseinweihung

Ein neues Haus muss gesegnet werden, bevor man es bewohnen kann. Der Besitzer des neuen Hauses lässt einen Wahrsager ausrechnen, welcher Tag für die **Segnung seines Hauses** geeignet ist. Wenn er das erfahren hat, lädt er Verwandte und Bekannte zu diesem Anlass ein. Er geht auch zum Kloster und bittet vier **Mönche** zu sich nach Hause, um diese Zeremonie durchzuführen. Er muss den Mönchen ausdrücklich sagen, dass er sein Haus segnen lassen möchte. Nur so können die Mönche unter sich diejenigen aussuchen, die diese spezielle Zeremonie beherrschen. Bei der Einweihung sprechen die Mönche Gebete und segnen die neuen Bewohner und das Haus durch die Besprengung mit Wasser. Danach weiht ein Laienzeremoniemeister die einzelnen Bereiche des Hauses ein, indem er den Namen der Räume nennt. Anschließend schlägt er dreimal mit dem Meißel in die Hauptsäule und sagt ihr, dass sie früher ein Baum war und man sie heute zu einem Beschützer erhoben hat. Er bittet sie daher, die Leute im Haus zu beschützen. Nach der Zeremonie kann man einziehen.

Der Beschützer des Hauses

In jedem Haus der Kambodschaner wohnt ein Beschützer oder besser gesagt, eine Beschützerin, denn die Leute erzählen, dass die so genannten **chumneang phteah** weiblich sind. Manch einer soll im Halbschlaf zur Mittagszeit sogar schon gesehen haben, wie eine Frau der Hauptsäule des Hauses entstieg und durch den Raum schwebte. Die Beschützerin tut alles, damit das Haus nicht abbrennt, damit es den Bewohnern gut geht und Reichtum ins Haus kommt. Seitdem die Leute in der Stadt nur noch Steinhäuser bauen, wissen die *chumneang phteah* nicht mehr, wo sie residieren sollen. Denn die Steinhäuser haben keine Hauptsäule in der Mitte des Hauses.

Viele Städter haben deshalb inzwischen einen anderen Beschützer für ihr Haus gewählt. Sie haben nun einen **Schrein für kong-ma;** das ist Chinesisch und bedeutet „Großvater und Großmutter". Es handelt sich um einen Opferschrein für die Vorfahren mit chinesischem Ursprung. Diese Schreine entstammen nicht der Glaubenstradition der Khmer. Sie sehen aus wie kleine Häuschen, die nach vorne offen sind und ein Spitzdach haben. Die Wände sind rot bemalt. Die Innenseite ist mit goldfarbenen Mustern und chinesischer Schrift beklebt. Auf dem winzigen Vorhof solch eines Häuschens steht ein Gefäß, in das man Räucherstäbchen und Kerzen stecken kann. Daneben schmücken Plastikblumen in kleinen Vasen den Vorhof.

So ein Schrein kostet um die 25 US-Dollar, für einen mit vielen Glasteilen und elektrischer Beleuchtung dagegen muss man etwa 50 US-Dollar ausgeben. Da viele Kambodschaner in der Stadt doch ein Tröpfchen chinesisches Blut in ihren Adern haben, ist es für sie nicht schwer *kong-ma* als Hausbeschützer vor die Eingangstür zu stellen. Man kann beobachten, dass sich in vielen Fällen die Frauen mehr um den Schrein kümmern als ihre Ehemänner. Und so kann der Schrein zum Spielball bei kleinen Reibereien in der Ehe werden. Manch ein Mann rammt mit seinem Moped den Schrein und er zerfällt in ein rotes Holzhäufchen. Der Grund: Die Frau gibt ihm zu wenig Taschengeld. Ist der Streit beigelegt und scheint dann wieder die Sonne, besorgt die Frau einen neuen Schrein. Familienstreit ist so gesehen auch für die Volkswirtschaft gut. Er macht die Schreinverkäufer reich. Es soll vorgekommen sein, dass sich ein Ehemann vernachlässig gefühlt hat, weil ihm seine Frau vor lauter Arbeit kein richtiges Essen machte. Er warf den Schrein kurzerhand hinters Haus. Am nächsten Tag gab es wieder gutes Essen. Andere Männer schmissen „Großvater und Großmutter" raus, weil sie sich als Khmer und nicht als Chinese fühlen. So wird der Schrein zum Machtinstrument bei Ehestreitigkeiten, aber für die Khmer auf dem Lande bleibt die Frau aus der Hauptsäule ihre Beschützerin.

VOM UMGANG MIT DER SEELE

Umgang mit Spannungen im Alltag

Solange die Dinge laufen, wie sie laufen sollen, sind alle zufrieden. Die Kinder gehorchen, sie geben sich Mühe in der Schule, sie helfen bei der Reisernte und im Haushalt, die Kunden sind nicht zu knauserig, die Angestellten arbeiten engagiert, der Chef tobt nicht. Es herrscht **Harmonie.** Im Zustand der Harmonie ist es nicht notwendig, zusätzliche Kräfte zu mobilisieren, um den Alltag zu bewältigen. Kambodschanische Kinder lernen recht früh, sich an die gegebenen Umstände anzupassen. Jeder Kambodschaner kennt den Spruch: *djol stöng tam bát* (wenn du den Fluss entlang fährst, mache die Biegungen mit). Ob in der Familie, der Schule oder bei der Arbeit, überall wird von dem Einzelnen gefordert, dass er die Hierarchien respektiert, dass er ein kollektivistisches Denken und Gruppendenken entwickelt und dass er sich die richtige Stütze sucht. In den überliefer-

Die tragische Geschichte Kambodschas hat in allen Menschen
tiefe Narben hinterlassen

ten Texten über die Verhaltensnormen und in alten Erzählungen findet man häufig die Empfehlungen, sich in Geduld zu üben und die Wut im Zaum zu halten, sodass kein Schaden angerichtet wird. Und immer wieder empfehlen die Alten ihren Nachfahren, keine Widerrede gegen die Vorgesetzten zu führen. Eine gute Ausbildung, Vorsicht und umsichtiges Verhalten bei der Arbeit werden als wichtige Tugenden angesehen. Ab und zu wird auch die Empfehlung gegeben, sich nicht zu sehr zu bemühen und sich nicht über sein Schicksal hinwegzusetzen. Große Begierde und Rechtsverletzungen werden negativ bewertet.

All die genannten Verhaltensempfehlungen haben ein gemeinsames Ziel: die **Vermeidung von Konflikten.** Am meisten helfen diese Normen, die Harmonie in den Beziehungen zwischen den Mitgliedern einer **In-Gruppe** aufrechtzuerhalten. Die In-Gruppe kann ein Familienverband oder ein Kreis von Freunden und guten Bekannten sein. Sie kann auch ein Netzwerk von vertrauten Personen in einer Institution, von Geschäftsfreunden oder von einer politischen Partei sein.

Im Verhältnis zu den Leuten außerhalb der In-Gruppe (nachfolgend **Out-Gruppe** genannt) werden die Normen aber nicht mehr so streng eingehalten. Nur ein Mindeststandard zur Aufrechterhaltung der Oberflächenharmonie wird erfüllt, weil der andere z. B. in derselben Institution arbeitet, weil er Nachbar ist oder weil er Verkäufer auf dem Markt ist, wo man häufig einkaufen geht. Kurzum weil man ihn doch irgendwie wieder sieht und vielleicht irgendwann einmal mit ihm zu tun hat und weil man sein eigenes Gesicht in der Öffentlichkeit auch wahren möchte. Würde man den anderen nie wieder sehen, bräuchte man sich nicht die Mühe machen, die Harmonie aufrechtzuerhalten. Bei scharfen Konflikten zwischen zwei Gruppen, z. B. zwischen zwei politischen Parteien, gelten die Harmonienormen nicht für die gegnerische Gruppe. Man ist nur seiner eigenen Gruppe verpflichtet.

Reibungen in der Familie

In dem Abschnitt über die Familie (siehe „Kruasa – die Familie") wurde bereits einiges über die Rollen von Mann und Frau, Eltern und Kindern gesagt. Hier soll nun die Entstehung und der Verlauf von Spannungen und die Art und Weise, wie die Konfliktparteien mit diesen Spannungen umgehen, dargestellt werden. In den meisten Familien haben **Eltern weitreichenden Einfluss** auf die Gestaltung des Lebens ihrer Kinder. Diese Macht reicht bis hin zur Wahl der Partner ihrer Kinder, der Beschaffung von Arbeitplätzen, der Vermittlung von Geschäftsbeziehungen und Wohnungen. Khmer-Eltern sind bestrebt, solange für ihre Kinder zu sorgen, bis diese sich und ihre Familie aus eigener Kraft ernähren können. Nicht selten bleibt eine Tochter oder ein Sohn mit dem Ehepartner und den Kindern noch viele Jahre nach der Heirat bei den Eltern wohnen.

Da viele Eltern in ihre Kinder im wahrsten Sinne des Wortes investieren, bleibt ihnen selbst oft nicht viel Geld übrig, um etwas für das Alter zurückzulegen. Es besteht ein unsichtbarer, nicht ausgesprochener **Generationsvertrag** zwischen Eltern und Kindern. Die Kinder sind die **soziale Absicherung** der Eltern im Alter und bei Krankheit. Und später werden auch die Kinder den gleichen Vertrag mit ihren eigenen Kindern schließen. Die Erfordernisse des Generationsvertrages haben sehr unterschiedliche Folgen für das Verhalten der Elterngeneration. Bei vielen Familien entsteht der Eindruck, dass sie nur für den Tag leben. Sparen kann man ja auch nur, wenn nach den notwendigen Ausgaben für das tägliche Leben noch etwas übrig bleibt, was so gut wie nie der Fall ist.

Offiziellen Angaben von 1999 zufolge lebten 36 % der kambodschanischen Bevölkerung **unter der Armutsgrenze.** In solch armen Familien kann nichts für die Alterssicherung zurückgelegt werden. Gelingt es kambodschanischen Eltern zu sparen, betrachten sie solche **Vermögenswerte** als das spätere Erbe für ihre Kinder und nicht als Alterssicherung. Diese Denkweise ist auch verständlich, denn solche Vermögenswerte würden sie in den meisten Fällen auch nicht über Jahre ernähren können. Außerdem bestehen diese Vermögenswerten auf dem Lande in der Regel aus Reisfeldern, Ochsen und Pflugscharen. Im Alter sind die Bauern völlig auf die Arbeitskraft der Kinder angewiesen. So gesehen haben Eltern kaum persönliche Freiräume, denn sie müssen ihre eigenen Eltern ernähren und zugleich die Kinder fördern. So bleiben die eigenen Wünsche meist auf der Strecke.

Die Notwendigkeit der gegenseitigen Fürsorge in der Familie hat auch Konsequenzen für die **Erziehung der Kinder.** Sie werden von klein auf zu Dankbarkeit und Respekt gegenüber den Eltern erzogen. Sie werden dazu angehalten, die Meinung der Eltern zu akzeptieren und ihre eigene Meinung, wenn sie der ihrer Eltern entgegensteht, zu unterdrücken. Die Pflichterfüllung des Einzelnen gegenüber der Familie und die Unterdrückung individueller Wünsche werden als besonders positive Eigenschaften eines Familienmitgliedes angesehen.

Emotional werden die Verpflichtungen gegenüber den Eltern und der Familie nicht nur durch die Liebe der Eltern zu den Kindern und umgekehrt verankert, sondern auch durch die Erziehung und gesellschaftliche Sanktionen. In Märchen, Erzählungen und Romanen werden Individualisten, die sich nicht um ihre Eltern kümmern, bestraft. Indem der Leser beispielsweise Mitleid mit dem vernachlässigten alten Vater empfindet oder über die merkwürdige Art der Bestrafung eines nur an sich denkenden Kindes lacht, erfolgt unmerklich die emotionale Verankerung der Familienverpflichtung als Wert. Teilweise dient auch der Buddhismus als Quelle der Rechtfertigung für die Verpflichtung der Kinder ihren Eltern gegenüber. Wer gegen die **gesellschaftlichen Erwartungen** handelt, wird damit bestraft, dass über ihn schlecht geredet wird und seine Eltern bedauert werden. Sein Ansehen in der Gemeinschaft leidet darunter erheblich.

Die Erziehung zur Anpassung an das Gruppendenken hat ihren Grund nicht nur in der Notwendigkeit der Fürsorge für die Eltern, sondern auch in der Gewöhnung der Kinder an die sehr hierarchisch organisierte Gesellschaft und an ein Leben, das von Gruppendenken stark geprägt ist. Die Kinder lernen früh, Vertrauen in die Entscheidungen der Eltern zu haben oder die Entscheidung einfach zu akzeptieren, auch wenn sie ihnen nicht immer gefallen. Das beginnt schon mit einfachen Sachen des Alltags wie Essen, Trinken, Kleiden. Was auf den Tisch kommt, wird gegessen, auch wenn es nicht schmeckt.

Kinder lernen auch, bittere Pillen zu schlucken und damit fertig zu werden. So muss ein kluges Mädchen zu Hause bleiben, weil seine Eltern es im Haushalt brauchen und meinen, dass es später sowieso Hausfrau wird. Die Kinder werden nicht dazu erzogen, selbst Entscheidungen zu treffen und auch einmal „nein" zu sagen, sondern sich an die Gegebenheiten anzupassen. Sie lernen, den Worten der Älteren, der Lehrer und der Respektspersonen nicht zu widersprechen. Die **Anpassung** geht so weit, dass eine pubertäre Aufmüpfigkeit bei den heranwachsenden kambodschanischen Jugendlichen gar nicht bekannt ist.

Trotz der Erziehung zur Anpassung werden die Verhaltensnormen auch verletzt. Mal meckert ein Kind über das Essen, mal streiten sich die Kinder, prügeln sich und stören dadurch das ruhige Zusammenleben in der Familie. Oder ein Kind ist aus der Sicht der Eltern faul, drückt sich vor einer Aufgabe oder erledigt diese nicht korrekt, denn irgendwann müssen sich auch einmal **individualistische Züge** melden.

Das führt zu Gereiztheit der Eltern und sie ergreifen erzieherische Maßnahmen. Bei kleineren Vorkommnissen wie z. B. Faulheit oder Meckern wird das Kind ermahnt und oft auch mit dieser negativen Eigenschaften geneckt, indem die Sache vor allen Familienmitgliedern erwähnt wird und alle Anwesenden darüber lachen. Wenn das Kind dann immer noch nicht gehorcht, wird es beschimpft. Geraten die Eltern in großen Zorn, kann es auch passieren, dass sie das Kind verfluchen. Hausarrest oder Fernsehver-

bot gehören in Kambodscha nicht zu den erzieherischen Maßnahmen. In schwerwiegenden Fällen werden die Kinder auch mit der Hand oder einer Rute geschlagen. Bis vor dem Fall *Lon Nols* im Jahr 1975 setzten viele Lehrer in der Grundschule, insbesondere in den ersten drei Klassen, häufig einen Rattan-Rohrstock ein. In der Pol-Pot-Zeit gab es keine Schulen und aufgrund der außerordentlichen Situation war kein normales Familienleben möglich. Die Kinder wurden in der Regel nicht geschlagen.

Nach der Pol-Pot-Zeit fand ein großer **Wandel in Bezug auf die körperliche Züchtigung** statt. Nach den schlimmen Erlebnissen unter der Herrschaft der Roten Khmer empfanden die Eltern Mitleid mit ihren Kindern, die diese Zeit überlebt hatten. Viele Familien hatten mehrere Kinder verloren. Sie wollten den Kindern viele schöne Dinge geben, die sie in der Zeit der Roten Khmer verpasst hatten. Sie hatten gesehen, wie schnell man sterben kann und wie viele schöne Dinge des Lebens man dann nicht kennen lernt. Vor diesem Hintergrund schlugen die Eltern auch bei großem Ärger ihr Kind nicht mehr, was sie vor der Pol-Pot-Zeit getan hätten.

Auch Kinder, die nach der Pol-Pot-Zeit geboren wurden, erfreuen sich **sanfterer Erziehungsformen.** Viele kleine Bösewichte wissen genau, was passiert, wenn sie die Normen verletzen. Aber im Eifer des Gefechtes vergessen sie die folgende Strafe einfach. Ziel der Bestrafung ist es, seelischen (oder körperlichen) Schmerz hervorzurufen, wodurch das Kind abgeschreckt werden soll, die Tat zu wiederholen.

Wie die „Erzogenen" mit den Spannungen und Erziehungsmaßnahmen fertig werden, ist individuell sehr unterschiedlich. Kambodschaner unterscheiden die Kinder in diejenigen, die es **„heiß mögen"** *(si-kdaw)* und diejenigen, die es **„kalt mögen"** *(si-trádjeak)*. „Heiß" steht für Zorn, Beschimpfung und harte Bestrafungen und „kalt" für verständnisvolle, nette Worte. Dass „kalt" für Positives steht, könnte damit zu tun haben, dass Kambodscha ein heißes Land ist, wo die Menschen schon ab 10 Uhr morgens Schatten suchen und die Kühle etwas Angenehmes ist. Im Deutschen würde man vielleicht in „Kinder, die hören" und „Kinder, die nicht hören" unterscheiden. Kinder, die es „kalt mögen", können Beschimpfungen schwer ertragen. Sie sind traurig, schämen sich oder weinen. Sie sind bemüht, Fehler nicht zu wiederholen. Bei den si-kdaw-Kindern greifen erst harsche Beschimpfungen und Drohungen. Auch sie erscheinen vor den Eltern angepasst, aber sie ändern ihr Verhalten nicht oder nur minimal.

Was kambodschanischen Eltern und Kindern im Alltag viel Stress erspart, ist die Tatsache, dass eine strenge Erziehung in Bezug auf Tischmanieren („Sitz gerade") und formales Auftreten in der Öffentlichkeit („Hebe die Beine", „Schlurf nicht") wie das oft in Deutschland geschieht, nicht üblich ist. Zwar sagen die Eltern ihren Kindern auch, wie man sich richtig verhält, aber man rügt sie nicht ständig, wenn sie am Tisch lümmeln und dergleichen. Man lässt die Kinder gewissermaßen selbst reifen. Und wenn Besuch kommt, sind die Kinder sowieso nicht dabei. Sie essen dann auch nicht mit den Erwachsenen. Zu Hochzeiten oder Anlässen, wo die Erwachsenen in einer formellen Runde zusammensitzen, nimmt man die Kinder erst gar nicht mit. Zu Hause sind immer Familienmitglieder oder eine Haushaltshilfe da, die auf die Kinder aufpassen.

In einem Punkt können die Interessen der Eltern und der Kinder jedoch hart aufeinander prallen, nämlich bei der **Partnerwahl der Kinder.** Aus einer Erzählung des 16. Jahrhunderts, in der eine Mutter ihre Vorstellung von der Heirat der Tochter mit einem Reichen entgegen den Wünschen ihrer Tochter durchsetzt, stammt der allseits bekannt Satz *num moen dael thom chiang nial tee* (Das hat es noch nie gegeben, dass der Kuchen größer ist als die Form).

Die Wahl des Lebenspartners für ein Kind wird nicht nur von den Vorstellungen und Wünschen über die Fortführung der Familie beeinflusst, sondern oft auch von z. B. wirtschaftlichen oder sozialen Kriterien. Solche umfassenden Überlegungen haben zum Ziel, dass die Kinder mit der Heirat eine gute Basis für ihre Existenz erhalten und somit einen Beitrag zur Absicherung des Familienverbandes leisten können. Dieses Ziel ist so gesehen sehr kollektivistisch angelegt. Hat der Sohn auf eigene Faust eine Frau gefunden oder lehnt er die Wahl, die seine Eltern getroffen haben, ab, kann das zu einem großen Konflikt führen. Es gibt Fälle, in denen sich die Eltern weigern, die Frau ihres Sohnes zu sehen. Und dieser Boykott kann lange andauern. Manche Söhne beugen sich dann doch dem Willen der Eltern. Andere harren aus und warten, dass die Enkelkinder die Herzen ihrer Großeltern erweichen.

Familienkonflikte können verschiedene Ursachen und Formen haben. Erwähnt werden soll hier nur noch der Fall der **Ehekrise,** hervorgerufen dadurch, dass der Mann eine Geliebte hat. Das kommt relativ häufig vor. Weiß die Frau, dass ihr Mann eine Geliebte hat, schlägt zu Hause erst einmal der Blitz ein. Aus der Sicht der Ehefrau besteht das Ziel des Streites jedoch nicht darin, sich von ihrem Mann zu trennen, sondern ihn dazu zu bringen, dass er sich von seiner Freundin trennt. Tut er das nicht, gehen viele Frauen zu einem *kru snae* (Liebesmeister). Das ist ein Wahrsager oder Meister, der in der Kunst, den Mann wieder an die Ehefrau zu binden, bewandert ist.

Dieser Meister berechnet mit seiner Tafel den Fortgang der Geschichte, besprengt die Frau mit Zauberwasser, fertigt Amulette für sie oder bereitet Mittel zu, die die Frau später heimlich unter die Nahrung mischt, die ihr Mann zu sich nimmt. Es soll schon vorgekommen sein, dass eine Frau nach vielen Besuchen den *kru snea* selbst geheiratet hat.

Andere betrogene Ehefrauen gehen ins Kloster und bitten Buddha um Unterstützung. Nützt das alles nichts, dann sind viele Frauen in der Stadt der Überzeugung, dass nur noch das „Gesichtmachen" (sprich: Schönheitsoperation) hilft. So erschrecken sie erst einmal ihren Mann, wenn sie mit einer blutigen Nase und Pflastern im Gesicht nach Hause kommen, denn der Mann erfährt vorher nichts. Es gibt sogar Frauen, die sich an der Konkurrentin rächen, indem sie jemanden engagieren, der ihr Säure ins Gesicht schütten soll. Wegen der Stellung der Frau in der Gesellschaft und der ökonomischen Abhängigkeit vom Mann gehören Scheidungen zu den Ausnahmen.

Reibungen am Arbeitsplatz

Häufig scheinen Konflikte am Arbeitsplatz sachliche Gründe zu haben. Ein Mitarbeiter hat den Anforderungen nicht entsprochen oder einen Fehler begangen. Schaut man sich die Sache jedoch etwas näher an, dann haben Konflikte oft völlig andere Gründe. Nicht selten sind das **gegensätzliche Gruppeninteressen** innerhalb einer Institution. Der Mitarbeiter gehört einer anderen Gruppe an, die in Konkurrenz zur Gruppe des Vorgesetzten steht. Der Vorgesetzte möchte lieber eine andere Person an dieser Stelle haben, um seine Machtbasis auszubauen.

Um sein Ziel zu erreichen, macht der Chef in diesem Fall dem Mitarbeiter das Leben so schwer, dass er von sich aus geht. Geht der Mitarbeiter nicht, weil auch er den Schutz seiner In-Gruppe genießt, werden Konflikte am Arbeitsplatz zum Dauerzustand. Der Chef schimpft häufig. Der Mitarbeiter bemüht sich, das Gesicht des Chefs zu wahren, indem er ihm in der Öffentlichkeit nicht widerspricht und auf keinen Fall zurückschimpft. Er schluckt in solchen Momenten alles herunter und erzählt es hinterher in seiner Gruppe, die für ihn Partei ergreift und ein negatives Bild von dem Vorgesetzten verbreitet. Mit der seelischen und machtpolitischen Stütze der In-Gruppe fällt es dem Mitarbeiter etwas leichter, die Rügen und Beschimpfungen des Vorgesetzten auszuhalten. Die Interessenlage ist ja klar. Man weiß, was man von der anderen Seite zu erwarten hat. Solange der Konflikt die Arbeit nicht vollkommen blockiert, läuft alles so einigermaßen. Im äußersten Fall wird der Mitarbeiter versetzt.

Konflikte können auch aus dem **Rollenverständnis von Chef und Untergebenen** herrühren. Es gibt Vorgesetzte, die absolute Ergebenheit von den Mitarbeitern verlangen, während sich ein Mitarbeiter, der gut qualifiziert und auf seine Arbeitsleistung stolz ist, bei dem Chef nicht anbiedern will. Der Chef fühlt sich in seiner Autorität untergraben und reagiert, indem er dem Mitarbeiter schwierige und unangenehme Arbeiten zuteilt. Eine Rüge folgt der anderen. Der Vorgesetzte äußert sich vor seinen Vorgesetzten negativ über den Mitarbeiter. Gehört dieser Mitarbeiter nicht zu einer In-Gruppe, ist es schlecht um ihn bestellt. Diese Situation ist kein Einzelfall. Viele Mitarbeiter müssen täglich ihren Zorn unterdrücken, werden depressiv und krank. Insbesondere Frauen brechen häufig in Tränen aus, bekommen Krämpfe und müssen von anderen Mitarbeiterinnen oder Familienmitgliedern getröstet und massiert werden. Da hilft nur noch der Wechsel des Arbeitsplatzes. Oder der Mitarbeiter ändert doch noch sein Verhalten und erlangt nach und nach die Gunst seines Chefs.

In den staatlichen Institutionen reichen die Gehälter zur Absicherung des Lebensunterhalts nicht aus. **Nebenjobs** vor, während und nach der Arbeitszeit gehören daher für viele Staatsangestellte zum Alltag. Die Folgen sind **eingeschränkte Arbeitsleistungen** und mangelnde Konzentration bei der Hauptarbeit. In diesem Punkt haben die Angestellten und Beamten unterer Ränge, die keine starke Stütze haben, gegenüber ihren Vorgesetzten sehr schlechte Karten. Sie sind völlig vom Wohlwollen des Vorgesetzten abhängig. Verlangt dieser aber Höchsteinsatz, weil er vorankommen will, entsteht für den Mitarbeiter ein ungeheurer seelischer Druck.

Wer es nicht schafft, seine Nebenjobs vor oder nach der Arbeitszeit zu machen, muss sich bald nach einer anderen Stelle umsehen. Mangelndes Verständnis seitens des Chefs, kann auch zu Loyalitätsproblemen führen.

Die sozialen Kontakte zum Vorgesetzten werden reduziert und wichtige Informationen werden nicht mehr weitergegeben. Drohen die Spannungen zu eskalieren, besteht die Möglichkeit, einen Vermittler einzuschalten. Das sollte eine Person sein, die zum Kreis der vertrauten Personen des Chefs gehört und mindestens den gleichen oder einen höheren Rang hat. Diese Möglichkeit wird sehr häufig genutzt.

Spannungen unter Geschäftspartnern

Auch in Kambodscha begleitet nach dem Geist des dortigen Vertragsrechts das **Prinzip der privaten Autonomie** die Geschäftswelt. Nach diesem Prinzip kann jedes Individuum seine Lebensverhältnisse selbst regeln. Jeder kann entscheiden, ob und mit wem er einen Vertrag schließt und was der Gegenstand des Vertrags ist. Er kann mit seinem Eigentum nach Belieben verfahren. In der Wirklichkeit sieht es jedoch etwas komplizierter aus als in der Theorie. Es gibt viele **ungleiche Geschäftspartner.** Die Ungleichheit kann von unterschiedlicher Natur sein.

So mögen es Geschäftsleute gar nicht, wenn ein Kunde schon am frühen Morgen sehr harte **Preisverhandlungen** führt. Ein Verkäufer würde

Fahrerkollegen – hinter der freundlichen Kulisse stecken oft komplizierte Regeln

die Ware auch verkaufen, wenn der Kunde den Preis bis unter den Einkaufswert drückt, denn er hat Angst, dass die Ablehnung des Geschäfts am frühen Morgen Unglück für den ganzen Tag bringt. Danach zündet er jedoch Räucherstäbchen an und betet zu den Beschützern des Geschäftes, dass sie das Unglück vertreiben und dass das Geschäft an diesem Tag normal laufen möge. So ein hartnäckiger Kunde wird hinterm Rücken beschimpft. Manch ein Verkäufer fegt sogar die Fußabdrücke eines solchen Kunden weg.

Ärger verursacht auch ein Geschäftsmann, der Dinge von seinem Partner verlangt, die nicht üblich sind. Verlangt z. B. ein Makler, der normalerweise zu den angesehenen potenziellen Grundstücksverkäufern geht und sich dort Informationen über den Besitz an einem Grundstück holt, von diesen, dass sie Grundstücksdokumente zu ihm bringen, dann kann das unter Umständen Ärger bei dem Kunden hervorrufen. Der Kunde denkt, dass der Makler überheblich ist und sich herablassend verhält. Hier spielt möglicherweise die etwas höhere soziale Stellung des potenziellen Verkäufers dem Makler gegenüber eine Rolle. Wer nicht aufpasst, dem kann so ein Vermittlungsgeschäft durch die Lappen gehen.

Wer den Preis einer Ware oder Dienstleistung weit unter den allgemein bekannten Durchschnittspreis drückt, macht sich ebenfalls sehr unbeliebt. Kleine Anbieter von Dienstleistungen wie z. B. Cyclo-Fahrer machen das oft zähneknirschend mit, weil sie sonst vielleicht an diesem Tag nicht genügend Geld verdienen würden, um die Fahrzeugmiete zu bezahlen. Hier rührt die Ungleichheit aus der wirtschaftlichen Not eines Geschäftspartners. Ähnlich verhält es sich auch mit den Geldverleihern, die Zinsen bis zu 10 % im Monat von den Schuldnern verlangen.

Das Schwierige bei der ganzen Sache ist, dass man die Verärgerung des Partners gar nicht bemerkt. Wenn man davon überhaupt erfährt, dann aus dem Munde einer anderen Person.

Verwünschungen

Kambodschaner glauben, dass Verwünschungen wahr werden können. Die meisten Verwünschungen haben den Tod anderer Personen zum Inhalt. Dabei ist es erstaunlich, auf wie vielfältige Art und Weise jemandem der Tod gewünscht wird. Häufig ist die **Herbeiwünschung des Todes** einer Person durch Waffen. Diese Art der Verwünschung zeigt, wie stark Kriege das Bewusstsein der Menschen geprägt haben. Das Spektrum der Waffen, durch deren Einsatz der Verwünschte sterben soll, zeugt von den Kriegstechniken, die zu unterschiedlichen Zeiten eingesetzt wurden.

- *A slap* – Du sollst sterben
- *A ngoap* – Du sollst verrecken
- *A aju khley* – Du sollst ein kurzes Leben haben
- *A ke banh* – Du sollst erschossen werden
- *A ke kap* – Du sollst durch den Schlag
  (eines Schwertes oder einer Axt) sterben
- *A ke daot* – Du sollst aufgespießt werden
- *A trov kroap* – Du sollst von einer Kugel getroffen werden
- *A trov miin* – Du sollst auf eine Mine treten
- *A neak ta kadj* – Neak Ta soll dich umbringen
- *A neak ta kadj ka* – Neak Ta soll dir den Hals umdrehen

Bewältigung der Vergangenheit

Die Kambodschaner haben nicht nur eine, sondern mehrere Vergangenheiten, denn ihnen passierten zu viele schreckliche Dinge in kurzer Zeit: Krieg, Pol-Pot-Zeit und wieder Krieg. Über 20 Jahre lang, von 1970 bis 1991, schien es, als läge ein Fluch über diesem Land. Eigentlich begann dieser Fluch schon im Jahr 1969, als die amerikanischen B-52-Flugzeuge kambodschanische Ortschaften entlang der Grenze zu Vietnam bombardierten, um die nordvietnamesischen Truppen, die von kambodschanischem Territorium aus Angriffe gegen amerikanische Posten in Südvietnam starteten, zu vernichten.

Wie ein Hurrikan zog diese Zeit über die Menschen hinweg. Alles wurde ihnen entrissen: ihr Besitz, ihre Familie, ihre Freunde, ihre Gesundheit und manchmal sogar das Leben. Vielen Kambodschanern war das Glück, am Leben zu bleiben, nicht beschieden. Manche überlebten als Krüppel. Nach diesem Sturm war nichts mehr wie früher. Alles war anders. Seelisch kehrte man nie mehr nach Hause zurück.

Wenn man über die Vergangenheit Kambodschas redet, wäre es sehr einfach, seinen Blick dabei nur auf die Zeit der Roten Khmer (1975 bis Anfang 1979) zu richten. Noch einfacher wäre es zu glauben, dass nach dieser furchtbaren Zeit der Herrschaft der Roten Khmer nur einige Verantwortliche vor Gericht gestellt werden bräuchten und danach die Gerechtigkeit wieder hergestellt sei und die kambodschanische Gesellschaft vorwärts schreiten könne.

Wie vielschichtig die Vergangenheit und deren Folgen für die Menschen wirklich waren, erfährt man erst, wenn man die allgemeine, abstrakte Ebene der Diskussion über die jüngste Geschichte Kambodschas verlässt und mit einzelnen Menschen, die diese wechselhaften zwei Jahrzehnte erlebt und überlebt haben, spricht und ihre ganz persönlichen Lebensgeschichten hört.

Wer gehört zu den **Betroffenen?** Kambodscha hat eine sehr junge **Bevölkerungsstruktur.** Man muss daher die Menschen zunächst nach dem Alter sortieren, um einschätzen zu können, wie viele Kambodschaner von den Geschehnissen der Lon-Nol- und Pol-Pot-Zeit betroffen waren. Nach dem Zensus von 1998 waren 54,1 % der rund 12 Millionen Einwohner Kambodschas unter 19 Jahren. 14,2 % waren 20–29 Jahre alt. 6,8 % waren zwischen 30 und 34 Jahre, 6 % zwischen 35 und 39 Jahre und rund 19 % waren zwischen 40 und 80 Jahre. Nach dieser Altersstruktur haben 1998 68,2 % der Bevölkerung Kambodschas (die Altersgruppe bis 29) die Pol-Pot-Zeit nicht erlebt, denn sie gehören der jüngeren Generation an. Nur 31,8 % der Bevölkerung (die Altersgruppe 30 bis über 80) haben als Schulkind oder Erwachsener die Lon-Nol- und Pol-Pot-Zeit mitbekommen. Seit 1998 sind Jahre vergangen. Die Zahl derer, die die Lon-Nol- und Pol-Pot-Zeit bewusst erlebt hat, wird immer kleiner. Aus dem kleiner werdenden Personenkreis und dem Verstreichen der Zeit erklärt sich auch das geringe Interesse an der Aufarbeitung dieser Epoche.

Da nach dem Sturz *Pol Pots* im Jahr 1979 wieder ein Krieg ausbrach, der rund 10 Jahre dauerte, Zehntausende Menschenleben forderte und der Bevölkerung unermessliches Leid brachte, ist dieser Krieg auch Bestandteil des schwarzen Kapitels des Landes. Den Krieg in den 1980er Jahren hat ein großer Teil der Kambodschaner noch gut in Erinnerung. Selbst wer 1979 geboren wurde und etwa 1985 die Schule besuchte, bekam schon einiges mit und entsprechend mehr die bereits traumatisierten älteren Jahrgänge.

Nach der Betrachtung der Altersgruppen muss man die Menschen auch danach fragen, ob sie in der Lon-Nol-Zeit in der Stadt oder auf dem Lande gelebt haben, was sie beruflich machten und was sie im Krieg erlebt haben. Nach meiner Erfahrung folgt anschließend fast von selbst die Erzählung der Leute über ihr Leiden in der Zeit der Roten Khmer. Von der Pol-Pot-Zeit erzählen diejenigen, die im Lande waren, andere Dinge als jene, die in den Flüchtlingslagern in Thailand lebten. Jede Geschichte zeichnet den Krieg und das Leiden und doch sind sie sehr persönlich, sehr individuell. Man könnte fast meinen, dass die beiden Kriege und die grausame Rote-Khmer-Zeit ihre Opfer nach irgendeinem unerklärlichen Zufallsverfahren ausgesucht haben.

Bevor Gedanken zur Aufarbeitung des schwarzen Kapitels des Landes geäußert werden, geht es in den folgenden Kapiteln zunächst um die Lebensgeschichten der Menschen während der letzten Jahrzehnte.

Wer könnte etwas gesehen haben?

Altersgruppe 0–19 (54% der Bevölkerung)
Wer im Jahr des Zensus 1998 19 Jahre alt war, wurde 1979 geboren. Derjenige hat die Pol-Pot-Zeit (1975–1979) als kleines Baby „erlebt" und die Lon-Nol-Zeit (1970–1975) nicht gekannt. Über die Hälfte der Bevölkerung Kambodschas hat demnach diese Perioden nicht bewusst erlebt.

Altersgruppe 20–29 (14,2% der Bevölkerung)
Wer zum Zeitpunkt des Zensus 29 Jahre alt war, ist Jahrgang 69. Als Lon Nol an die Macht kam und der Krieg ausbrach, war er ein Jahr alt. Er konnte vieles nicht mitbekommen. Beim Sturz Lon Nols im April 1975 war er höchstens 6 Jahre alt. Bis 1973 oder 1974 war er erst im Kindergartenalter. Er mochte als Kleinkind Bombenexplosionen gesehen, gehört und gefürchtet haben, aber er war noch zu klein, um zu begreifen, was geschah. Wer 1972 und später geboren wurde, bekam die Lon-Nol-Zeit gar nicht mit. Über 2/3 der Kambodschaner kannten somit die Lon-Nol-Zeit gar nicht oder nur aus der Perspektive eines kleinen Kindes.

Der Jahrgang 1969 war im Einschulungsalter als die Pol-Pot-Zeit begann. Diese Personen sahen schon vieles, konnten sich auch vieles merken und verstanden auch manche Dinge um sich herum. Wer zwei oder drei Jahre alt war – d.h. Jahrgang 1972, 1973 – als die Roten Khmer die Macht übernahmen, hat vieles zwar gesehen, aber nicht verstanden. Er vergisst auch viele Dinge aus der Zeit der Roten Khmer. Am Ende der Roten-Khmer-Herrschaft erreichte er erst das Einschulungsalter. Die Jahrgänge 1974, 1975 (24 und 23 Jahre im Jahr des Zensus 1998) haben von der Pol-Pot-Zeit überhaupt nichts mitbekommen. Sie waren einfach noch zu klein. 60,6% der Bevölkerung Kambodschas (0–24 Jahre beim Zensus) haben die Pol-Pot-Zeit nicht mitbekommen. 7,7% (25–29 Jahre beim Zensus) haben den Beginn der Zeit der Roten Khmer als Kind im Einschulungsalter oder im Kindergartenalter erlebt.

Altersgruppe 30–39 (12,8% der Bevölkerung)
Die Altersgruppe der 30- bis 39-Jährigen im Jahr des Zensus hat vieles von der Herrschaftszeit Pol Pots mitbekommen. Sie waren 1975 im Alter zwischen 7 und 16 Jahren. Man könnte diese Gruppe auch vereinfacht nach der Reife in 7 bis 11 Jahre (Grundschulalter) und 12 bis 16 Jahre (Sekundarstufenalter) teilen und annehmen, dass die zweite Gruppe etwas mehr von der Zeit der Roten Khmer verstanden hat als die erste. Diese erste Gruppe wäre die Altersgruppe 30–34 Jahre (1968–1964) und die zweite die Altersgruppe 35–39 Jahre (1963–1959) im Jahr des Zensus 1998. Die erste Gruppe macht 6,8% und die zweite 6% der Bevölkerung aus.

Altersgruppe 40 bis über 80 (rund 19% der Bevölkerung)
Danach folgt die kleine Gruppe derjenigen, die 40 und älter sind (Jahrgänge 1958 und älter), die alles in der Pol-Pot- und der Lon-Nol-Zeit mitbekommen haben. Als Lon Nol an die Macht kam, waren die 40-Jährigen schon 12. Mit dem Fall Phnom Penhs im Jahr 1975 waren sie 17 Jahre alt. Nimmt man die Jahrgänge 1963–1959 (12- bis 16-Jährige zu Beginn der Roten-Khmer-Herrschaft) dazu, sind es rund 25% der gesamten Bevölkerung, die viel von der Zeit Lon Nols und der Roten Khmer verstanden haben. Fügt man die Jahrgänge 1968–1964 noch dazu, die auch damals viele Dinge gesehen und einiges verstanden haben, dann sind es 31,8% der Bevölkerung Kambodschas.

Der Krieg in der Lon-Nol-Zeit

Wer sich von 1970 bis 1975 in Phnom Penh oder einer anderen größeren Stadt unter Kontrolle General *Lon Nols* befand, erlebte den Krieg anders als jemand, der auf dem Lande und in den „befreiten" Gebieten wohnte. Für die Bewohner Phnom Penhs war der Krieg bis etwa 1972 noch in weiter Ferne. Diese Empfindung hatte die Stadtbevölkerung, weil die Kanonenschüsse und die Geräusche der Bombardierungen noch weit entfernt waren. Man war noch nicht direkt betroffen, die **Kriegshandlungen** noch nicht lebensbedrohlich. Im Fernsehen liefen Berichterstattungen über die siegreichen militärischen Operationen der Lon-Nol-Truppen gegen die Roten Khmer und die Vietnamesen. Die Zeitungen berichteten von Zerstörungen, von Toten und Verletzten. Die Menschen flüchteten in die Städte und fingen an, am Stadtrand winzige, zeltartige Hütten zu bauen. Wer in der Nähe eines Klosters wohnte, erlebte kaum einen Tag, an dem der Schornstein des Krematoriums auf dem Klostergelände nicht ununterbrochen qualmte. Ab 1973 verschlimmerte sich die Situation.

1974 wurde **Phnom Penh selbst Kriegsschauplatz.** Hunderte von Geschossen landeten täglich in der Stadt. Getroffen wurden Märkte, Steinhäuser, Holzhäuser, Klöster und Hütten. Jeden Tag sah man in den Medien oder auch mit eigenen Augen Brände, Blut und von Explosionen zerfetzte Menschen. In der Stadt Phnom Penh wurde es immer enger. Flüchtlinge von überallher suchten Schutz. Das Bild der Stadt wurde mehr und mehr von kleinen Hütten an den Straßenrändern, Bettlern und verkrüppelten Menschen geprägt. Und die Schornsteine der Krematorien in den buddhistischen Klöstern qualmten unaufhörlich. Die Leichenverbrenner arbeiteten im Akkord, denn in den Hallen am Krematorium warteten die Särge in Reihen. Vor jedem Sarg war ein Bild mit Trauerflor aufgestellt, das meistens einen jungen Mann in Uniform zeigte. Vor den Särgen saßen Mütter oder Ehefrauen, weiß gekleidet mit kahl geschorenen Köpfen. Die Familie versammelte sich ringsherum. Ein Trauerzug folgte dem anderen. Die Särge wurden auf weißen Wagen, denen die Trauergesellschaft folgte, zum Kloster gebracht. Während die Prozessionen zum Kloster zogen, ertönte Totenmusik aus Lautsprechern. Diese herzzerreißende Musik der **Totenzeremonie** wurde zum ständigen Begleiter der Menschen, die in der Nähe der Klöster lebten.

Flüchtlinge erzählten davon, wie ganze Familien in ihrer Nachbarschaft von Flugzeugbomben ausgelöscht wurden, und von dem großen Glück, dass die Bombe ihr Schutzloch verfehlt hatte. Lon-Nol-Soldaten und -polizisten berichteten, wie gefangene Vietcong und Rote-Khmer-Soldaten umgebracht wurden. Von der Front geflohene Soldaten erzählten von **Hun-**

ger und Not und von den Grausamkeiten auf beiden Seiten. Und immer wieder hörte man von Leichenbergen nach den Kampfhandlungen und davon, dass keine Seite Mitleid mit den Verletzten der anderen Seite hatte. Nach einem Sieg prüfte man das Schlachtfeld, zählte die toten Feinde und „erledigte" diejenigen, die noch nicht umgekommen waren. Ärzte und Krankenschwestern in **Militärkrankenhäusern** erzählten von Verletzten, Verkrüppelten und von unzähligen Leichen, die täglich per Hubschrauber und Lastkraftwagen in die Krankenhäuser gebracht wurden. Manche bedauerten, dass so viele Männer mit gut gebauten Körpern so jung sterben mussten.

Ab 1974 herrschte **große Angst in der Stadt.** Keiner wusste, ob er den Weg in die Schule oder zur Arbeit schaffen und lebend wieder nach Hause kommen würde. Wer das Haus verließ, spitzte die Ohren. Man lauschte die ganze Zeit über angespannt, ob nicht irgendwo ein Zischen zu hören war. Denn je früher man das Zischen der Geschosse und Raketen vernahm, desto größer war die Chance, sein Moped stoppen und sich rechtzeitig auf die Erde werfen zu können, um nicht von Splittern getroffen zu werden. Die Zischgeräusche und ihre Nuancierungen wurden wichtige Gesprächsthemen der Menschen in der Stadt.

Um unter der Stadtbevölkerung Panik zu verursachen, ließen Agenten der Roten Khmer häufig „Begrüßungsgeld" vor einem Markt fallen. Das waren Fünfhundert-Riel-Scheine, auf denen z. B. geschrieben stand „Am späten Nachmittag begrüßen wir euch mit 300 Geschossen!". Die Nachricht von so einem Fund kursierte sofort in der ganzen Stadt und die Menschen gingen schnell nach Hause und suchten die Schutzlöcher oder Bunker auf.

Viele Familien verlegten das Abendessen schon auf 16 Uhr, denn danach, insbesondere kurz vor Einbruch der Dunkelheit, begann der **massive Beschuss** der Stadt, der manchmal mehrere Stunden dauerte. Mit Einbruch der Dunkelheit waren die Artilleristen der Roten Khmer im Vorteil, denn die Flugzeuge und Kampfhubschrauber konnten ihre Stellungen und ihre Bewegungen nicht mehr so leicht entdecken. Wer einmal unter ständigem Raketenbeschuss gelebt hat, weiß, wie zermürbend die Geschosse und ihre Explosionen auf die Menschen wirken. Bei den Angriffen der Bomber zitterten selbst erwachsene Menschen am ganzen Körper. Einige beteten, dass die Geschosse das eigene Haus oder das Schutzloch, in dem sie sich befanden, nicht treffen mögen. Andere wiederum saßen mit sorgenvollem Gesicht im Schutzloch, sagten nichts und hofften, dass bald alles vorbei sei.

Die Menschen fühlten sich den Gefahren hilflos ausgesetzt. Viele gingen zwar in die Schutzlöcher, wussten aber, dass das bei einem direkten

Treffer selbst bei einer Abdeckung mit Sandsäcken nichts nützte. Alle wussten, dass große Geschosse oder große Raketen wie z. B. solche vom Typ 122 Millimeter mehrere Stockwerke eines Steinhauses durchschlagen können, bevor sie explodieren. Der **Kreislauf von Angst, Hilflosigkeit und Hoffnungslosigkeit** wiederholte sich tagein, tagaus. Es herrschte Armut und Hunger. Die Nahrungsmittelhilfen der USA konnten die Not nur geringfügig lindern.

Was geschah mit den Menschen in den **„befreiten" Gebieten?** So wurden die Landstriche genannt, die in der Zeit des Krieges von 1970–1975 unter die Kontrolle der vietnamesischen Truppen, die gegen die Amerikaner kämpften, und der **kambodschanischen Befreiungsbewegung,** Rote Khmer genannt, gefallen waren. Ältere Menschen, die damals in den Grenzprovinzen zu Vietnam lebten, erzählen immer wieder von der Willkür der südvietnamesischen Truppen, die auf kambodschanischem Territorium die Vietcong verfolgten und dabei in ihre Dörfer kamen. Sie vergewaltigten Frauen und Mädchen, stahlen Wertsachen, zerstörten Gebrauchsgegenstände. Sie fragten die Dorfbewohner überhaupt nicht, bevor sie etwas nahmen. Hühner und Enten holten sie sich einfach. Schweine oder Rinder erschossen sie und nahmen sie auf ihren Panzern oder Lastkraftwagen mit. Sie plünderten die Kokospalmen und andere Obstbäume in den Dörfern.

Für die Menschen in dieser Region gab es nur noch die **Flucht.** Wenn sie hörten, dass die Südvietnamesen kamen, schickten sie ihre Frauen und Töchter sofort weg, spannten die Ochsenkarren an und luden nur das Notwendigste auf, um so schnell wie möglich zu verschwinden. Männer, die die Südvietnamesen im Dorf erwischten, mussten Munition für ihre Truppen tragen.

Andere erzählten davon, wie sie als Bauern **zwischen den Fronten** gelebt haben. Ständig flogen Geschosse über ihre Dörfer, manche landeten direkt im Dorf und töteten Verwandte und Nachbarn. Zu Beginn des Krieges wussten viele Menschen gar nicht, dass man Schutzlöcher aushebt, um sich bei Kampfhandlungen zu schützen. Bereits 1971 gehörte ein großer Teil Kambodschas zum „befreiten" Gebiet. Lon-Nol-Truppen kontrollierten nur noch die großen Städte und die wichtigsten Verkehrsverbindungen des Landes. Wenn Bauern ihre Dörfer in den „befreiten" Zonen nicht verließen und weiterhin Reis auf den Äckern ihrer Familien anbauten, wurden sie unwillkürlich „Unterstützer" der Befreiungsbewegung. Sie ge-

nossen den „Schutz" der Truppen der Befreiungsbewegung und mussten den politischen Richtlinien der Befreiungsbewegung gehorchen. In den Augen der Lon-Nol-Administration waren die Bauern in den Gebieten der Roten Khmer Feinde. Dieses Feindbild teilten die Lon-Nol-Leute mit den amerikanischen Politikern und Militärs, die ihnen in diesem Krieg Hilfe leisteten. Und Feinde müssen vernichtet werden.

Kurz nachdem General *Lon Nol* an die Macht kam, erreichten die Amerikaner, dass mehrere Provinzen im Osten Kambodschas zur **„Freedom Deal Zone"** erklärt wurden. Es handelte sich dabei um Provinzen, die direkt an Südvietnam grenzten, in denen die Amerikaner das Nachschubnetz der Nordvietnamesen im Krieg gegen Südvietnam entdeckt hatten oder vermuteten. In der „Freedom Deal Zone" hatten die Amerikaner freie Hand. Bei ihren Luftoperationen brauchten sie *Lon Nol* nicht um Befugnis zu fragen. Alles, was sich bewegte, gehörte dem Feind: Menschen, Tiere, Fahrzeuge. Darauf durfte ohne Zögern geschossen werden. Ebenso gehörten die Häuser und Hütten dort den Feinden. Aber nicht nur diese Zone war von massiven Bombardements betroffen. Auch andere Regionen in der Mitte und im Süden Kambodschas wurden von 1970 bis 1973 ständig bombardiert. Außerdem richtete die Luftwaffe *Lon Nols* große Zerstörung in den „befreiten" Gebieten an.

Immer wieder höre ich solche Erzählungen: Ein Mann oder eine Frau ging als Kind mit seiner Mutter oder seinem Vater zur Plantage. Dort jätete die Familie Unkraut. Plötzlich kamen die Flugzeuge und entdeckten sie. Die Familie suchte hinter Büschen oder Bäumen Schutz. Die Flugzeuge schossen, bombardierten. Die Mutter oder der Vater starben. Das Kind überlebte, verlor die Beine, die Arme oder das Augenlicht.

Eine Frau erzählte: Anfang der 1970er Jahre war sie noch ein Kind. Sie spielte im Haus, die Großmutter war in ihrer Nähe. Plötzlich kamen die Flugzeuge. Alle rannten in das Schutzloch, die Großmutter war aber zu alt, um so schnell die Treppe am Haus herunterzusteigen und sie mitzunehmen. In diesem Augenblick fiel eine Napalmbombe direkt auf ihr Haus und es brannte aus. Die Großmutter starb im Feuer; sie selbst überlebte. Als sie wieder das Bewusstsein erlangte und sah, dass ihr ganzes Gesicht und ihr ganzer Körper verbrannt waren, wollte sie nicht mehr leben.

Immer wieder höre ich von Menschen, die damals als Kind verstümmelt und verkrüppelt wurden und dadurch ihre Hoffnung und Lebensfreude verloren haben und bis heute existenziell auf die Hilfe eines Familienangehörigen angewiesen sind.

In jener Zeit war die rücksichtslose Vernichtung von Menschenleben alltäglich. Die Piloten sahen einfach alles, was sich in dem feindlichen Gebiet bewegte, als Zielobjekte an, die mit Bomben und Raketen ausradiert werden mussten. Dass in den Hütten Kinder und alte Menschen lebten, konnte man aus der Luft nicht sehen und daher musste man darüber auch nicht nachdenken. B-52-Flieger, die nachts operierten, sahen die Zielobjekte bei ihren Flächenbombardements nur im Radar. Das Töten war somit eine sehr saubere, funktionale Sache. Man saß im Cockpit und drückte nur auf den Knopf. Man sah kein Blut, hörte keine Schreie. Ähnlich verhielt es sich auch bei den Soldaten der Artillerie. Sie bekamen die Koordinaten per Funk mitgeteilt. Sie vermaßen diese auf der Karte und sahen nur noch Zielpunkte auf dem Papier. Manchmal stand dort auch ein Ortsname. Dass an diesen Zielpunkten auf dem Papier Zivilisten lebten, schien auf beiden Seiten der Front niemand wissen zu wollen. Man sah dahinter nur Feinde.

Eine ehemalige Angehörige der Rote-Khmer-Truppen erzählte: Als Phnom Penh belagert wurde, standen auf der östlichen Uferseite des Mekongs zahlreiche Kanonen und Raketen, die auf Phnom Penh gerichtet waren. Wer wollte, konnte einfach hingehen und den Abschuss betätigen. Der grausame Krieg von 1970 bis 1975 hinterließ den Beigeschmack, dass mit dem ersten Schuss der letzte Rest von Menschlichkeit auf beiden Seiten der Front starb. Keiner weiß genau, wie viele Menschen in dieser Zeit umgekommen sind. Manche Beobachter gehen davon aus, dass etwa eine halbe Million Menschen durch diesen Krieg starben oder verkrüppelt wurden.

Die Pol-Pot-Zeit

Es können an dieser Stelle nur einige Faktoren genannt werden, die das Leben in der Zeit der Roten Khmer besonders unerträglich machten. Wer mit Überlebenden spricht, wird bald merken, dass es noch sehr viele andere Dinge gab, die Wunden in ihren Seelen hinterlassen haben.

Heimatverlust

Als die Roten-Khmer-Truppen am Morgen des 17. April 1975 in Phnom Penh einmarschierten, wussten die Menschen gar nicht, was mit ihnen geschehen würde. Manche jubelten den Siegern zu, um sie milde zu stimmen. Man jubelte um das eigene Leben. Dann kam der Befehl, die Stadt zu verlassen. Die Menschen taten, was ihnen befohlen wurde. Wer nicht ging, wurde kurzer Hand erschossen. Da es hieß, die Menschen müssten die Stadt nur für kurze Zeit verlassen und sich nur einige Kilometer von der Stadt entfernen, nahmen die meisten nicht viele Dinge mit. Und überhaupt war kaum einer darauf vorbereitet, die Stadt verlassen zu müssen. Die Menschen gingen wie willenlose Ameisen. Es gab nur eine Richtung: raus aus der Stadt. Alles geschah wie in einem bösen Traum. Als immer mehr Kilometer zurückgelegt wurden und immer mehr Tage verstrichen und die Rückkehr in die Stadt nicht in Sicht war, ahnten die Menschen, dass sie ihre Stadt so bald nicht wieder sehen würden. Die Bewohner anderer großer Städte des Landes erlebten gleiches.

Der 17. April 1975 war der Tag, an dem die Bewohner Phnom Penhs ihre Heimat mit einem Schlag verloren – und zwar für immer. An diesem Tag verließen die Menschen nicht nur ihre Häuser, Schulen und Arbeitsplätze, sondern auch ihre Familien, Verwandten, Bekannten und Nachbarn. Sie verließen ihre Kindheit, ihre Jugend, ihre gewohnte Lebenswelt. Über diesen Verlust trauerten sie während der ganzen Pol-Pot-Zeit.

Als die Überlebenden der Roten-Khmer-Herrschaft 1979 in ihre Stadt zurückkamen, war alles anders geworden. Nichts war wie zuvor. Ihre Häuser gehörten jetzt anderen Personen, die sie sich genommen hatten. Viele Verwandte und Bekannte waren umgekommen, die Überlebenden wohnten z.T. in einer völlig anderen Gegend. Das Umfeld des alten Wohnorts hatte sich vollständig verändert. In den Schulen und Büros begegneten einem unbekannte Gesichter. Viele Gebäude wurden jetzt zu anderen Zwecken genutzt. Zwar waren die Menschen 1979 glücklich, wieder nach Phnom Penh zu kommen, aber seelisch kehrten sie nicht wieder nach Hause zurück. Die alte Heimat, die geordnete Welt, in der alle Dinge ihren Platz hatten und sie selbst eine Stellung, gab es nicht mehr. Sie existierte von da an nur noch in ihrer Erinnerung.

Verlust von nahe stehenden Menschen

Die gesamte Zeit der Herrschaft der Roten Khmer stellte ohne Übertreibung für das ganze Volk eine äußerste Grenzsituation dar. Die Resultate sind der Weltöffentlichkeit bekannt. Über eine Million Tote, darunter vermutlich über 200.000 Ermordete. Kambodscha wurde in seiner Entwicklung mindestens um drei Jahrzehnte zurückgeworfen. Was verbirgt sich aber hinter diesen Zahlen? Fast jede Familie hat in dieser Zeit Angehörige verloren. Zwischen 1975 und 1976 wurden die Soldaten und Beamten des alten Regimes verfolgt. Wer seine Identität nicht verbergen konnte, wurde festgenommen und ermordet. Von 1976 bis 1978 intensivierte die Rote-Khmer-Führung die „Säuberung" der Feinde in ihren eigenen Reihen.

In verschiedenen Regionen fanden Kampfhandlungen statt. Militärangehörige und Kader der Roten Khmer auf lokaler und zentraler Ebene wurden verhaftet und getötet. Malaria, Ruhr, schwerste Arbeit und Hunger richteten unzählige Menschen zugrunde. In manchen Kommunen starben innerhalb kürzester Zeit so viele Menschen, dass die Verwaltung Schwierigkeiten hatte, Leute zu finden, um die Leichen fortzubringen und zu begraben. Ganze Familien starben aus. Manchmal überlebte nur ein kleines Kinder oder eine alte Großmutter.

Angst

Tag und Nacht mussten die Menschen aufpassen, dass sie nichts Falsches sagten oder machten, denn das hätte schlimme Konsequenzen gehabt. Zu jener Zeit hieß es, dass die Angkar („Organisation", gemeint: die Partei und die Staatsmacht der Roten Khmer) so viele Augen hat wie eine Ananas. Die Angkar sah und hörte alles. Es gab viele Methoden, um aus den Menschen Dinge herauszubekommen, die sie lieber verbergen wollten. Eine Methode war die **Selbstkritik-Versammlung.** Jeder Teilnehmer wurde aufgefordert, seine Fehler oder Schwächen vor allen anderen „zu gestehen" und Besserung zu versprechen. Nachdem eine Person gesprochen hatte, mussten sich diejenigen, die sie kannten, dazu äußern, ob keine Fehler oder Schwächen verschwiegen wurden. Wurde ein Fehler oder eine Schwäche von dem Redner nicht erwähnt und danach von den anderen enthüllt, stand es schlecht um den Redner. Er konnte massiv kritisiert und zu schwerster Arbeit verurteilt werden. Auch Tötung konnte die Folge dieser „Enthüllung" sein. Mit dieser Methode wurde Misstrauen, Hass und Denunziation unter den Menschen geschürt. Die Wut gegen denjenigen, der jemanden denunziert hatte, und Strafandrohung bei Unterlassung von Kritiken gegen einen anderen „belebten" die Selbstkritikstunden. Bei diesen Kreuzverhören sammelte der Versammlungsleiter Informationen über die Personen, die unter seiner Kontrolle lebten.

Ein anderes Mittel war das **Lauschen**. In den Kommunen und den großen Arbeitslagern gab es Leute, deren Aufgabe die „Sicherheit" war. Diese Leute konnten sich geräuschlos an die Hütten heranschleichen und hörten die Gespräche der Bewohner mit. Fiel auch nur ein kritisches Wort über die Politik der Angkar, wurde die ganze Familie am nächsten Tag fortgebracht und getötet. Um diese Art der Informationsbeschaffung zu gewährleisten, war es in vielen Kommunen und Arbeitslagern verboten, Hunde zu halten. Denn Hunde hätten diese Leute entdeckt und gebellt.

Ich selbst habe einmal in der Nacht bei einem Toilettengang gesehen, wie sich jemand in der Dunkelheit an die Hütte der Familie meiner Tante heranpirschte. Ein Bekannter erzählte mir nach der Pol-Pot-Zeit davon, dass er in einer Mondscheinnacht durch die Bambusbretter seiner Stelzenhütte Menschenschatten unter seiner Hütte entdeckt hat. Den Mund halten und alles tun, was einem gesagt wurde, war ein fester Bestandteil der Überlebensstrategie dieser Zeit. Besonders schlimm war die Ungewissheit darüber, was mit einem passieren wird, und die Sorge darüber, ob man nicht doch am nächsten Tag abgeholt wird.

Gewaltsame Trennung von der Familie

Die militärische Organisation des Lebens in Vorderfront und Hinterfront riss die Familien auseinander. Die **Vorderfront,** das waren in der Regel große **Arbeitslager,** in denen Menschen mit „genügend" Arbeitskraft Reisfelder beackerten, Dämme oder Kanäle bauten. Die **Hinterfront** bildeten alte, kranke Menschen und Frauen mit ganz kleinen Kindern. Die Vorderfront war oft weit von der Hinterfront entfernt. Besuche bei Familienangehörigen, die in der Hinterfront lebten, gehörten zu den großen Ausnahmen. Da die Arbeitskräfte an der Vorderfront klar in die Spitzentruppen (Jugendeinheiten), Kindereinheiten und die Einheiten der Erwachsenen geteilt waren und jeder in seiner Einheit lebte und arbeitete, konnten Kinder ihre Eltern nur sehr selten sehen. Schon mit 7 oder 8 Jahren mussten die Kinder die gleiche Arbeit wie die Erwachsenen verrichten. Der Unterschied bestand nur darin, dass das Arbeitspensum der Kinder etwas geringer war. Etwa ab 16 Jahre gehörte man zur Jugendeinheit.

Die Trennung der Familien betraf im Grunde alle, die Menschen des Neuvolks wie des Altvolks. Während die Kinder und Jugendlichen des Neuvolks als Arbeitskräfte in die Arbeitslager geschickt wurden, zog man viele Kinder des privilegierten Altvolks in die Armee ein. Diese gewaltsame Trennung verursachte bei den Menschen Traumata. Nach der Pol-Pot-Zeit erzählten Kinder und Jugendliche, dass sie weit weggeschickt oder eingezogen worden waren und ihre Eltern nie wieder gesehen haben. Bis heute gibt es Menschen, die ihre Angehörigen vermissen.

Arbeit

Hier ein Beispiel aus der Region Nummer 1 in der Provinz Battambang im Nordwesten Kambodschas. Geweckt wurden alle in den Arbeitslagern schon gegen 5 Uhr am Morgen. Wer zu langsam aus der Hängmatte stieg, riskierte, einen Fußtritt abzubekommen. Unmittelbar danach machte sich jeder auf den Weg zur Arbeit. Es wurde nicht gefrühstückt. Sobald der Arbeitsort erreicht war, begann man mit der Arbeit.

Beim Dammbau mussten erwachsene Menschen mit einer Hacke drei bis fünf Kubikmeter Erde am Tag aufschütten. Jedes Mitglied der Kindereinheiten musste einen Kubikmeter am Tag schaffen. Manchmal musste ein Damm mitten im Wasser gebaut werden. Gearbeitet wurde bis kurz vor zwölf. Zu Mittag wurden eine oder zwei Kellen Reissuppe pro Person verteilt. Danach wurde sofort weitergearbeitet bis 5 Uhr. Nun war etwa eine Stunde Pause für das Abendessen. Wieder gab es ein bisschen Reissuppe. Anschließend wurde bis etwa 10 Uhr am Abend weitergearbeitet. Nachtarbeit war in der Regenzeit nicht so häufig wie in der Trockenzeit, aber generell war Regen kein Grund für die Unterbrechung der Arbeit.

Manche Leute fielen bei der Arbeit einfach um und starben. Andere wurden krank und konnten nicht mehr aufstehen. So starb einer nach dem anderen und die Zahl der Mitglieder der einzelnen „Einheiten" wurde immer kleiner.

Wer nicht mehr aufstehen konnte, den schickte man in das „Krankenhaus" einige Kilometer von dem Arbeitslager entfernt, wo er ganz sicher starb. Ein Krankenhaus, das ich selbst sah, bestand aus einem mit Bartgras *(sböw)* bedeckten Langhaus und einigen kleinen Hütten. Die Halle des Langhauses war nicht in Zimmer unterteilt. Alle Patienten lagen auf Gestellen aus Bambusbrettern. Am Tag bekamen sie zweimal etwas Reissuppe zu essen. Junge Frauen, die man revolutionäre Krankenschwestern nannte, verteilten ein- oder zweimal am Tag zerstampfte Pflanzenrinde und -wurzeln an die Patienten: die Medikamente. In der Nähe der Krankenhäuser gab es unzählige alte und neue Gräber.

Hunger

Nur in der Zeit der Reisernte von Dezember bis Januar oder Februar gab es genug Reis zu essen. Danach mussten alle wieder Reissuppe essen. In vielen Gegenden waren die Menschen extrem abgemagert und geschwächt. Viele bekamen in Folge der Unterernährung Wassersucht (Hungerödeme) und konnten kaum arbeiten.

Der Hunger tat weh. Er beherrschte das ganze Denken. Man dachte ständig an Essen. Nachts träumte man vom Essen und war traurig, wenn man in diesem Traum gestört wurde.

Krankheiten

Wer Malaria bekam, hatte kaum eine Überlebenschance. Ganze Familien starben durch diese Krankheit regelrecht aus. Aber auch die Ruhr, Typhus, Durchfall und Gelbsucht grassierten, schwächten die Menschen und nahmen vielen von ihnen das Leben. Aufgrund der Unterernährung und der zahlreichen körperlichen Gebrechen heilten selbst kleinere Wunden nur sehr langsam oder gar nicht und konnten ebenso zum Tod führen. Die Kranken in der Hinterfront waren sowieso sich selbst überlassen. Die Menschen der Hinterfront, die mit ihrer Krankheit nicht fertig wurden, starben einfach.

Wer 1976 durch manche Dörfer ging, hörte überall das Wimmern der vom Schüttelfrost gepeinigten Malariakranken und das Stöhnen der vor Schmerzen leidenden Kranken. Es war die Hölle. Viele Kambodschaner leiden bis heute an den Folgen von Krankheiten, die sie in der Zeit der Roten Khmer hatten.

Besonders schlimm war das Leben für diejenigen, die Misshandlungen und Folterungen in den *munti santesok* (Sicherheitsämter) durchmachen mussten.

Der Krieg in den 1980er Jahren

Recht bald nach dem Sturz *Pol Pots* im Januar 1979 durch die vietnamesischen Truppen unter Beteiligung der Truppen der Nationalen Einheitsfront gegen die Roten Khmer flammte wieder ein **Bürgerkrieg** auf. China bestrafte Vietnam wegen der Vertreibung der Roten Khmer. Die ASEAN-Länder fühlten sich durch Vietnam bedroht und brachten die Roten Khmer und andere Widerstandsgruppen in der **Koalitionsregierung des Demokratischen Kambodschas** zusammen. China und die USA unterstützten den Aufbau dieser Koalitionsregierung. Die Roten Khmer erhielten militärische und finanzielle Hilfe für ihre Reorganisation und ihre Aktionen.

Zehn Jahre lang saßen Vertreter der Roten Khmer in diesem Rahmen in der UNO. Viele westliche Länder unterstützten die Politik der ASEAN, der USA und Chinas bis Ende der 1980er Jahre.

In Kambodscha wurde ein **sozialistischer Staat** nach dem Vorbild der ehemaligen Ostblockländer aufgebaut. Vietnam stationierte rund 200.000 Soldaten in Kambodscha, um den Staat, an dessen Spitze *Heng Samrin* stand, zu unterstützen. Im Lande liefen die Rekrutierung von Soldaten und der „Aufbau der Basis" auf Hochtouren. Ein **Stellvertreterkrieg des Kalten Krieges** und des regionalen Krieges tobte in Kambodscha.

Auf beiden Seiten der Front verloren Zehntausende Menschen ihr Leben. Genaue Zahlen sind nicht bekannt. Viele Mütter verloren ihre Söhne, viele Frauen ihre Ehemänner. Besonders traurig war für die Menschen die Tatsache, dass die Ehemänner und die Kinder, die die furchtbare Pol-Pot-Zeit überlebt hatten, sich nun wieder der Todesgefahr aussetzen mussten. Ein bitteres Scherzwort aus der Zeit lautet: *töw djih lan, mao djih djan* (hin, d. h. zur Front, fährst du mit einem Wagen, zurück kommst du mit einem Teller, d. h. in einer Urne). Die Menschen hatten große Angst vor der Rekrutierung. Für viele junge Menschen und deren Eltern war die Rekrutierung ein Albtraum.

Man hörte wieder Erzählungen von den Grausamkeiten des Krieges und den Leiden der Menschen. Man hörte von Soldaten, denen das eigene Leben nichts mehr bedeutete. Ein ehemaliger Soldat der Heng-Samrin-Armee, der Mitte der 1980er Jahre auf einem Berggipfel nahe der Grenze zu Thailand stationiert war, erzählte mir, dass er irgendwann überhaupt keine Angst mehr vor dem Tod hatte. Zu sterben war ihm völlig gleichgültig geworden. Als seine Kaserne einmal von den Roten Khmer beschossen wurde, riefen ihm die vietnamesischen Soldaten und seine Kollegen zu, dass er sich auf die Erde legen sollte, aber er lief einfach weiter, weil es ihm egal war, ob er sterben oder weiterleben würde.

Wirkung der beiden Kriege und der Pol-Pot-Zeit auf die Menschen

Die Kriege und die Zeit der Roten Khmer trafen jeden Kambodschaner sehr unterschiedlich. Kinder, die noch nicht im wehrpflichtigen Alter waren, erlebten den Krieg in der Lon-Nol-Zeit anders als Soldaten oder die Eltern und Ehefrauen von Soldaten. Wer bei einem Bomben- oder Raketenangriff den Tod eines Familienmitgliedes miterlebt oder selbst einen Arm oder ein Bein verloren hat, ist anders durch den Krieg betroffen, als jemand, der die Katastrophe erst nach dem Angriff gesehen oder nur davon gehört hat.

Wer Familienmitglieder durch die Kriege und durch die Pol-Pot-Zeit verloren hat, ist stärker betroffen als jener, der solche Verluste nicht hinnehmen musste. Wer gefoltert und gedemütigt wurde oder Tötungen gesehen hat, ist anders von den Situationen gezeichnet als jemand, der davon nur gehört hat. Auch Hunger, Krankheiten und die Last der Arbeit in der Pol-Pot-Zeit erlebte nicht jeder auf die gleiche Weise. Die Menschen verarbeiten die furchtbaren Erlebnisse sehr unterschiedlich.

Wie aber macht sich diese Traumatisierung bemerkbar? Was hört man von den **seelischen Zuständen** der Menschen nach dieser Zeit? Schon Anfang der 1970er Jahre, als der Krieg begann, hörte man von Lon-Nol-Soldaten, die halb taub oder nicht richtig ansprechbar waren. Menschen, die in den Gebieten lebten, die von den Roten Khmer kontrolliert wurden, bekamen noch lange nach dem Krieg gegen den proamerikanischen General *Lon Nol* panische Angst, wenn sie Flugzeug- oder Hubschraubergeräusche vernahmen. Durch Hoffnungslosigkeit und den Verlust ihrer Lebensfreude sind viele Menschen gezeichnet, die Körperteile oder das Augenlicht durch den Krieg verloren haben. Bis heute gibt es noch Menschen, die manchmal für ein paar Tage nicht ansprechbar sind. Manche geben auf einmal schnalzende Geräusche von sich, knirschen mit den Zähnen und treten dann geistig völlig weg.

Nach über ein bzw. zwei Jahrzehnten, die seit dem Krieg und der Pol-Pot-Zeit vergangen sind, ist es sehr schwer, die Verbindung zwischen bestimmten seelischen Problemen und einzelnen Ereignissen aus diesen Zeiten herzustellen. Jeder Fall hat seine eigene Geschichte. Direkt nach dieser schrecklichen Zeit sah ich Menschen, die den Verstand verloren hatten und nackt durch die Straße gingen. Mir fiel besonders auf, dass viele Kambodschaner noch Jahre nach der Pol-Pot-Zeit **Albträume** hatten. Immer wieder wurden dieselben Geschichten erzählt. Man wähnte sich im Traum noch in der Pol-Pot-Zeit, trug die schwarze Kleidung, sah die Roten-Khmer-Kader in schwarz und die Soldaten mit ihren Gewehren. Jedes Mal spürte man dieselben Ängste von damals, war schweißgebadet und hatte Herzrasen. Manch einer träumte, dass er verfolgt wurde und war froh, als er wieder aufwachte und spürte, dass alles nur ein Traum war. Bei einigen hörten die Albträume erst 10 Jahre nach dem Ende der Zeit der Roten Khmer auf.

Manche Menschen sind auch heute noch tagelang traurig. Ein Bekannter erzählte mir von seinem Verwandten, der bei der Flucht vor den Soldaten der Roten Khmer seine Kinder in seinen Armen trug. Ein weiteres Kind krabbelte hinter ihm her und rief „Papa, Papa". Er konnte dieses Kind jedoch nicht auch noch tragen, sodass es zurückbleiben musste. Bis heute weint er tagelang und kann nicht essen, wenn er an diese Flucht denkt.

Der Umgang mit der Vergangenheit

Wie werden die Menschen mit der Vergangenheit fertig? Wie die Beispiele zeigen, werden manche gar nicht mit der Vergangenheit fertig. Andere wollen leben. Sie planen und organisieren ein neues Leben. Sie arbeiten. Sie denken an die eigene Zukunft. Sie lieben, heiraten und sorgen für ihre Kinder. Das Leid und der Schmerz, die ihnen in den schlimmsten Zeiten ihres Lebens zugefügt wurden, trugen sie lange mit sich herum, doch nach und nach haben sie das überwunden. Jeder schaffte das auf seine Weise. Es gab keine professionelle Hilfe.

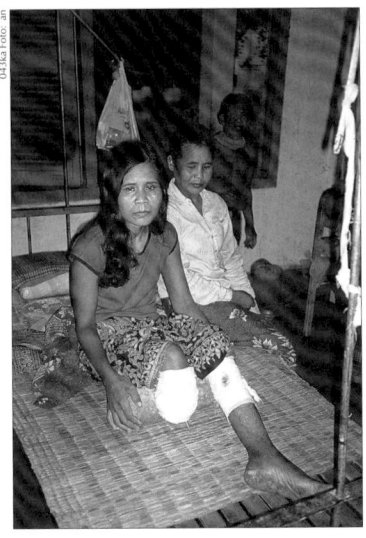

Was vielen Menschen half, waren **Gespräche mit anderen Betroffenen.** Verwandte, Kollegen, Schüler oder Studenten erzählten sich in ihrer kleinen Gruppe immer wieder, was sie erlebt hatten. Sie erzählten von ihren Albträumen. In diesem Kreis fanden sie Gehör, fanden sie Verständnis, denn die Teilnehmer an diesen Gesprächen kannten das alles aus eigener Erfahrung. Keiner wurde abgelehnt. Und je öfter sich die Menschen ihre Erlebnisse in diesem sicheren Rahmen erzählten, in dem sie selbst bestimmten, wann und wie sie erzählten, desto geringer wurden ihre seelischen Leiden. Nach und nach überführten sie all die schlimmen Erlebnisse in den Erfahrungsbereich und die emotionale Ladung der Geschichten verringerte sich.

Ich nehme an, dass vielen auch die **neue Lebensperspektive** dabei geholfen hat. Neben diesen Gesprächen gehen die Menschen auch in die buddhistischen Klöster. Dort können sie beten und den Verwandten und Freunden, die im Krieg oder unter *Pol Pot* umgekommen waren, das gute Karma, das sie bei der Durchführung buddhistischer Zeremonien erlangen, senden. Sie bitten Buddha, dafür Sorge zu tragen, dass den Verstorbenen in der nächsten Wiedergeburt nur Gutes widerfährt. Auf diese Weise können die Menschen auch noch etwas für die Verstorbenen tun.

Für Menschen, die Angehörige vermissen, bringt der Gang zum **Wahrsager** manchmal Erleichterung, insbesondere wenn ihnen der Wahrsager sagt, dass der vermisste Ehemann oder Vater, überlebt hat und jetzt im Ausland wohnt. Weitere Methoden, mit der schweren Vergangenheit fertig zu werden, sind die Verdrängung und das Vergessen der schrecklichen Erlebnisse.

Minenopfer im Krankenhaus – die Schrecken der Vergangenheit sind bis heute im Alltag der Menschen präsent

Aufarbeitung der Vergangenheit

Je grausamer ein Krieg ist, desto schwerer ist es, Täter und Opfer festzustellen. Jede Seite schoss. Auf jeder Seite der Kriegsgegner haben die Menschen gelitten. Menschen, die an einem Ort lebten, weil schon ihre Vorfahren dort gelebt haben, wurden auf einmal zu Feinden derjenigen Truppen, die von diesem Ort abzogen und zu Helfern der siegreichen Truppen, die diesen Ort einnahmen. Sie wurden beschossen und bombardiert. Viele Orte waren in der Lon-Nol-Zeit tagsüber unter Kontrolle der Lon-Nol-Regierung und nachts unter der der Widerstandsbewegung.

Dasselbe geschah während des Kriegs in den 1980er Jahren. Am Tag waren viele Dörfer unter der Verwaltung des Staates Kambodscha und in der Nacht unter Kontrolle der Roten Khmer. Die Menschen dort mussten für die beiden gegnerischen Seiten arbeiten, Steuern zahlen und ihre Kinder in beide Armeen schicken. Sie wurden die mit den „zwei Köpfen" genannt. Durch die Kriegshandlungen verloren unzählige Zivilisten – ob nun mit einem oder mit zwei Köpfen – ihr Leben, ihre Häuser, ihr gesamtes Hab und Gut.

Auch die Soldaten litten. Die meisten waren nicht aus Überzeugung Soldat, sondern zwangsrekrutiert, dann in Trainingcamps gesteckt und an die Front geschickt worden. Ehemalige Soldaten erzählen, dass sie bei Kampfhandlungen nur um das eigene Leben und das Leben ihrer Kameraden kämpften und überhaupt nicht für den Staat oder eine Ideologie. Man musste schießen und töten, um nicht selbst getötet zu werden. Jeder wusste, dass ihn der Gegner nicht am Leben lassen würde. Militär und Machthaber wollten sich nicht als Täter sehen. Soldaten beriefen sich auf Befehle, die durchgeführt werden mussten. Machthaber führen „nationales Interesse", „Gefahr für die Nation", „die besondere Situation" und dergleichen als Rechtsfertigungsgründe an.

Da diese Kriege Teile von regionalen Konflikten und des Kalten Krieges waren, stellt sich die **Klärung der Schuldfrage** für die Kambodschaner besonders kompliziert dar. Jede Krieg führende Partei behauptete, dass die Moral auf ihrer Seite sei. Ihre Handlungen, die zur Zerstörung von Leben, Gesundheit und Eigentum wehrloser Zivilisten auf der anderen Seite geführt haben, wären gerechtfertigt gewesen. Demnach gäbe es auf keiner Seite Täter. Würde man dieser Denkweise folgen, dann müsste man zu dem Schluss gelangen, dass es bei diesen Kriegen gar keine Opfer gab. Denn Opfer gibt es nur, wenn es auch Täter gibt. Diese Schlussfolgerung ist aber sehr unbefriedigend, wenn man das große Leid gesehen oder selbst unter diesen Kriegen gelitten hat. Die wehrlosen Zivilisten, denen Schlimmes widerfahren ist, haben es dagegen nicht schwer, sich als „*chun* *rong kruah"* (Opfer) zu begreifen. Sie brauchen für ihre Leiden keine Rechtfertigungsgründe. Diese Leute haben aber nicht die Mittel dazu, ihre Meinung zur herrschenden Meinung zu machen. Oder sie sind durch familiäre und sonstige Beziehungen in dem hierarchischen System des Landes so verfangen, dass sie die Klärung der Schuldfrage nicht für lebensnotwendig erachten. Nur jemand, der bei der Bewertung von Schuld keinen Rechtfertigungsgrund benötigt, hat es hier etwas leichter.

Auch die Bewertung der Zeit der Roten Khmer ist sehr kompliziert. Es kamen viele Menschen um, unsägliches Leid wurde angerichtet. Es gab Kader, denen wortwörtlich Blut an den Fingern klebt und jene, die die Verfolgung und Tötung von Menschen befohlen haben. Und dennoch waren nicht alle Menschen vom Altvolk, nicht alle Institutionen, nicht alle Verantwortlichen der Roten Khmer in den einzelnen Institutionen direkt an der Ermordung und gewaltsamen Unterdrückung der Menschen beteiligt. Ebenso gab es auch Fälle im Neuvolk, wo die Grenze zwischen Opfer und Täter fließend war.

Die Konsequenz aus dem über zwanzigjährigen Leiden müsste eigentlich eine gründliche Beleuchtung der Rollen aller Beteiligten sein. Ein großer Teil der Kambodschaner versuchte jedoch nach dem Ende dieser Zeit nach vorne zu schauen und neu anzufangen. Sie setzten sich nicht im Detail mit den Rollen der Einzelnen in den Kriegsparteien oder den Rollen von Tätern und Opfern auseinander. Kaum jemand versuchte herauszufinden, wer in der Vergangenheit welche Schuld auf sich geladen hatte und welche Konsequenzen aus der individuellen und kollektiven Verantwortung der Täter abgeleitet werden konnten. Je mehr Zeit verging, desto weniger waren sie daran interessiert, die schlimme Vergangenheit wieder aufzuwühlen.

Der Begriff „Aufarbeitung der Vergangenheit" ist in Khmer nicht bekannt. Es gibt auf Khmer zwar **Romane, Erzählungen und Zeitungsberichte** über die kriegerischen Handlungen und das Leben und Leiden der Menschen in der Pol-Pot-Zeit. Auch in den Geschichtsbüchern wird das Leben in den Kriegszeiten behandelt. Diese Publikationen waren jedoch sowohl in den 1970er Jahren als auch in den 1980er Jahren meist stark politisch gefärbt.

In letzter Zeit sind einige Lebensgeschichten von Menschen erschienen, die die Pol-Pot-Zeit erlebt haben. Viele **Analysen in Fremdsprachen** über den Krieg in den 1970er Jahren, zur Pol-Pot-Herrschaft und zu dem Kambodscha-Konflikt in den 1980er Jahren richten sich nicht an Kambodschaner, sondern hauptsächlich an die Fachwelt und die Leser im Ausland. Wichtige **Informationsstellen** zu den Verbrechen in der Roten-Khmer-Zeit sind das Museum „Tuol Sleng" – eine ehemalige Oberschule in

Phnom Penh, die in der Zeit der Roten Khmer als Gefängnis diente –, der Ort der Massenexekution „Choeung Ek" im Süden von Phnom Penh und das Dokumentationszentrum über die Verbrechen der Roten Khmer in Phnom Penh.

Angesichts der Komplexität der jüngeren Geschichte Kambodschas müsste den Betroffenen eigentlich die Möglichkeit gegeben werden, sich zu der Form der Aufarbeitung zu äußern. Bei der Vorbereitung des Prozesses gegen die Verantwortlichen der Roten Khmer wurden sie jedoch gar nicht gefragt. Die wichtigsten Gespräche darüber fanden zwischen den Vertretern der UNO, der Geberländer und der Regierung Kambodschas statt.

KÜNSTLERISCHES SCHAFFEN

Kambodschaner definieren ihre Identität auch über das künstlerische Schaffen ihrer Vorfahren und ihrer Zeitgenossen. Durch Kunst versuchen die Menschen dort ein harmonisches Verhältnis zwischen ihrer Welt und der Welt der Götter und dem Universum herzustellen und ihre Stellung in der Welt zu bestimmen. Sie möchten sich selbst auf einer anderen Ebene als die der alltäglichen Wirklichkeit sehen und erleben. Sie geben in der Kunst ihrem eigenen Leben einen anderen Sinn.

Besonders stolz sind sie auf die Kunstwerke aus der Angkor-Zeit. Hunderte von Tempeln und Steinskulpturen unterstreichen im Bewusstsein der Menschen die Höhe der damaligen Khmer-Kultur. Diese Kultur wird so als fester Bestandteil ihrer gemeinsamen historischen Biografie begriffen. Der Stolz auf die alte Kultur findet sich immer wieder in den Präambeln der Verfassungen aus unterschiedlichen Zeiten, in Hymnen, Liedern, in den

Eines der fantastischen Flachreliefs in Angkor Wat schildert die Schlacht von Kurukshetra aus der hinduistischen Sage Mahabharata

Vorworten wichtiger Publikationen und in Reden. Anhand des künstlerischen Schaffens, des Kunstverständnisses und -geschmacks der Kambodschaner möchte ich in diesem Kapitel Teile der Eigenheiten der Kambodschaner skizzieren.

Architektur und Plastik

Kunsthistoriker teilen die Entwicklung der **Khmer-Tempelbauten** und Plastiken in etwa 15 Stile. Man kann sie auch grob in nur zwei Epochen, die prä-angkorianische und die angkorianische, fassen. Auf der Landkarte von Kambodscha kann man sehen, dass die Entstehung der Tempel der Vor-Angkor-Zeit (6.–9. Jh.) im Süden begann und sich die Bautätigkeit nach Mittelosten des Landes und anschließend nach Nordwesten fortsetzte. Das ist wie eine Bewegung in umgekehrter Uhrzeigerrichtung. Diese Bewegungsrichtung hat mit dem Zerfall des einst sehr mächtigen Reiches Funan im 6. Jahrhundert und dem Erstarken des Reiches Chenla ab der gleichen Zeit zu tun. Wie wir bereits wissen, befand sich Funan im südlichen Teil des heutigen Kambodschas und erstreckte sich über ein großes Gebiet des heutigen südlichen Vietnams.

Historiker nehmen an, dass sich dieses Reich im Westen bis zum Delta des Menam-Flusses im heutigen Thailand ausdehnte. Mit dem Sieg Chenlas über Funan im 7. Jahrhundert hörte Funan auf, als Staat zu existieren. Möglicherweise hat dieser Schlag sehr negative Folgen auf die Kultur von Funan gehabt, insbesondere auf die Tempelbauten. Es sind kaum Zeugnisse von Steinbauten in diesem Teil Kambodschas erhalten. Nur wenige Steinsockel von Gebäuden und Reste von Stadtmauern sind in dem ehemaligen Funangebiet zu finden.

Demgegenüber verzeichnete das zentrale Gebiet des siegreichen Chenla-Reiches im mittleren Osten des heutigen Kambodschas nach dem Fall Funans eine rege Tempelbautätigkeit. In der Zeit der Existenz Chenlas bis zum Ende des 8. Jahrhunderts weitete sich die Bautätigkeit bis in das westliche Gebiet der späteren Angkor-Region aus.

Erst ab Anfang des 9. Jahrhunderts entstand das Angkor-Reich. Das Gebiet nördlich vom Tonlesap-See war 600 Jahre lang das Kernland des Reiches. Bis zum 13. Jahrhundert ließen die Könige dort viele Tempel errichten, es wurden **Bewässerungsanlagen** und **Straßen** gebaut. Die angkorianische Stilepoche, die im 9. Jahrhundert begann, endete im 13. Jahrhundert mit dem Bayon-Stil. So gesehen besteht keine Deckung zwischen der Angkor-Zeit und der angkorianischen Stilepoche, denn politisch blieb das Angkor-Reich noch bis Anfang des 15. Jahrhunderts bestehen.

Die einzelnen Etappen der Kulturgeschichte Kambodschas kann man auch im **Nationalmuseum** von Phnom Penh verfolgen. Der Rundgang erfolgt in Uhrzeigerrichtung. Der Besucher fängt am Eingang links an und arbeitet sich durch die alte Geschichte in der linken Galerie durch, kommt dann auf die mittlere Galerie und biegt anschließend in die rechte Galerie ein und setzt seinen Gang so in die neue Zeit fort, bis der Kreis sich am Eingang wieder schließt. Der Gang der Besucher im Museum verläuft somit entgegen der Bewegungsrichtung der Entstehung der alten Tempel in Kambodscha.

Prä-angkorianischer, funanesischer Stil

Der Stil von Phnom Da

Die Klassifizierung des Stils von Phnom Da wurde hauptsächlich anhand von Plastiken, die man im Gebiet Phnom Da nahe Angkor Borei gefunden hat, vorgenommen. Angkor Borei, ein Ort im Süden Kambodschas, war vermutlich eine Zeit lang die Hauptstadt der Funanesen. Diesen Stil ordnet man dem Jahrhundert vor dem Ende der Funanzeit zu, nämlich der ersten Hälfte des 6. Jahrhunderts. Die gefundenen Vishnu- und Buddhastatuen enthalten noch Elemente indischen Einflusses in der Gestaltung von Gesichtszügen, Körperhaltung und Bekleidung, weisen aber eindeutige funanesische Eigenheiten auf. Die Funanesen gestalteten ihre **Skulpturen nach streng konstruktiven Prinzipien.** Dies stand im Gegensatz zu den indischen Meistern, die Bewegungen als sinnliche Energie auffassten und ihre Skulpturen, als hätten sie keine Knochen, darstellten.

Die Künstler Funans versuchten von Anfang an, ihre Statuen frei im Raum zu gestalten. Um den Statuen einen festen Halt zu verschaffen, hat man sich damals Verschiedenes einfallen lassen. Eine beliebte Technik ist der Einsatz eines hufförmigen Bogens, der die Statue von hinten stützt. Mitunter findet man auch Götterfiguren, deren Hände auf mit dem Sockel verbundenen Steinstützen ruhen. Diese Steinstützen sind als Keule oder Waffe getarnt. Bei manchen Figuren stärkt ein Schoß des Gewandes die Beine oder man ließ Steinverstrebungen zwischen bestimmten Körperteilen stehen.

Bei komplizierteren Darstellungen wie jener von *Krishna,* der einen Berg hoch stemmt, um den Lebewesen Schutz vor einem gewaltigen Regen zu gewähren, wurde der Körper des Gottes an ein Steinpaneel angelehnt. Der Körper ist in seiner ganzen Form herausgearbeitet. Muskelpartien werden leicht angedeutet. Als Bekleidung dient ein Schurz, der mit einem Gürtel gehalten wird. Ein Schoß des Rockes wurde durch die Beine gezogen und hinten mit dem Gürtel befestigt. Die Steingötter haben mandelförmige Augen mit hoch geschwungenen Augenbrauen, die aneinanderreichen. Ihre Nase ist fein gebogen. Im Ensemble mit dem harmonisch platzierten Mund strahlt das Gesicht Ruhe aus. Brahmanistische Götter haben kompliziert geflochtene Haarfrisuren oder eine zylindrische Mitra als Kopfbedeckung. Die Götter trugen keinen Schmuck. Buddhastatuen wurden unter dem engen Gewand geschlechtslos dargestellt. Ihre Haarlocken werden als breite Spiralen dargestellt. Der Haarknoten ist kaum zu sehen.

Stile der Chenla-Zeit

Die Chenla-Zeit brachte vier Stilepochen hervor: Sambor, Prey Khmeng, Prasat Andet und Kampong Preah. Auch wenn das Reich Funan mit Chenla verschmolz, ging die Kunst Funans nicht unter. Im Gegenteil, Chenla hat vieles von der funanesischen Kunst übernommen. Sehr eindeutig war der Einfluss Funans in dem Stil von Sambor zu sehen.

Der Stil von Sambor

Sambor ist der Kurzname für den Ort Sambor Prey Kuk. Er liegt nördlich der Provinzstadt Kampong Thom. Wegen der Ansammlung sehr vieler Tempel aus dem 7. Jahrhundert in diesem Gebiet und der gefundenen Steininschriften aus jener Zeit nimmt man an, dass König *Isanavarman* seine Hauptstadt dort errichten ließ, nachdem er Funan besiegt und in sein Reich eingliedert hat.

Die **Tempelkomplexe** bestehen häufig aus fünf Einzelgebäuden auf einer Terrasse. Dazu gehört ein Turmheiligtum. Es beherbergte damals das Bildnis des Hauptgottes. Für das Gefolge des Hauptgottes und sein Reittier stehen mehrere Nebenheiligtümer um das Hauptheiligtum zur Verfügung. Manche Hauptheiligtümer haben rechteckige Grundrisse, während andere ungleichmäßige rechteckige Grundrisse besitzen. Ihre Bedachung besteht aus der Wiederholung von immer kleiner werdenden Mustern der Hauptgebäude.

Das Hauptheiligtum symbolisiert den Berg Meru als Sitz von Brahma. Es ist allen vier Himmelsrichtungen zugewandt. Sein Haupteingang richtet sich nach Osten, wo die Sonne aufgeht. Der Osten wurde als die Quelle des Lebens betrachtet. Die relativ kleinen Tempel waren als Wohnsitze der Götter, die man verehrte, konzipiert. Sie waren den Brahmanen vorbehalten. Die Öffentlichkeit hatte keinen Zugang. Ein Charakteristikum des Stils von Sambor ist die Tempeldekoration.

Lakshmi-Statue im Sambor-Prey-Kuk-Stil (Anfang 7. Jh.)

An der Mauer verschiedener Türme sind „fliegende Paläste" abgebildet. Die Hochreliefs der Fensterstürze zeigen einen mit Medaillons verzierten Bogen. In den Medaillons sind Gestalten von Gottheiten zu sehen. Ein anderer Sturz zeigt Götter unter dem Bogen, die sich unter einer zentralen Figur versammeln. Bei manchen Stürzen hängen Blattgirlanden unter dem Bogen. Runde Säulchen an den Türen haben am oberen Teil einen Zwiebelaufsatz, der an indische Vorbilder erinnert.

Außer einem Girlandenfries unter dem Aufsatz ist der Schaft nicht mit Verzierungen überladen. In der **Plastik** zeigen sich kleinere Veränderungen. Der Körper wurde mit sichtbarer Muskulatur modelliert. Die Gesichter sind schmaler als jene von Phnom Da geworden und die Gesichtszüge werden stärker betont. Skulpturen von weiblichen Gottheiten entstanden in dieser Zeit. Sie weisen eine starke Fülle auf, haben lodernde Haartrachten, durchsichtige Röcke und elegante Gürtel. Ihre lächelnden Gesichter strahlen Ruhe aus.

Der Stil von Prey Khmeng

Der Stil von Prey Khmeng wird der Herrschaftszeit von König *Bhavavarman II.* (639 bis etwa 656) zugeordnet. Prey Khmeng ist ein Tempel im Westen des westlichen Wasserreservoirs von Angkor. Die Tempel dieser Gruppe haben Backsteintürme in etwa gleicher Größe wie jene von Sambor. Das Dekor ihrer Stürze verliert jedoch an Qualität. Die Enden des Mittelbogens sind nun in Form belaubter Zweige nach innen gebogen. Sie werden nicht mehr von den Makaras (Meeresungeheuer) wie beim Sambor-Stil verschlungen. Auch die Medaillons sind nur noch mit Blattdekorationen verziert.

Die Götterstatuen sind verschwunden. Die Säulchen haben keinen Zwiebelaufsatz mehr. Auch bei den Skulpturen gibt es kleine Veränderungen. Die komplizierte Haartracht hat sich zu einfachen Perücken entwickelt. Bei den Bronzebildnissen sind die Augenränder fast horizontal und die Ohren lang. Die Frauenfiguren werden zierlicher, mit stärker betonter Taille als im Sambor-Stil dargestellt.

Der Stil von Prasat Andet

Dieser Stil ist im letzten Drittel des 7. Jahrhunderts angesiedelt. Der Tempel Prasat Andet befindet sich nordwestlich der Provinzstadt Kampong Thom. Maßgeblich für diesen Stil sind die Plastiken: Männliche Bildnisse haben schlanke Körper, einen schmalen Brustkorb und breite Schultern. Die Muskeln treten nicht hervor. Die schmalen Gesichter haben klare Züge und sind mit einem dünnen Schnurbart versehen. Die Mitra reicht bis in die Stirn. Auch Schmuckstücke sind zu sehen. An dem Schurz ist nun eine Tasche über dem linken Oberschenkel sichtbar. Frauenfiguren haben üppige Brüste, schmale Taillen und abfallende Schultern. Ihre Gesichter sind rund und ausdruckslos.

Der Stil von Kampong Preah

Im 8. Jahrhundert spaltete sich Chenla. Mit dem Zerfall des Landes zeigen sich auch Verfallerscheinungen in der Kunst. Die Türstürze der Tempel aus der Stilepoche von Kampong Preah zeigen nur noch ein dichtes Blattwerk. Die Säulchen haben nur einen schmalen Blumenring. Männerstatuen haben runde Gesichter ohne jeden Ausdruck. Die Haartracht hat sich zu stilisierten Zylindern entwickelt. Die Frauenbildnisse sind weiterhin ausdruckslos. Auch die Brüste sind schlecht modelliert.

Angkorianische Stilepoche

Am Anfang des 9. Jahrhunderts kam König *Jayavarman II.* an die Macht. Er vereinte das Land und befreite es von der Oberherrschaft der Javaner. Die Region Angkor wurde zum Kernland seines Reiches. Er baute an verschiedenen Orten Tempel. Bis zum Verlassen der Stadt Angkor im 15. Jahrhundert haben dort viele Generationen von Königen geherrscht. Sie setzten die Bautätigkeiten fort. *Jayavarman II.* gilt daher als der Begründer von Angkor. Zu dem frühen Stil Angkors zählen die Stilepochen von Kulen und Preah Ko.

Der Stil von Kulen

Kulen ist ein Berg im nördlichen Bereich der Angkor-Region. Auf diesem Berg hat sich König *Jayavarman II.* durch eine Zeremonie zum Gottkönig gemacht. Er war ein überzeugter Shivait. Tempel, die man der Kulen-Stilepoche (erste Hälfte des 9. Jahrhundert) zuordnet, haben viereckige Grundrisse. Ihre Türme weisen keinen großen Unterschied zu jenen aus den früheren Epochen auf. Sie sind nach Osten offen und haben gleiche Blendtüren auf den drei anderen Seiten. Ihre Bedachung besteht aus Überbauten, die das Hauptgebäude in kleiner werdenden Formen wiederholen.

Eine Besonderheit in der Entwicklung der Form zeigt sich in der Architektur des Tempels Ak Yum. Dieser Tempel, eine Backsteinpyramide aus fünf Stockwerken, weist die Charakteristik eines Tempelbergs auf. Fünf Türme wurden kreuzweise auf der Pyramide angeordnet. Dieser Tempel symbolisiert den heiligen Berg, wo man das heilige Lingabildnis von Shiva bewahrte. Die Enden des Mittelbogens in manchen Türstürzen des Kulen-Stils werden wieder von Makaras verschlungen. Andere Stürze zeigen an den Enden der Bögen Makaras, die Schmuckgehänge oder eine Hündin ausspeien. In manchen Darstellungen ist der Kopf von Kala (ein Ungeheuer) zu sehen. Diese Elemente sind Entlehnungen aus der Kunst von Java und Champa. Die Säulchen sind häufig mehreckig. Sie sind mit Ringen versehen und mit Blättern verziert. Die Türgiebel zeigen häufig Tatzenform. Sie enthält in der Mitte das Bildnis eines Gottes.

Die Plastiken zeigen auch eigene Züge. Die Figuren neigen zur Körperfülle. Die Gesichter sind breit. Die Augenbrauen werden durch eine einzige horizontale Linie dargestellt. Männliche Figuren tragen einen kurzen Schnurbart. Sie strahlen Ruhe aus. Die Mitra blieb ihre Kopfbedeckung. Am Ende der Stilepoche tauchen goldene Diademe auf. Der kurze Schurz bekommt vorne zusätzlich einen Schoß in Form eines Ankers.

Der Stil von Preah Ko

Der Stil von Preah Ko wird dem letzten Viertel des 9. Jahrhunderts zugeordnet. Der shivaitische König *Indravarman* förderte den **Kult der Toten.** So wurde der **Tempel Preah Ko** seinen Vorfahren gewidmet. Auf einer Plattform werden sechs Backsteintürme in zwei Dreierreihen angeordnet. Die Vorderreihe war für die männlichen Vorfahren des Königs und die hintere Reihe für die weibliche Linie des Königs bestimmt. Die Pfeiler

Statue aus dem Tempel Prasat Andet

sind mit schönem Laubwerk verziert. Der Mittelbogen der Türstürze zeigt eine Ranke von Laubwerk. Zwischen den Blättern erheben sich kleine Reiter. An den Enden des Bogens ragen häufig Naga-Köpfe heraus.

Der wichtigste Tempel aus der Epoche ist der Tempel Bakong. Er war der Tempelberg für den König selbst, wo das Shiva-Linga aufgestellt werden sollte. Der Tempel ist eine Pyramide aus fünf kleiner werdenden Terrassen. Kleine Türme verteilen sich über dem Rundgang. Das oberste Heiligtum aus der Zeit hat sich jedoch nicht erhalten. Reste von Basreliefs mit mythologischen Szenen finden sich an der Mauer einer Terrasse. In der Bildhauerei wagten die Künstler nun, die Figuren völlig ohne Stütze darzustellen. Neu ist die Darstellung von Statuen in Gruppen. Der Körper männlicher Figuren neigt zur Dickbäuchigkeit. Die Beine sind schlecht modelliert. Die Männer tragen jetzt einen Ringbart. Weibliche Figuren tragen ein Diadem.

Der Stil von Bakheng

Der Stil von Bakheng gehört an das Ende des 9. und den Beginn des 10. Jahrhunderts. Es handelt sich um die Herrschaftszeit von König *Yasovarman I*. Bakheng war der Haupttempel des Königs. Er ist ein Pyramidentempel auf fünf kleiner werdenden, quadratischen Terrassen. Der Tempel steht auf einem natürlichen Hügel. Die fünf Türme auf der obersten Ebene sind kreuzweise angeordnet. Um den zentralen Turm herum reihen sich von oben nach unten 108 Nebentürme. Der **Tempel Bakheng** symbolisiert die kosmische Ordnung. Anhand der Zahl der Türme und deren Anordnung auf unterschiedlichen Terrassenebenen kann man die Mondphasen und den 60-Jahre-Zyklus (ein Kalendersystem) erkennen. Der Tempel war somit ein steinerner Kalender der alten Khmer.

Bei anderen Tempeln aus der Epoche sind die Türme in einer einfachen Dreierreihe geordnet. Die Stürze folgen der Tradition von Preah Ko. Die Mitte des Bogens wird mit einem Motiv verziert. Die Säulchen sind achteckig und besitzen mehrere Ringe. Blätterdekorationen schmücken die Zwischenstücke. Die Giebel werden meist an den oberen Seiten von einem Bogen mit Makaraköpfen an den Enden umrahmt. Die Giebelfläche enthält Darstellungen göttlicher Persönlichkeiten umgeben von schönem Laubwerk.

Die Figuren männlicher Persönlichkeiten oder Götter haben schmalere Taillen als früher. Die Hüften werden nicht mehr gestalterisch hervorgehoben. Die horizontal durchgezogene Linie als Augenbrauen lässt die Gesichter strenger wirken. Die Röcke der Frauenfiguren haben einen umgeschlagenen Rand. Sie besitzen oberhalb des Gürtels Falten. Das Diadem umgibt ein zylindrisches Haargeflecht.

Der Stil von Koh Ker und danach

Am Anfang des 10. Jahrhundert errichtete König *Jayavarman IV.* in Koh Ker eine neue Hauptstadt. Er nahm den heiligen Linga mit dorthin. Vermutlich tat er das aufgrund von Thronkonflikten. Die Stilepoche von Koh Kehr erstreckt sich von den 20er bis Mitte der 40er Jahre des 10. Jahrhunderts. Ein imposantes Bauwerk aus dieser Zeit ist der **Tempel Prasat Thom**. Sein 35 Meter hohes Postament ist eine Pyramide aus sieben Stufen. Das Hauptheiligtum hat sich nicht erhalten. Der Tempel wurde errichtet, um den heiligen Linga zu beherbergen.

Bei den anderen Tempeln stehen mehrere Türme in einer Reihe auf einem niedrigen Sockel. In den Türstürzen sieht man in der Mitte des Bogens die Darstellung eines Gottes auf seinem Reittier. Die Giebel sind oft dreieckig und zeigen das Bildnis eines Gottes, welches von Blattverzierungen umgeben ist. Die achteckigen Säulen sind mit Ringen überladen. Die Blattdekoration folgt dem Bakheng-Typ. Männerfiguren tragen Schnur- oder Ringbart. Die Augenbrauen stoßen wie harte Linien aufeinander.

Zu Beginn der zweiten Hälfte des 10. Jahrhunderts hat der Nachfolgekönig einen Tempel auf flacher Basis für seine Ahnen und einen Tempelberg für sich gebaut.

Der Stil von Banteay Srey

Der Tempel Banteay Srey wurde gegen Mitte des 10. Jahrhunderts von einem Brahmanen gebaut und war Gott Shiva gewidmet. Der Tempel befindet sich innerhalb einer Mauer. Drei Heiligtümer reihen sich auf einer gemeinsamen Terrasse. Dazu hat der Tempelkomplex einen Vorbau, lange Hallen und Eingangpavillons.

Als Verzierung der Mauern halten Frauengestalten eine Blume in der Hand. Die Pfeiler zeigen Tänzerinnen und fliegende Figuren. Die Wand ist mit Bildern aus einer heiligen Legende verziert. Menschenfiguren mit fabeltierähnlichen Köpfen bewachen die Treppenaufsätze. In der Bildhauerkunst wird der Stil von Koh Ker fortgesetzt. Die weiblichen Figuren tragen glatte Röcke. Sie haben weit geöffnete Augen und kräftige Lippen. Die Künstler strebten danach, den Körper anatomisch nahe an der Wirklichkeit abzubilden.

Die Stile Khleang bis Baphuon

Der Stil von Khleang erstreckt sich von der zweiten Hälfte des 10. bis zum Anfang des 11. Jahrhunderts. Die Tempelberge bestehen aus Laterit oder Sandstein und tragen drei- bis fünfstufige Pyramiden. Ihre Basis wird immer breiter. Die wichtigsten Tempel sind Phimeanakas und Takeo. Die fünf Türme auf der obersten Terrasse sind in sich kreuzenden Reihen angeordnet.

Ein sehr markantes Merkmal dieser Epoche ist der **Ausbau der Galerien** auf den unterschiedlichen Stufen der Pyramiden. Die Giebelfelder sind mit einfachen Blattornamenten verziert. Der Bogen in den Stürzen trägt den Kopf eines Fabeltieres und ist in seinen Vierteln mit Blumenmustern versehen. Die achteckigen Säulchen sind von immer mehr Ringen mit kleiner werdenden Blattmotiven überhäuft.

Die Gesichter der Figuren weisen ein freundliches Lächeln auf. Die Röcke der weiblichen Figuren haben einen hochgeschlagenen Rand, der hinten bis über die Nieren reicht und vorne bis unter den Bauchnabel geht.

Dieser Epoche schließt sich der Baphuonstil an, der dann am Ende des 11. Jahrhunderts in den Stil von Angkor Wat übergeht. Der berühmte Tempelberg aus dieser Stilepoche ist der Tempel Baphuon mit seinen fünfstufigen Pyramiden und durchgehend gewölbten Galerien und Bibliotheken. Aus dieser Zeit stammen auch kleinere Tempel. Sie bestehen nur aus einem Turm, der das Bildnis des verehrten Gottes beherbergt. Bibliotheken und Galerien konstituieren den Tempelkomplex. Die Figuren haben runde Gesichter, feine Nasen und einen direkten Blick. Aus jener Zeit stammt auch eine große Bronzefigur des ruhenden Vishnu.

Der Stil von Angkor Wat

Der Stil von Angkor Wat entwickelte sich aus dem Stil von Baphoun. In ihm kommen die Erfahrungen im Tempelbau aus vielen Jahrhunderten zum Tragen. Seinen Höhepunkt erreicht dieser Stil mit dem Bau des **Tempels Angkor Wat** am Anfang des 12. Jahrhunderts. Etliche andere Tempel niederer Ränge wurden in diesem Stil bis Ende des 12. Jahrhunderts gebaut. Angkor Wat ist der Tempelberg des Königs *Suryavarman II*. Da seine Frontseite Westen zugewandt ist, nimmt man an, dass dieser Tempel die Grabstätte des Königs ist. Denn Westen ist die Richtung der Toten.

Der eigentliche Tempelberg (das Hauptgebäude innerhalb der gesamten Tempelanlage) befindet sich etwas zurückgelagert von der Mitte des rechteckigen Tempelbezirks, welcher seinerseits von einem breiten Wassergraben umgeben ist. Über eine von Naga-Balustraden gesäumte Straße gelangt man an den Haupteingang der Umfassungsmauer. Von dort aus führt eine über 350 Meter lange Fliesenstraße zum Tempel.

Der Tempelberg besteht aus einer dreistufigen Pyramide mit rechteckigem Grundriss. Jede Stufe ist umgeben von einer Galerie mit Türmen an

Steile Treppen führen auf das zentrale Turmheiligtum von Angkor Wat

den Ecken. Jede Seite der Galerie hat in der Mitte einen Pavillon. Der Hauptturm befindet sich auf der dritten Ebene. Die Reliefs der Galerien auf der ersten Stufe erzählen Legenden über den Gott Vishnu, Episoden aus den Epen Mahabharata und Ramayana, die Geschichte vom Kirnen des Ozeans, die Geschichte von Himmel und Erde und die Heldentaten des Königs *Suryavaraman II*. Rund 2000 himmlische Tänzerinnen (Apsara) schmücken die Wände des Tempels. Die Pfeiler, Mauerleisten und Paneele sind mit Laubornamenten verziert.

Friese mit Lotusblüten schmücken die Simse der Galerien und die Kapitäle der Pfeiler. Auf den Feldern der Giebel und der Türstürze sind viele kleine Figuren aus den Legenden dargestellt.

Wie Angkor Wat haben die Tempel unterer Ordnung den gleichen Grundriss, wurden aber auf einer Ebene gebaut. Der Hauptzugang liegt bei ihnen im Osten. Das Turmheiligtum im Zentrum wird von einer oder mehreren Galerien umgeben.

Einige namhafte Tempel jener Zeit sind Phimai (in Thailand), Vat Phu (in Laos), Preah Vihear, Beng Mealea und Banteay Samrae.

Die **Plastiken des Angkor-Stils** weisen im Unterschied zur Baukunst nicht die gleiche hohe Qualität auf. Schon seit Baphuon ist der Niedergang in der Statuenkunst zu beobachten. Die Statuen der Angkor-Epoche wirken steif. Sie haben fast viereckige Gesichter.

Der Stil von Bayon

Bayon war ursprünglich ein Tempel auf einer Ebene. Erst zur Zeit des Königs *Jayavarman VII.* wurde er zum Tempelberg des Königs umgebaut. Der Tempel besitzt **Außen- und Innengalerien.** Die Innengalerie umgibt ein rundes Heiligtum mit einem riesigen Unterbau. Dieses Heiligtum besteht aus einer Kapelle und 12 Nebenkapellen, die strahlenförmig angeordnet sind. Das zentrale Heiligtum beherbergt den meditierenden Buddha, der von der Naga-Haube geschützt wird. In den anderen Kapellen sind andere Götterstatuen. Insgesamt 54 Türme ragen über die Kapellen, Pavillons und die innere Galerie. Die Türme sind 45 Meter hoch. Jeder von ihnen hat vier Gesichter, die mit einem milden Lächeln in alle Himmelsrichtungen schauen. Diese Gesichtertürme verkörpern die Allgegenwart des buddhistischen Gottkönigs *Jayavarman*.

Beliebt waren in dieser Kunstepoche plastische Darstellungen des vergöttlichten Königs und hoher Persönlichkeiten. Eine große Zahl der Votivstatuen ist in Bronze gegossen und vergoldet.

Buddha auf Naga und der tanzende Hevaraja sind sehr bekannte Motive. Die Gesichter strahlen lächelnd Gelassenheit und Versunkenheit aus.

Die Tempel sind nicht zum Wohnen konzipiert. Wie wir gesehen haben, dienten sie als Grabstätte des Königs, als Stätte der Verehrung von Göttern oder vergöttlichten Vorfahren des Königs. Deshalb ist der Hauptraum ganz klein gehalten. Er ist nur dazu da, das Bildnis des verehrten Gottes zu beherbergen. Die Tempel waren nicht für großes Publikum gedacht, sondern nur den Brahmanen vorbehalten. Nach dem 13. Jahrhundert wurden keine Steintempel der alten Typen mehr gebaut. Das kann mit der wirtschaftlichen Erschöpfung des Landes und mit dem Wechsel des Glaubens der Könige und des Volkes zum Theravada-Buddhismus zu tun haben.

Herausragendes Merkmal des Bayon sind die Türme mit je vier Gesichtern

2000 himmlische Tänzerinnen schmücken Angkor Wat

Musik

Das Khmer-Wort für Musik ist *phleng*. Kambodschaner unterscheiden die Musik grob in traditionelle Musik *phleng boran* und moderne Musik *phleng samay*. Wie wir sehen werden, hat diese Teilung auch etwas mit der Teilung der Aufgaben im Leben der Kambodschaner zu tun.

In vielen Situationen haben **traditionelle Musik** und Gesänge religiös-kultischen Charakter. Wenn jemand krank wird und *Arak* (die Seele der Vorfahren) gerufen werden soll, dann holt man eine Musikgruppe, die bestimmte Musik solange spielt, bis der *Arak* das Medium besetzt und den Leuten sagt, was zu tun ist. Ohne die passende Musik und die entsprechenden Trommeltakte würde *Arak* nicht kommen. Musik ist hier die Voraussetzung für das Gelingen der Zeremonie. Als **Bestandteil der Zeremonie** ist sie auch heilig. Sie ist Teil der Spiritualität der Menschen. Die Musikgruppe, die die *Arak* herbeiruft, nennt man *phleng arak* (Musik für Arak). Sie besteht aus dem Bläser einer Oboe *pey pok,* einem Spieler der Spießgeige *tro khmer,* einem, der die Laute *cha pey* spielt und zwei Trommlern. Kambodschaner glauben, dass *Arak* große Achtung vor den Arak-Musikern haben, weil sie einem *Arak* mit ihrer Musik und ihrem Gesang große Freude bereiten, ihn aber auch bestrafen können. Die Bestrafung kann z. B. so aussehen, dass während *Arak* das Medium noch nicht fest besetzt hat, die Musiker mit dem Spiel abrupt aufhören. Das würde *Arak* große Qualen bereiten, weil er weder vollkommen in das Medium eingehen noch sich zurückziehen kann. Diese Musik spielt man auch zu den Feierlichkeiten, bei denen die Seelen der Vorfahren verehrt werden.

Hochzeiten und verschiedene Zeremonien im Leben der Kambodschaner sind ohne *phleng khmer* (Khmer-Musik) nicht denkbar. Zu diesen Festlichkeiten müssen bestimmte Lieder gespielt werden. Die phleng-khmer-Gruppe spielt fast die gleichen Instrumente wie die Gruppe der Arak-Musiker. Der Unterschied besteht nur in dem Gebrauch einer Oboe, die etwas anders gebaut ist.

Für **Totenfeiern** gibt es eine spezielle Musikgruppe. Sie besteht instrumental aus zwei Gongs, zwei Trommeln und einem bestimmtem Typ von Oboe (*sralay*). Für eine bestimmte Zeremonie bei einer Totenfeier kommt noch ein Set von kleinen Gongs in einem ringförmigen Gestell hinzu.

Die Musik der Totenfeier informiert die Dorfgemeinschaft darüber, dass jemand verstorben ist. Sie teilt auch mit, bei welcher Zeremonie man gerade ist. Ihre Melodien drücken die Trauer der Familienangehörigen des Verstorbenen aus und appellieren an die Dorfgemeinschaft, sich an dieser Trauer zu beteiligen, die Familie zu unterstützen sowie besondere Rücksicht auf sie zu nehmen.

Die **größte Musikgruppe** ist die pin-piat-Gruppe. Sie umfasst einen Spieler zweier Stehtrommeln, einen Spieler einer Fasstrommel, drei Spieler von drei unterschiedlichen Xylophonen, einen für Oboe, einen für *chhoeung* (die Tschinellen) und zwei für zwei Gongspiele in kreisförmigen Gestellen. Die pin-piat-Musik ist unentbehrlich, um die Seelen der Meister in verschiedenen Berufen wie auch die Beschützer der Musikgruppe, der Ortschaft, in der man ein Haus bauen will usw. zu beschwichtigen. Auch bei vielen buddhistischen Feierlichkeiten engagiert man diese Gruppe.

Neben der traditionellen kultischen Musik kennt man auch die Mohaori-Musik. Sie ist hauptsächlich zur Unterhaltung gedacht. Ihre Themen handeln vom Alltagsleben der Menschen, von Liebe und dergleichen. Zur Gruppe der Unterhaltungsmusik gehört auch die Musik, die zu den Theaterstücken gespielt wird.

Die **Beziehung zwischen Mensch und Musik** wird durch Götter und übernatürliche Kräfte vermittelt. Schon beim Erlernen der Musik gelten sehr strenge Gebots- und Verbotsnormen. Der Lehrer wagt es nicht, den Musikunterricht bei sich im Hause abzuhalten. Er errichtet eine Halle auf einer freien Fläche, am besten östlich oder südlich des Hauses. In dieser Halle werden heilige Gegenstände und Opfergaben aufgestellt. An einem ausgewählten heiligen Tag, an dem der Unterricht beginn soll, werden die Schüler und Instrumente gesegnet. Die Schüler zünden Räucherstäbchen und Kerzen an, meditieren und beten, dass die Seele der Musikmeister sie in Besitz nimmt, damit sie die Kunst der Musik erlernen können.

Grundsätzlich darf man nicht über Musikinstrumente steigen oder Dinge über die Instrumente reichen, denn das kann Unglück bringen. Vor jedem Spiel müssen *preah pisnuka phleng,* dem Gott der Musik, Opfergaben dargebracht werden. Dazu gehören vier Arten von Knabbereien, Schnaps, ein Teller ungekochter Reis, eine Kerze, ein gefalteter und zurechtgelegter Rock und ein Geldschein. Diese Opfergaben müssen von dem, der die Gruppe einlädt, zur Verfügung gestellt werden. Wird das nicht gemacht, werden die Musiker nicht von der Seele des Musikmeisters besessen und ihnen wird das Spiel nicht gut gelingen.

Die traditionelle Khmer-Musik ist nicht langsam und nicht schnell. Man kann sie mit „gemütlich" charakterisieren. Vielleicht drückte sich hierin auch der gewünschte Takt des Lebens der Menschen von damals aus: Nicht zu hastig, aber auch nicht zu langsam arbeiten und sich nicht über das eigene Maß hinaus anstrengen. Vermutlich schufen die traditionellen Komponisten aus Achtung vor den Hörgewohnheiten der Menschen oder aus Respekt vor der Tradition keine eigenen Melodien. Sie passten ihre neuen Texte nur an die vorhandenen alten Melodien an. Kambodschaner mögen Liebeslieder sehr.

Gegen Ende der 50er Jahre des 20. Jahrhunderts begann sich *phleng samay,* **moderne Musik,** zu verbreiten. „Modern" heißt zunächst, dass europäische Instrumente wie Gitarre, Mandoline, Banjo, moderne Trommel, Zimbel, Akkordeon, Violine usw. die traditionellen Instrumente aus den Musikgruppen verdrängten. Viele westliche Instrumente waren schon vorher bekannt. Deren Verwendung beschränkt sich jedoch auf die Fanfarengruppe des Königshofs und auf einige Marschmusikkorps in der Hauptstadt Phnom Penh und der Provinz Kampong Cham.

Mit der Gründung von Bands, die beliebte internationale Songs und Melodien spielten und dem Aufbau der Radiotransmission verbreitete sich Anfang der 1960er Jahre die moderne Musik rasch im ganzen Land. Rock 'n' Roll und Pop-Musik fanden Eingang in die Khmer-Musik. Traditionelle und neue Khmer-Lieder finden so ihre „modernen" Ausdrucksweisen. Die Globalisierung im Medienbereich übt gegenwärtig großen Einfluss auf die Entwicklung der modernen Musik in Kambodscha aus. Bei Aufführungen für Jugendliche findet man viele musikalische Nachahmungen der MTV-Szene. Die moderne Musik hat sich vollkommen von der Glaubenswelt der Kambodschaner gelöst. Sie dient in der Gegenwart fast ausschließlich der Unterhaltung und ist einem starken Kommerzialisierungsprozess ausgeliefert.

Theater

Über Generationen waren die Menschen in Kambodscha daran gewohnt, dass Schauspieler in darstellenden Aufführungen ihre Handlungen durch Tanzbewegungen ausdrückten, während Sprecher die Geschichte dazu erzählten oder sangen. Eine Gruppe von Musikern und Sängern begleitete die Handlung mit Musik und Gesängen, die je nach Situation schnell, langsam, fröhlich oder traurig stimmten. Mitunter ließen manche Gruppen die Darsteller teilweise selbst singen und dabei Leid oder ihre Freude ausdrücken. Die Geschichten waren den Zuschauern allgemein bekannt. Es handelte sich um Szenen aus dem Epos „Ramayana" oder Geschichten aus der Sammlung der Buddhalegenden.

Mehrfach gab es im 20. Jahrhundert große Wandlungen in der Form der darstellenden Kunst, die man unter *lkhaon* (Theater) fasst. Eine neue Darstellungsform *lkhaon Bassak* (Theater aus der Region Bassak) war so erfolgreich, dass die anderen Gruppen ihre alten Formen wie *yikee* (Theater mit besonderem Trommelgesang) oder *lkhaon luang* (königliches Theater) aufgaben und sich den neuen Formen zuwandten, um fortbestehen zu können. Das Erfolgsrezept dieser neuen Darstellungsform lag darin, dass die Schauspieler nun alles selber erzählten und sangen und alle Handlungen vornahmen: rennen, kämpfen, stürzen usw. Ein Sprecher als Mittler zwischen dem Zuschauer und den Darstellern gab es nicht mehr. Auf dieser Weise traten die Darsteller nicht nur zueinander sondern auch mit den Zuschauern in Kontakt. Die Spannung stieg und damit auch die Besucherzahl.

Eine neue Form des Theaters – *lkhaon niyeay* (Sprechtheater) – kam durch den Einfluss der Franzosen nach Kambodscha. Die Darsteller sprachen nun wie Menschen im normalen Leben und kleideten sich auch so. Erst ab Ende der 1950er Jahre begann diese Theaterform an Popularität zu gewinnen. Um den Menschen auf dem Lande die neue Form verständlich zu machen, hatte man Tanz und Musik in die Darstellung eingeflochten. Sowohl Geschichten aus religiösen Quellen als auch Liebesgeschichten, Landesgeschichte und sozialkritische Themen aus Romanen und neu geschriebenen Stücken wurden aufgeführt. Bis heute erfreuen sich die beiden Theaterformen im Radio und im Fernsehen großer Beliebtheit.

Film

Der Khmer-Film hat sich erst Anfang der 1960er Jahre entwickelt. Wegen der Sehgewohnheiten der Kambodschaner ähnelten viele Filme noch Theaterstücken. Bis in die 1970er Jahre hinein enthielten viele Filme gestalterische Elemente wie Gesang, Musik und Tanz. Verfilmt wurden Legenden aus brahmanistischen und buddhistischen Quellen, die man auch im Theater aufgeführt hat. Nach und nach wurden Geschichten aus Romanen zu Filmen verarbeitet. Kambodschaner mögen Filme, die unterschiedliche Gefühle hervorrufen: Trauer, Heiterkeit, Aufregung und Liebe. Besonders beliebt waren und sind solche Filme, die die Zuschauer zum Weinen bringen.

Die kambodschanische Filmproduktion kann bei dem großen Ansturm von Videos und CDs mit Filmen aus dem Ausland nicht mithalten. Während die Zuschauer hauptsächlich wegen der Unterhaltung ins Kino gehen, bemühen sich Filmemacher unter anderem auch um die Vermittlung ethischer und religiöser Werte.

Malerei

Zur **traditionellen Khmer-Malerei** gehörte das Abzeichnen von Blumenmotiven und Figuren. Dieses Handwerk benötigte man für die Herstellung von Reliefs, Mustern auf Kunstgegenständen aus Silber oder für die Meißelarbeiten an Stein- oder Holzfiguren. Aber auch die Klostermalerei gehörte zu diesem Handwerk.

Die alte Maltechnik bediente sich nur Linien und Farben. Die Darstellungsweise war zweidimensional. Ab Ende der 1940er Jahre hat sich eine neue Richtung der Malerei herausgebildet. Es war das **Malen von Objekten der Betrachtung** *(dessin à vue).*

Diese Schule ist das Ergebnis der Lehre des japanischen Meisters *Suzuki,* der nach dem Zweiten Weltkrieg bis Ende der 1950er Jahre an der Kunsthochschule in Kambodscha gelehrt hat. Das Charakteristische hierbei ist der Einsatz von Licht, Schatten und Farben, um den Gegenstand der Betrachtung so wie er in der Natur vorgefunden wird, zu malen. Diese neue Technik eröffnete den Malern ein ungeahntes Themenspektrum: Menschen bei der Arbeit, Pflanzen, Landschaften, Tiere – es gab keine Beschränkungen mehr. Diese Strömung setzt sich bis heute fort.

Kambodschaner mögen die **Überbetonung der Schönheit von Natur und Menschen.** Gemälde, die dieser Vorstellung entsprechen, verkaufen sich gut. Diejenigen Künstler, die die Dinge in ihren wahren und schwieri-

gen Lebensumständen darstellen, sind nicht so erfolgreich. Die Leute kommen müde von der Arbeit nach Hause. Wenn sie die Schönheit einer Landschaft, einer Frau oder einer Blume sehen, erleben sie Freude. Würde an der Wand ein Bild hängen, welches die Mühen und Sorgen eines Cyclo-Fahrers darstellt, würde der Betrachter noch erschöpfter werden. Deshalb bleiben viele Werke von sehr begabten Künstlern der Öffentlichkeit unbekannt. Für moderne Kunst, die sich völlig von der Gegenständlichkeit löst und sich nur noch auf Farben und abstrakte Formen konzentriert, haben die meisten Kambodschaner überhaupt kein Verständnis.

Moderne kambodschanische Tuschezeichnung – ein schönes Souvenir

KAMBODSCHANER VERSTEHEN

Die Khmer-Sprache

Die offizielle Sprache Kambodschas ist Khmer, das von der überwiegenden Mehrheit der Bevölkerung gesprochen wird. Es ist die Muttersprache der gleichnamigen ethnischen Gruppe, der Khmer, die rund 90 % der Bewohner des Landes ausmacht. Neben den Khmer leben in Kambodscha über 20 andere ethnische Gruppen wie Chinesen, Vietnamesen, Cham, Thai, Laoten sowie zahlreiche Bergstämme wie die Stieng, Kui und Samre. Sie sprechen ihre eigenen Sprachen, können aber meist auch Khmer. Khmer wird auch von den im Nordosten Thailands, im Süden von Laos und Vietnam lebenden Khmer-Minderheiten gesprochen. Durch die Kriege sind viele Kambodschaner in die USA, nach Frankreich und Australien ausgewandert. Die ältere Generation spricht auch dort meist ihre Muttersprache.

Kambodschaner sind Gästen gegenüber aufgeschlossen und kontaktfreudig

Forscher ordnen Khmer in die Mon-Khmer-Sprachgruppe der **austroasiatischen Sprachfamilie.** Zu dieser Sprachfamilie gehören neben den Sprachen der Khmer und Mon zahlreiche Sprachen und Dialekte kleinerer Minderheiten auf dem Festland Südostasiens. Khmer ist eine **isolierende Sprache.** Das bedeutet, dass die Wörter bei der Verwendung im Satz unveränderlich sind. Die Beziehungen zwischen den Wörtern werden nicht wie in den flektierenden Sprachen durch Beugungsformen ausgedrückt, sondern durch die Wortstellungen und mithilfe von Partikeln. Die Grundstruktur der Khmer-Sätze besteht aus Subjekt – Prädikat – Objekt. Attribute werden dem näher zu bestimmenden Wort nachgestellt. Eine große Anzahl von Affixen dient als Mittel zur Bildung von Wörtern.

Die **Schrifttradition** der Khmer-Sprache reicht weit zurück. Das älteste datierte Schriftdenkmal in Khmer stammt aus dem Jahre 611. Es handelt sich um eine Steininschrift aus Angkor Borei, der damaligen Hauptstadt Funans. Ältere Inschriften sind in Sanskrit abgefasst. Das moderne Khmer hat rund hundert **Zeichen.** Sie setzen sich aus Zeichen für Vokale und Konsonanten und einer Anzahl von Sonderzeichen zusammen.

Im Laufe ihrer langen Entwicklung erfuhr die Sprache viele Veränderungen. Massiv sind diese **Veränderungen im Bereich des Wortschatzes** festzustellen. Durch die Begegnung mit verschiedenen Kulturen kam eine große Zahl von Wörtern aus anderen Sprachen ins Khmer. Die frühen Kontakte mit der indischen Zivilisation führten zur Übernahme indischen Gedankengutes und zur Entlehnung von Sanskritwörtern besonders in den Bereichen Religion, Verwaltung und Rechtswesen.

Bis im 14. Jahrhundert im Zusammenhang mit der Verbreitung des Theravada-Buddhismus die Gelehrtensprache Pali an Bedeutung gewann, war Sanskrit Literatur- und Gelehrtensprache in Kambodscha. Diese heiligen Sprachen stellten eine wichtige Quelle für **Wortentlehnungen** dar. Durch intensive Kontakte zu den Thai, besonders durch enge Verbindungen der beiden Königshäuser, sind zahlreiche Khmer-Wörter dem Thai entlehnt. Sie sind in den Bereichen Verwaltung, Rechtswesen, Kunst und Literatur, im Königsvokabular und im Küchenvokabular zu finden. Einige Wörter sind auch aus dem Chinesischen, Vietnamesischen, Französischen und Englischen entlehnt worden.

Während in der Zeit des französischen Kolonialismus im mittleren und höheren Bildungswesen (soweit überhaupt vorhanden) und in Teilen der Verwaltung Französisch verwendet wurde, unternahm die Regierung nach Erlangung der nationalen Unabhängigkeit große Anstrengungen, um den Wortschatz des Khmer entsprechend den gesellschaftlichen Bedürfnisse zu entwickeln. Khmer wird heute in allen Bereichen der Kommunikation verwendet. Englisch hat Französisch als **erste Fremdsprache** abgelöst. Ob

Das Khmer-Alphabet

Die Konsonanten

ក ká	ខ khá	គ koo	ឃ khoo	ង ngoo
ច djá	ឆ tschá	ជ djoo	ឈ tschoo	ញ nhoo
ដ dá	ឋ thá	ឌ doo	ឍ thoo	ណ ná
ត tá	ថ thá	ទ too	ធ thoo	ន noo
ប bá	ផ phá	ព poo	ភ phoo	ម moo
យ yoo	រ roo	ល loo	វ voo	ស sá
ហ há	ឡ lá	អ á		

Die Vokale

-ា	-ិ	-ី	-ឹ	-ឺ
a / ia	e / i	ey / ii	ö / oe	ö: / ú

-ុ	-ូ	-ួ	េ-ា	េ-ា
o / u	oo / uu	ua	aö / ö	öá

េ-ៀ	េ-	ែ-	ៃ-	េ-ា
ia	ee	aä / eä	ai / ey	ao / oo

េ-ៅ	-ំ	-់	-ាំ	-ះ
aw / öw	om / um	ám / um	am / oam	ah / eah

-ោះ	េ-ះ	េ-ាះ		
oh / uh	eh / ih	áh / uah		

vor oder nach der Arbeit oder auch in der Mittagspause, die unzähligen Sprachenschulen in Phnom Penh sind immer gut besucht. Außer den Englischkursen sind auch Chinesisch-, Japanisch- und Thai-Kurse sehr gefragt.

Das in Phnom Penh gesprochene Khmer gilt als Standard. In einigen Regionen werden **Dialekte** gesprochen, z.B. in der Gegend von Siemreap, Battambang, Svay Rieng und Takeo. Im Vergleich zum Standard-Khmer gibt es in den Dialekten Besonderheiten bei der Aussprache der Laute und es werden für viele Dinge des Alltags andere Wörter benutzt.

Sprechverhalten

Lautstärke

Leise sprechen gilt als höflich, respekt- und taktvoll. Das bedeutet aber nicht, dass Kambodschaner zu Hause nicht auch in normaler Lautstärke reden. **Leise gesprochen** wird besonders mit hohen Gästen, mit Respektpersonen. Je höflicher man sein möchte, desto leiser wird die Unterhaltung geführt. Ziemlich anstrengend kann das sein, wenn solche Begegnungen mit hohen Gästen während Feierlichkeiten stattfinden, bei denen sich andere Gäste lustig unterhalten und im Hintergrund auch noch Musik spielt.

Es gibt aber noch eine Steigerung, wenn nämlich der Gesprächspartner beim Reden die **Hand vor den Mund** hält. Das drückt noch mehr Respekt aus. Man möchte damit verhindern, dass der andere Gesprächspartner mit Mundgeruch belästigt wird. Da hilft nur eins: Genau hinhören und mitdenken, was gerade gesagt worden sein könnte.

Blickkontakt

Es ist nicht üblich, dass sich die Gesprächspartner fest in die Augen schauen. Der Blick wandert einmal hierhin und einmal dorthin. Das ist kein Ausdruck von Nervosität oder Unaufrichtigkeit, wie es im deutschsprachigen Raum interpretiert werden würde. Höchstens ab und zu wirft man einen **kurzen Blick** in das Gesicht des Gegenüber.

Schaut man dem Gesprächspartner zu lange in die Augen, wird er sich unangenehm fühlen. Das käme einem Angriff gleich. Nur eine sozial höher gestellte Person kann einer Person von niedrigerem Rang öfter und länger in das Gesicht schauen. Dass Kambodschaner nicht gewohnt sind, mit den Augen zu kommunizieren, muss auch ein Autofahrer bedenken. Der gewohnte Blickkontakt um mitzuteilen, dass der andere die Vorfahrt hat, führt eher zur Irritation. Besser ist es in solch einer Situation ein eindeutiges Handzeichen zu geben.

Ja, ja

Für „ja" gibt es im Khmer je nach Geschlecht unterschiedliche Wörter. Ein Mann sagt *bat* und eine Frau *djah*. Häufig hört man in Gesprächen das Ja

Ein Reiseführer oder eine Landkarte sind ein guter Anlass für einen Small Talk

gleich zwei- oder dreimal hintereinander und immer wieder. Für Kambodschaner ist *bat, bat* bzw. *djah, djah* höflicher als nur einmal *bat* oder *djah* (Bejahung für Frauen).

Gleichzeitig drückt das zweifache Ja auch mehr **Respekt** aus. In einem Gespräch zwischen einem Mitarbeiter und einem Vorgesetzten wird nur der Mitarbeiter das Ja verdoppeln, der Chef nicht. Sein Ja ist eher ein lang gezogenes *baat*. Das Ja der Kambodschaner hat neben der Bejahung noch andere Funktionen. Hört der Sprecher in Abständen von seinem Gesprächspartner: „ja ... ja", bedeutet das noch lange keine Zustimmung, sondern nur, dass er das Gespräch aufmerksam verfolgt. Man kann auch in eine Situation geraten, in der der Gesprächspartner mit „ja, ja" nur sein Wohlwollen kund tut, während er an dem Gesagten gar kein richtiges Interesse hat. Da Kambodschaner im Allgemeinen große Probleme mit dem Neinsagen haben, antworten sie in Bedrängnis häufig mit „ja", obwohl sie der Sache eigentlich gar nicht zustimmen möchten oder können. Die Interpretation eines Ja erfordert also etwas Übung.

Gesprächsaufbau

Fallen Sie nicht mit der Tür ins Haus! Kambodschaner platzieren das Wesentliche eher ans Ende eines Gespräches. Am Anfang steht **Small Talk.**

Heimatort, Reisen, Bekannte, Arbeit, Familie und Wohnung können Gesprächsthemen sein. Man will den Gesprächspartner zunächst einmal kennen lernen, eine Beziehung zu ihm aufbauen. Ab und zu werden zwischen den Small-Talk-Themen Teile des Hauptanliegens eingeflochten. Wenn sich die Personen bereits kennen, dient der Small Talk dazu, eine angenehme Atmosphäre zu schaffen und die Beziehung zu festigen. Irgendwann im Laufe des Gesprächs fragt die besuchte Person dann, ob der Besucher etwas braucht. Kennt man sich gut, läuft vieles von selbst.

Natürlich gibt es in Kambodscha auch **kurze Informationsgespräche:** ein Essen im Restaurant bestellen, mit dem Cyclo-Fahrer den Fahrpreis aushandeln, Fahrkarten oder Flugtickets kaufen, Nahrungsmittel einkaufen. Da kommt man gleich zur Sache. Die Bedienung im Restaurants oder die Ticketverkäufer haben weder Zeit noch Lust, sich länger mit den Gästen zu unterhalten. Es sei denn, man ist Stammkunde. Auch auf dem Markt verhält es sich so. Wenn man Stammkunde einer Obst- und Gemüsehändlerin oder einer Fleischverkäuferin ist, dann ändert sich auch die Struktur des Kaufgespräches. Small Talk leitet das Gespräch ein und beide Seiten haben Nutzen davon.

Nonverbale Kommunikation

Neben dem gesprochenen Wort können der Gesichtsausdruck, die Kopf- und Handbewegungen sowie die Körperhaltung Auskunft über den Standpunkt des Sprechers, seine Absichten und seine Beziehungen zum Gesprächspartner oder zu einer dritten Person geben. Die Körpersprache kann Sätze begleiten oder selbstständig, ohne Worte, auftreten. Kambodschaner nehmen diese Zeichen wahr und entschlüsseln sie nach den ihnen bekannten Normen der Kommunikation.

Wohin denn?

Um eine Person in größerer Entfernung zum Herkommen zu bewegen, setzt der Rufende häufig zusätzlich eine Handbewegung ein. Im Khmer nennt man das *bák day haw* (mit der Hand winken und rufen). Der bis auf Nasenhöhe ausgestreckte Arm mit den Handflächen zum Boden zeigend wird in greifender Bewegung erst nach unten und dann zum Körper hin bewegt. Je lauter die Rufe ertönen, desto heftiger und tiefer wird die Hand- bzw. Armbewegung eingesetzt. Steht der Empfänger sehr weit weg, hebt der Sender beim Zurufen seine Hand bis über den Kopf. Respektpersonen werden natürlich nicht auf diese Art gerufen. In so einem Fall muss man zu der Person hingehen und die Nachricht übermitteln.

Will man einer Person in großer Entfernung mitteilen, dass sie von ihrem Standort weggehen oder weitergehen soll, hebt der Sender wieder den Arm in der gleichen Höhe, aber die Hand, deren Innenfläche wieder nach unten zeigt, wird von unten nach oben bewegt. In einer Situation des Ärgers kann diese Geste als Zeichen des Vertreibens verstanden werden. Gegenüber Vorgesetzten, Eltern, Großeltern, Mönchen und sozial viel höher gestellten Personen darf diese Handbewegung nicht eingesetzt werden. Sie wirkt noch viel verletzender als die des Herrrufens.

Anmache

Ein unverkennbares Zeichen für Anmache ist das Zucken mit den Augenbrauen. Dem folgt oft ein kleines Lächeln. Diese Mimik wird ausschließlich vom männlichen Geschlecht praktiziert. Es ist eine Art Hallo-Sagen zu einem schönen Mädchen. Ältere Menschen sehen das als sehr unhöflich an. Kambodschanerinnen würden darauf nie in gleicher Weise antworten, auch nicht aus Spaß. In der stark patriarchalisch geprägten Denkweise würde dies das Bild der Frau aus einer guten Familie zerstören. Die Frau würde von der Gemeinschaft als „verdorben" angesehen. Konservativ denkende Menschen würden das sogar als „Einladung" einer Prostituierten auslegen.

Mädchen reagieren darauf gar nicht. Ihr Gesichtsausdruck bleibt unverändert. Das bedeutet: „Lass mich in Ruhe! Hau ab!" Manche wenden ihr Gesicht auch ab und müssen sich ein Lachen unterdrücken. Das bedeutet etwa: „Du Hampelmann!"

Orientierung

Zeigen auf den Ort

Auf den größeren Märkten in den Städten werden an Bücherständen **Landkarten** von Kambodscha, Phnom Penh und einigen touristischen Zentren angeboten. Diese Karten geben dem Käufer ein sicheres Gefühl. In Phnom Penh und in den Provinzhauptstädten sind an den größeren Straßen meist **Straßenschilder** aufgestellt und die Häuser haben Hausnummern. Entfernt man sich von den großen Straßen und dringt tiefer in die Wohnbezirke vor, verschwinden die Straßenschilder. Hier sind Orientierungsvermögen und Kombinationsgabe gefragt. Ansonsten wird man wohl so manche Runde in unbekanntem Gebiet drehen müssen um auf empirische Weise die Orientierung zu finden.

Wenn man auf dem Lande unterwegs ist und versucht, eine Landkarte zu benutzen, hat man oft den Eindruck, dass die Karten eher für Piloten als für Autofahrer gedacht sind. Viele Abzweigungen von den Nationalstraßen sind nicht ausgeschildert. Man sieht nur einen befestigten Weg aus roter Erde, der von der Hauptstraße abgeht und irgendwohin führt. Und die Bauern scheinen noch nie von der Pflicht, an den Zäunen Hausnummern anzubringen, gehört zu haben. Hier hilft die alte Khmer-Weisheit: *ándat djia phlöw* (Die Zunge ist der Weg). Die Menschen auf dem Lande erklären gern den Weg. Man muss dabei aber immer auf die Höhe der Hand des Erklärenden achten. Ist das Dorf, in das man will, nicht weit entfernt, dann erreicht die ausgestreckte Hand mit dem Zeigefinger in Richtung Ziel etwa Kinnhöhe. Je weiter der Zielort entfernt ist, desto höher hebt er die Hand. Erreicht die Hand etwa Stirnhöhe, meint der Bauer mindestens einen ganzen Vormittag Fußmarsch. Ist die Hand höher als der Kopf, dann heißt das eine Tagesreise mit dem Ochsenkarren.

Zeigen auf eine Person

Möchte man in einer größeren Runde den Blick des Gesprächspartners auf eine dritte Person in der Runde lenken, dann zeigt man nicht mit dem Finger auf sie, sondern richtet seinen Blick auf sie, spitzt den Mund ein wenig und sagte *nih* (hier) oder *nuh* (dort). Es gilt als unhöflich und respektlos, mit dem Finger auf jemanden zu zeigen. Befindet sich die gesuchte Person aber in einer sehr großen Entfernung, wird man es nicht übel nehmen, wenn man mit dem Zeigefinger auf sie deutet. In der Familie dürfen bei großem Ärger nur die Eltern den Zeigefinger auf das Gesicht des Kindes richten. So etwas wirkt wie ein Schlag ins Gesicht. Auch die älteren Geschwister können das mit ihren jüngeren Brüdern oder Schwestern machen, umgekehrt geht das aber nicht.

Standpunkt des Sprechers

Wie hier zu Lande auch, stimmen Kambodschaner einer Äußerung durch Kopfnicken zu. Diese Geste wird sparsam eingesetzt. Sie begleitet auch das Ja als Antwort auf eine Entscheidungsfrage. Am meisten verbreitet ist jedoch die fast reglos ausgesprochene Antwort „Ja". Wird ein Gespräch durch „ja, ja" und langsames Kopfnicken begleitet, wobei fast der ganzen Oberkörper eine leicht gebückte Haltung annimmt, ist das als wohlwollende Aufmerksamkeit zu deuten. Kopfschütteln wird als deutliches Zeichen der Ablehnung verstanden.

Wie stehe ich zu jemandem?

Enttäuschung

Wenn jemand ein enttäuschtes Gesicht macht, sagt man im Khmer: *thleak toek mukh* (der Gesichtsausdruck ist heruntergestürzt). Was da „heruntertürzt", ist die freundliche Miene, die bei jedem Gespräch gewahrt werden muss. Es ist sehr schwer, diesen Ausdruck zu beschreiben. Schlagartig verlieren die Augen ihren Glanz. Das Gesicht wird trübe. Das Lächeln friert ein und nur mit Mühe können die Mundwinkel gerade gehalten werden. Der Gesprächspartner bekommt kaum noch ein Wort heraus und wirkt erstarrt.

Unzufriedenheit

Wenn bei einer Begegnung der Gesprächspartner die ganze Zeit einen freudlosen Gesichtsausdruck hat, grübelt ein Kambodschaner nach den Gründen. Passiert das mehrfach, kann er gewiss sein, dass die Beziehung einen Riss bekommen hat. Dieser bestimmte Gesichtsaudruck wird im Khmer *muk smaö* (gleich bleibender Gesichtsaudruck) genannt. „Gleich bleibend" bedeutet, dass das Gesicht des Gesprächspartners während der ganzen Zeit des Treffens keine Momente der Freundlichkeit und der Freude über die Begegnung erkennen lässt, die Augen Gleichgültigkeit ausdrücken und um die Mundwinkel kein Fünkchen Lächeln zu entdecken ist. Die Person reagiert nur noch auf gezielte Fragen. Die Begegnung wirkt gezwungen und anstrengend. In der Regel wird man schon wissen, was vorgefallen ist. Mit dem Gesichtsausdruck *muk smaö* will man seinem Gegenüber mitteilen, dass man mit einem bestimmten Verhalten des anderen unzufrieden ist. Große Bemühungen sind notwendig, um das Gesicht wieder lächeln zu sehen.

Jemand bedeutet einem nichts

Mag eine Person eine andere nicht, kann sie das durch Nichtbeachtung ausdrücken. Bei einer Begegnung geht sie einfach an ihr vorbei, als würde die andere Person Luft sein. Der Blick ist dabei auf andere Dinge gerichtet. So gesehen kann man in Kambodscha nicht nichts sagen. Denn auch durch Nichtsagen erfahren andere, was gemeint ist. Aber wenn man eine Person noch nicht richtig kennt und daher noch nicht genau weiß, wie man mit ihr umzugehen hat, verfolgt das ausweichende Verhalten nicht diese Absicht.

Drohungen

Ein starrer und durchbohrender Blick *(sámlák)* hilft Eltern manchmal, ihr Kind schon von einer unerwünschten Tat abzubringen. Natürlich gibt es auch die „harten Typen", die noch mehr als nur den strengen Blick brauchen. Die ernste Warnung wird aber erkannt. Im Klassenraum hilft dieser Blick auch dem Lehrer, schnatternde Münder zur Ruhe zu bringen. Am Arbeitsplatz bedeutet der Blick vom Chef: Es ist höchste Zeit, die Dinge in Ordnung zu bringen. Auch bei Personen gleichen Ranges verfehlt der Blick nicht seine Wirkung. Zur genauen Deutung des Blickes *sámlák* muss die spezielle Situation betrachtet werden. Eine Person hat etwas getan, was den Erwartungen einer anderen Person aus ihrem sozialen Umfeld nicht entspricht.

Peep chriay

Werden einem Kambodschaner die Prahlereien und das Selbstlob einer Person zu viel, kann er das anderen gegenüber zum Ausdruck bringen, indem er die untere Lippe nach oben schiebt, sodass die beiden Mundwinkel nach unten hängen und er streng dreinschaut. Das geschieht innerhalb weniger Sekunden. Diesen Akt nennt man auf Khmer *peep chriay* (im Sinne von: Ja, ja, rede nur weiter). Der Gernegroß bekommt das natürlich nicht mit. Als Prahlerei kann auch das Tragen von übermäßig viel Schmuck oder von besonders teurer Kleidung zu unpassenden Anlässen angesehen werden.

Das Verhalten des Gernegroß kann einer Person auch dermaßen zuwider sein, dass sie mit einem lauten betonten Nebengeräusch *thwoey!* die Spucke ausstößt. Auch das angedeutete Ausspucken erfüllt seinen Zweck. Das geschieht aber normalerweise nicht, wenn die betreffende Person noch in der Nähe ist.

Es ist nur Spaß!

Wenn man aus einem bestimmten Grund zu jemandem etwas sagt, was gar nicht den Tatsachen entspricht (z. B. wird dem Kind eine sehr harte Strafe angedroht, die es sowieso nicht bekommen soll), kann man einer dritten Person durch Augenzwinkern zu verstehen geben, dass das nur ein Trick ist und er mitspielen soll. Das blitzartige Schließen und Öffnen der Augen, im Khmer *medj phnäk* genannt, kann man mit einem oder mit beiden Augen machen. Dabei ist das Gesicht der dritten Person zugewandt. Der Ausgetrickste soll davon nicht erfahren.

Körperhaltung

Wie schon an anderer Stelle erwähnt, sagen die gebeugte Körperhaltung und die Höhe der zusammengelegten Hände bei der Begrüßung viel über die Stellungen der Personen, die sich begegnen, aus.

Kambodschanern unbekannte Zeichen

„Einen Vogel zeigen" verfehlt in Kambodscha seine Wirkung, denn Kambodschaner wissen nicht, was mit dem Finger am Kopf gemeint ist. Irritationen oder Gelächter könnten die Folge sein. Ähnlich verhält es sich auch mit dem „Stinkefinger". Vielleicht werden die Kambodschaner das später auch verstehen, wenn es die Menschen aus dem europäischen Kulturkreis öfter in Kambodscha einsetzen.

Begrüßung

Anhand der Begrüßungsrituale kann man vieles über die Beziehungen zwischen zwei Personen erfahren. Die höfliche Form der Begrüßung ist die folgende: Derjenige, der einen anderen mit *djum reap sua* (Guten Tag) anspricht, legt seine Hände in Kinnhöhe zusammen. Der andere erwidert den Gruß auf die gleiche Weise. So begrüßen sich Menschen gleichen sozialen Ranges. Begegnet jemand einer Person im Rang seines Chefs, dann hebt er seine Hände bis auf die Höhe der Nase. Dabei beugt er seinen Kopf leicht nach vorne. Die Respektsperson grüßt zurück mit zusammengelegten Händen etwa auf Kinnhöhe. Werden Großeltern oder Personen mit sehr hoher sozialer Stellung gegrüßt, erreicht die Spitze der zusammengelegten Hände Stirnhöhe.

Der Gruß wird mit den Worten *lök day thway preah* (erhebe die Hand und grüße Buddha) erwidert, wobei die Hände etwa auf Brusthöhe bleiben. Zum Grüßen von Mönchen und Buddhafiguren wurde bereits im Abschnitt „Buddhismus und kambodschanische Gesellschaft" etwas gesagt. Außerdem ist erwähnenswert, dass Erwachsene den Gruß kleiner Kinder nicht mit zusammengelegten Händen erwidern. Oft antworten die Erwachsenen nur: „Erhebe die Hand und grüße Buddha".

Sieht man sich tagein tagaus von früh bis spät, dann entfällt der Gruß mit den zusammengelegten Händen. In der Familie quittiert man die Ankunft eines Familienmitglieds mit einer rhetorischen Frage wie etwa: *yeay mook vegn haöy hey?* (Großmutter, sind Sie schon zurück?). Diese Fragen werden dann mit *djah* („ja" für Frauen) bzw. *bat* („ja" für Männer) beantwortet. Die Eltern oder Großeltern bejahen auch mit *öö* oder *öü*. Diese Art, „ja" zu sagen, drückt den höheren Rang des Sprechers aus. Enkel und die Kinder dürfen älteren Menschen gegenüber nur mit dem normalen *djah* oder *bat* antworten. Ebenso begrüßen sich Kollegen nicht jeden Morgen. Ein kleines Lächeln reicht vollkommen aus. Soldaten und Polizisten haben den gleichen militärischen Gruß wie in Europa.

Der Gruß mit den zusammengelegten Händen zeigt also, dass zwei Personen sich länger nicht gesehen haben und er zeigt auch, wer welchen Rang in der sozialen Hierarchie besitzt.

Anrede

Seit Anfang der 1990er Jahre ist Kambodscha wieder ein Königreich. In den **Behörden** müssen die Menschen seitdem aufpassen, dass sie die Mitarbeiter dort auch richtig anreden. Denn zu den bürgerlichen Anredeformen wie *look* (Herr), *look srey* bzw. *neak srey* (Frau) kommen nun auch noch **spezielle Anredeformen** für Personen aus der weit verzweigten königlichen Familie dazu wie *preah áng mdjah* (Prinz) und *neak áng mdjah* (Prinzessin). Sehr hohe Persönlichkeiten aus der königlichen Familie tragen besondere Titel wie *sdedj krom luang, sdedj krom preah* oder *sdedj krom khun,* die unterschiedliche Ränge zum Ausdruck bringen. Der Sohn und der Halbbruder des Königs tragen einen dieser Titel.

Auch hohe Persönlichkeiten von der Volkspartei (Premierminister *Hun Sen,* Senatspräsident *Chea Sim,* Ehrenvorsitzender der Volkspartei *Heng Samrin*) haben den Titel *sámdedj* (Samdech, wörtlich: der Mächtige) von

König *Sihanouk* zugesprochen bekommen. „Samdech" ist eine Zusatzbezeichnung für die höchsten Amtswürden. Außer den Mitgliedern der königlichen Familien können Personen mit sehr hohen politischen Funktionen und die obersten Mönche *(samdedj sángreadj)* diesen Titel tragen. Meist verbinden Kambodschaner die Anrede „Samdech" mit einem Königstitel. Dass das nicht so ist, merkt man, wenn man Gespräche mit Trägern des Titels Samdech verfolgt. Für Mitglieder der königlichen Familie gibt es einen **königlichen Wortschatz.** Er umfasst Bezeichnungen für viele Tätigkeiten, für Körperteile und Gegenstände. Träger des Samdech-Titels, in deren Adern kein königliches Blut fließt, benutzen für die Bezeichnung ihrer Lebenstätigkeiten usw. den normalen Wortschatz.

In den Ministerien werden Beamte, die einen höheren Rang als Abteilungsleiter haben, mit „Exzellenz" angeredet. Das Khmer-Wort hierfür ist *aek udám* für Männer und *look djumteav* für Frauen. Auch Gouverneure und Vizegouverneure der Provinzen werden schriftlich oder mündlich immer mit „Exzellenz" angesprochen.

Auf die korrekte Anrede mit dem richtigen Titel wird sehr großer Wert gelegt. Was passiert aber, wenn man einen hohen Amtsträger falsch anspricht? Die falsche Anrede führt meist zur Abkühlung der Beziehungen. Der Angesprochene fühlt sich nicht gebührend respektiert. Er denkt, dass der andere seinen Rang nicht anerkennt. Redet eine Person mit niederem Rang einen Staatssekretär nur mit „Herr" an, kann der Angesprochene dies als Angriff auf die hierarchische Ordnung verstehen. Er denkt, dass sich der andere auf eine Stufe mit ihm stellen will. Das kann sich ungünstig auf den Ausgang des Gesprächs auswirken. Wer aus dem Ausland kommt, hat einen „Ausländerbonus", Kambodschaner nicht. Bevor man zu einem hohen Amtsträger geht, ist es ratsam, sich vorher genauer zu erkundigen, welchen Rang derjenige hat und wie er sich am liebsten anreden lässt.

Die **Anrede für Amtsträger** unterer Ränge setzt sich aus *look* (Herr) oder *look srey* (Frau) und der Rangbezeichnung zusammen. Ein Beispiel aus dem Schulalltag: Der Direktor einer Schule wird *look neayuak* (Herr Direktor) angesprochen. Der Direktor redet die Lehrer mit *look kru* (Herr Lehrer) an. Im Laufe des Gesprächs kann die Rangbezeichnung ab und zu weggelassen werden. Während die Anrede *look* und *look srey* in den Büros weit verbreitet ist, gibt es im Alltag außerhalb der modernen Büros und der staatlichen Stellen eine andere Anrede für jedermann: *neak* (Sie). Jede Frau und jeder Mann kann mit *neak* angesprochen werden.

Eine Fischverkäuferin auf dem Markt würde lachen, wenn sie mit *look srey* angeredet werden würde. Sie würde denken, dass man mit ihr scherzt, denn *look srey* ist im Denken der einfachen Leute eine Frau, die in einer Villa lebt, mit dem Auto fährt und wenn überhaupt, dann in einem klimatisierten Büro arbeitet und lange, lackierte Fingernägel hat. *Look srey* kann keine Frau sein, die auf dem Markt neben einem nassen und streng riechendem Fischkorb hockt und mit bloßen Händen die zappelnden, glitschigen Fische aus dem Korb holt, abwiegt und ausnimmt. Das gleiche gilt für einen Cyclo-Fahrer oder einen Reisbauer, den man nicht mit *look* anspricht.

Neben der formalen Anrede *neak* (Sie) sind sowohl in der Stadt als auch auf dem Lande die **Verwandtschaftsbezeichnungen** wie Onkel, Tante, ältere Schwester, älterer Bruder, jüngere Schwester, jüngerer Bruder, Großvater und Großmutter sehr beliebt. Jemanden mit *puk* (Vater) oder *mae* (Mutter) anreden, das dürfen nur die eigenen Kinder oder Personen, die man wie die eigenen Kinder liebt. Auch in den Büros benutzen Kollegen, die sich lange und gut kennen, gerne die familiären Anredeformen mit Ausnahme von *puk* und *mae*.

Die Verwandtschaftsbezeichnungen schaffen viel mehr Nähe als das formelle *look* bzw. *neak*.

Bei der Verwendung der Verwandtschaftsbezeichnungen ist stets darauf zu achten, dass der andere nicht jünger gemacht wird, denn Alter bedeutet Ehre und ebenso auch die höhere Stellung im Familienstammbaum. Man kann jemanden auch beleidigen, indem man die gleichaltrige Person mit *p-on* (jüngeres Geschwisterkind) anspricht und sich selbst damit zum *báng* (älteres Geschwisterkind) erhebt.

Im Zweifelsfall ist es besser, jemanden älter als jünger zu machen. Frauen neigen dazu, gleichaltrige Männer mit *pu* (Onkel) anzusprechen. Der Grund dafür ist, dass die Bezeichnung *báng* (älterer Bruder) schon für den geliebten Ehemann reserviert ist. Ein Alternative zu *báng* (älterer Bruder) ist in diesem Fall auch die Anrede mit *báng* und dem Vornamen. Auch Frauen können so angeredet werden. Obwohl Alter Respekt und Ehre bedeutet, darf man es damit nicht übertreiben. Denn eine etwa gleichaltrige Frau zu einer Tante oder Oma zu machen, ist nicht sehr schmeichelhaft.

Kambodschaner vermeiden es im Allgemeinen, jemanden nur mit dem Namen anzusprechen. Das gilt insbesondere für den **Familiennamen.** Gute Freunde und Bekannte können sich auch beim Vornamen anreden. Durch den Kontakt mit Ausländern ist bekannt, dass es für Europäer normal ist, jemanden „Herr + Nachname" anzureden. Viele Kambodschaner empfinden diese Anredeform trotzdem als unangenehm. Stattdessen wird die Anrede „*look* + Vorname" oder „*look srey* + Vorname" verwendet. Oder man verknüpft wie schon erwähnt *look* mit der Rangbezeichnung. Vermutlich liegt der Grund für die Abneigung gegen die Verwendung des Familiennamens darin, dass der Familienname Teil des Namens des Vaters und des Großvaters ist, die sozial viel höher gestellt sind als die eigene

Person. Wird jemand mit dem Nachnamen angesprochen, so wird eigentlich nicht er, sondern sein Vorfahre angeredet. Das bedeutet einen Angriff auf die hierarchische Ordnung und wird als Respektlosigkeit gewertet. Wenn ein Junge einen anderen mit dem Familiennamen anspricht, dann ist das schon ein richtiger Anlass für eine Schlägerei.

Besuche

Wenn du eine hohe Würde trägst, kommen Menschen zu dir
und suchen Schutz.
Dein Herz soll keine Wut und keinen Zorn auf sie ausschütten.
Sie würden sonst Angst vor dir haben und dich meiden.

Oh, mein Sohn, Fische suchen nun einmal Schutz im Wasser.
Ist das Wasser zu heiß, verlieren sie ihr Leben.

Wasser, mein Sohn, in dem nicht ein einziger kleiner Fisch flitzt,
nennt man nicht Wasser. Es ist ein Nichts, es ist ein Verlust.

Einen hohen Würdenträger, ohne Menschen um ihn herum,
umgibt nur ewige Stille. Kein Wohlergehen erfährt der Amtsträger,
kein Glück kennt er, nur Wut.

(aus „Chbab Suasdey")

Mit diesen Ratschlägen will ein weiser Vater seinem Sohn, der künftig ein hoher Beamter sein wird, nicht nur sagen, dass Besuche, die ihm seine Untertanen abstatten, ganz selbstverständlich sind, sondern auch, dass er dafür viel tun muss. Denn letztlich geht es um sein Wohlergehen. Erst wenn die Menschen bei ihm ein- und ausgehen, ist er tatsächlich eine Respektperson. Erst dann steht er an der Spitze der Hierarchie. Erst dann ist er das „Wasser", das den „Fischen" Leben gibt. Und umgekehrt machen die Fische aus ihm auch erst echtes Wasser.

Da die kambodschanische Gesellschaft aus lauter verschachtelten Hierarchien besteht, kann der obige väterliche Rat ohne weiteres auch auf andere Hierarchien übertragen werden. Auch die Familienverbände sind hierarchisch aufgebaut. **Gegenseitige Besuche** sind etwas ganz Natürliches im Leben der Kambodschaner. Besuche schaffen Geselligkeit, menschliche Wärme und festigen emotionale Bindungen.

Auf dem Dorf schauen die Leute am Nachmittag gerne einmal bei ihren Verwandten, Bekannten oder Nachbarn vorbei. Sie unterhalten sich dann ein wenig und gehen dann wieder. Das geschieht **ohne Einladung.** Es werden auch keine großen Vorbereitungen getroffen. Der Gastgeber zieht sich nicht extra um. Im Haus wird nicht erst noch aufgeräumt. Wenn der Gastgeber gerade mit den Kindern unter dem Haus auf der großen massiven Holzpritsche sitzt, nimmt auch der Gast dort Platz. Dem Besucher wird ein Schluck Wasser angeboten und er kann mitessen, was die Familie des Gastgebers gerade isst. Am Nachmittag sind das oft nicht ganz reife Früchte mit Salz und Peperoni. Die Früchte werden frisch vom Baum gepflückt. Jede Saison bietet besondere Leckerein. Man vermeidet Besuche zu den Hauptmahlzeiten. Richtige Einladungen gibt es auf dem Lande nur bei geplanten Feierlichkeiten zu Hause oder im buddhistischen Kloster.

Die Menschen in der Stadt setzen die **Besuchstradition vom Lande** fort. Absprachen darüber, wann es z.B. dem Onkel zeitlich passt, ihn zu besuchen, sind nicht üblich. Manchmal sieht man ein Cyclo vor dem Haus halten. Jemand steigt aus und siehe da, es ist die Tante aus der entfernten Provinz. Sie wird überschwänglich empfangen, man lacht und fragt nach diesem und jenem. Die Tante bleibt dann einen Monat lang bei ihrer Nichte in der Stadt. Ein Schlafplatz fehlt in einem kollektivistisch eingerichteten Haus nie.

Einiges hat sich bei den Besuchen in der Stadt im Vergleich zum Lande doch geändert, nämlich Zeit und Kleidung. Da es in der Stadt feste Bürozeiten gibt, finden die kurzen Familien- und Freundesbesuche an den Werktagen am Abend statt. Das Wochenende ist für Besuch natürlich besonders gut geeignet. Viele Büros schließen schon am Sonnabend. Und so ist die Chance groß, jemanden an den beiden Wochenendentagen zu Hause anzutreffen. Manch einer, der von dem Besuch überrascht wird, schickt zunächst eine andere Person vor, die den Gast hereinbittet, während er selbst sich noch schnell ein besseres Hemd anzieht.

Bei einer Einladung zum Essen gibt sich die Hausherrin die größte Mühe, dass nur das Beste auf dem Tisch steht. Näheres dazu ist bereits im Abschnitt „So wie man isst, so ist man" gesagt.

Der Besucher muss darauf achten, dass er nicht vor dem Gastgeber anfängt zu essen oder zu trinken. Lobende Worte über das Essen erfreuen das Herz der Gastgeberin und des Gastgebers.

Zunehmend beliebt ist es auch, Freunde und Bekannte in ein **Restaurant einzuladen.** Das vereinfacht vieles, bringt Abwechslung für den Gaumen und macht auch Spaß. Derjenige, der einlädt, muss aber auch das notwendige Kleingeld mitbringen, denn er muss bezahlen. Man sollte sich dann nicht darum streiten, ob nicht doch ein anderer zahlt oder wie hoch der eigene Anteil ist. Solch eine Einladung zum Essen verpflichtet übrigens nicht zu einer baldigen Gegeneinladung. Eine Bemerkung wie „Das nächste Mal werde ich mich revanchieren" wirkt auf Kambodschaner befremdend. Kambodschaner mögen die Geselligkeit. Wer es sich leisten kann, lädt ein und bezahlt. Deutsche und andere Europäer unterscheiden klar zwischen einer Einladung zum Essen und dem „Wollen wir nicht zusammen essen gehen?". Kambodschaner tun das nur in seltenen Situationen. Eine davon ist, wenn die Kollegen in der Pause immer in ein kleines Bistro in der Nähe des Büros gehen, um eine Kleinigkeit zu sich zu nehmen. Fragt nun ein Kollege den anderen: „Willst du nicht einen Kaffee holen?", dann ist das keine Einladung.

Die Frage danach, ob Kollegen nicht gemeinsam woanders hingehen, um eine Mahlzeit einzunehmen, wird in der Regel als Einladung verstanden. Ein Kambodschaner, der sehr lange im Ausland gelebt hat, hat einmal mit der Äußerung „Wollen wir nicht mal essen gehen?" seine ganze Verwandtschaft in ein Restaurant bewegt. Dass er dann nur für sich selbst bezahlt hat, war für die Familie ein mächtiger Schock.

Herzlich Willkommen!

Wie ist das, wenn ein Einzelner nur für sich bestellt? Wenn man nur gemeinsam Nudelsuppe essen geht, ahnt die Runde während des Essens noch nichts Schlimmes, denn jeder bekommt eine Schüssel mit Nudeln und seine Tasse Kaffee oder Tee. Wenn man aber richtig essen geht, kommt derjenige, der eine **Einzelbestellung** aufgibt, in Bedrängnis, denn alle Gerichte außer seins stehen in der Mitte und alle in der Runde können sich nehmen, was ihnen schmeckt. Nur von seinem Teller, auf den seine Portion gefüllt ist, kann sich niemand etwas nehmen.

Während die anderen Platten und Teller mit Speisen hin und her reichen, bleibt sein Teller vor ihm stehen. Er isst nur von seinem Teller. Er kostet nicht von den anderen Gerichten und möchte auch nicht, dass jemand etwas von seinem Teller nimmt. Die Schranken rühren aus dem Konflikt zwischen „mein Essen", „dein Essen" und „unser Essen" her. Hier prallt individualistisches und kollektivistisches Denken aufeinander. Zum Schluss zahlt der Individualist nur für sein Essen. Die Kollektivisten sind baff. Solch ein Vorfall wird mit Sicherheit lange Zeit immer wieder erzählt werden und Gelächter hervorrufen. Europäern entschuldigt man so ein Verhalten. Langsam spricht sich das merkwürdige Verhalten der Europäer sogar herum, da zahlreiche Kambodschaner mit Europäern zu tun haben.

Ein Team bestehend aus Kambodschanern und Europäern wird sich auf Grund der unterschiedlichen Bestellweisen schnell trennen in diejenigen, die die Speisen gemeinsam speisen und diejenigen, die ihre Einzelportion essen. Der Grund liegt in der Wirtschaftlichkeit und der Länge der Arme. Sitzen Individualisten zwischen den Kollektivisten, ist es für die Kollektivisten nicht mehr möglich, an alle Speisen heranzukommen. Die Arme sind nicht lang genug. Eine andere Suppenschüssel muss her. Da in den meisten Lokalen rechteckige Tische stehen, wird man bei 6 oder 7 Personen zwei Tische zusammenziehen. Das Problem ist vorprogrammiert. Ein großer runder Tisch könnte die Trennungstendenz etwas mindern.

Veränderungen in den wirtschaftlichen und sozialen Strukturen des Landes führen zu **Konflikten in Bezug auf Besuche.** Da Besuche auch Respektsbezeugung bedeuten – sozial niedrigere Personen müssen höher gestellte öfter besuchen –, werden die sozialen Beziehungen auch an der Intensität der Besuche gewertet. So ist manch eine ältere Schwester über ihre jüngere Schwester verärgert, weil die sie nicht mehr so oft besucht. Sie denkt, dass ihr die jüngere und sozial untergeordnete Schwester nicht mehr den nötigen Respekt entgegenbringt. Solche Situationen ergeben sich immer häufiger. Die Höherrangigen weigern sich oft zu akzeptieren, dass die wachsende Hektik des Lebens in der Stadt und die Abhängigkeit von den Geschäften die beschauliche Ruhe der 1960er Jahre und teilweise auch noch der 1980er Jahre immer mehr untergraben haben.

Die Geldwirtschaft, die insbesondere ab Anfang der 1990er Jahre bis in die entlegenen Gegenden des Landes vorgedrungen ist, zwingt jetzt auch zahlreiche Bauern, die früher genügsam auf niedrigem Niveau gelebt haben, Geld zu verdienen. Frauen verkaufen Früchte und Gemüse auf den Märkten, Männer fahren zwischen den Anbausaisons Cyclos in der Stadt. Denn auch sie müssen jetzt fast alles, was sie benötigen, kaufen. Wer Geld für sein Leben benötigt und keins verdient, muss höchstwahrscheinlich bald seinen Acker verkaufen. In so einem Fall sähe die Zukunft für die Familie nicht gut aus. Da die Suche nach Verdienstmöglichkeiten immer mehr Zeit in Anspruch nimmt, bleibt den Menschen nicht mehr so viel Raum, um den Respektspersonen die gebührende Achtung zu schenken. Trotz hartnäckiger Abneigung gegen die Veränderungen der gesellschaftlichen Normen beginnt man nach und nach auch manche Normverletzungen, die sich aus der wachsenden Hektik des Lebens ergeben, zu dulden.

Geschenke

Wenn Bauern vom Lande Verwandte oder Bekannte in der Stadt besuchen, bringen sie manchmal einen Sack Reis mit. Frisch geernteter Reis wird wegen seines Duftes und seines Aromas sehr geschätzt. Manche bringen als Geschenk einen Korb selbst geerntete Mangos mit. Andere, die am Fluss wohnen, gehen zu ihren Verwandten mit einer Tüte Trockenfisch. Die Stadtmenschen machen das im Grunde genauso. Anstelle von streng riechender Fischpaste, Trockenfisch oder einem Sack Reis besorgen sie sich die besten Früchte der Saisons, um sie zu verschenken. Beliebte Früchte sind Mangos, Orangen oder importierte Weintrauben und Äpfel. Einen Blumenstrauß mitzubringen ist bei kambodschanischen Familien noch nicht üblich. Auch bei einem Krankenbesuch bringt man Früchte mit. Wenn in einem Haushalt etwas besonders Schmackhaftes gekocht wurde, reichen sich Nachbarn gerne eine Schüssel davon vor der Mahlzeit herüber. Die Speise muss gerade aus dem Topf geschöpft sein und noch dampfen. Diese Tradition des Essen-Herüberbringens ist in der Stadt in Folge von wachsender Anonymität fast vollkommen verloren gegangen.

Über Geschenke bei Hochzeiten wurde bereits im Abschnitt „Kruasa – Familie" berichtet.

ANHANG

Vater mit „Anhang" beim täglichen Waschgang

Ausgewählte Quellen

- À l'ombre d'Angkor. **Le Cambodge années vingt,** VILO, Paris 1992
- Boisselier, J.: Manuel d'Archéologie d'Extrême-Orient, Asie du Sud-Est, **Le Cambodge,** Editions A. et J. Picard et Cie Paria 1966
- Briggs, L. P.: **The Ancient Khmer Empire,** Bangkok 1999
- Burchett, Wilfred G.: **An den Ufern des Mekong,** Verlag Volk und Welt, Berlin 1959
- **Cérémonies privées des Cambodgiens,** Institution Bouddhique, Phnom Penh 1958
- Chandler, David P.: **A History of Cambodia,** 2. ed., Westview Press, Boulder, Colorado 1992
- Chandler, David P.: **Brother Number One. A Political Biography of Pol Pot,** Westview Press Inc., 1992
- Chou Ta-Kuan: **The Customs of Cambodia, The Siam Society,** Bangkok, second edition 1992
- Cœdès, Georges: **Pour mieux comprendre Angkor,** Paris 1947
- Collaer, Paul: **Musikgeschichte in Bildern. Südostasien,** Deutscher Verlag für Musik, Leipzig 1979
- **Cultures of Independence. An introduction to Cambodian Arts and Culture in the 1950's and 1960's,** Reyum Publishing, Phnom Penh 2001
- Delvert, Jean: **Le paysan cambodgien,** Mouton & Co, Paris 1961
- Emerson, Bridget: **The Natural Resources and livelihood study, Ratanakiri Province,** the Non-Timber Forest Products (NTFP) Project, JSRC Printing House, Phnom Penh 1997
- Giteau, Madeleine: **Angkor,** Verlag W. Kohlhammer, Stuttgart, Berlin, Köln, Mainz 1976
- Götze-Sam, Claudia: **Struktur und Bedeutung der Schimpfwörter im Khmer.** In: Kambodschanische Kultur, Heft 5, Berlin 1997, S. 63–80
- Groslier, Bernard Philippe: **Hinterindien. Kunst im Schmelztiegel der Rassen,** Holle & Co Verlag, Baden-Baden 1960
- Imbert, Jean: **Histoire des Institutions Khmères,** Phnom Penh 1961
- Kiernan, Ben: **How Pol Pot came to power,** A history of Communism in Kampuchea, 1930–1975, Verso, London 1985
- Kiernan, Ben: **The Pol Pot Regime. Race, Power, and Genocide in Cambodia under the Khmer Rouge, 1975–79,** Silkworm Books 1996
- Leclère, Adhemard: **Histoire du Cambodge,** Paris 1914
- Migot, André: **Les Khmers,** Paris 1960
- Norodom Sihanouk: **Le Cambodge et ses Relations avec ses Voisins,** Le Ministère de l'Information, o. J.

- Norodom Sihanouk; Wilfred Burchett: **My war with the CIA,** London 1973
- Osborne, Milton: Sihanouk, **Prince of light, prince of darkness,** Silkworm Books 1994
- Pannetier: **Sentences et proverbes cambodgien.** In: Bulletin de l'Ecole Française d'Extrême Orient, XV(3), 1915, S. 47–71
- Prud'homme, Rémy: **L'Écomomie du Cambodge,** Presses Universitaires de France, 1969
- Rybakowa, Nina: **Kunst Kampucheas, Architektur und Plastik,** E. A. Seemann Verlag, Leipzig 1985
- Shawcross, William: **Schattenkrieg, Kissinger, Nixon und die Zerstörung Kambodschas,** Verlag Ullstein, Berlin, Frankfurt/M., Wien 1979
- **Statistical Yearbook 2003, Kingdom of Cambodia,** National Institute of Statistics, Ministry of Planning, Cambodia

Literaturempfehlungen

- Briggs, L. P.: **The Ancient Khmer Empire,** Bangkok 1999.
  Beschreibung der politischen Geschichte und der Kunstgeschichte Kambodschas von Beginn an bis zum Ende der Angkor-Zeit.
- **Cérémonies privées des Cambodgiens. Institution Bouddhique,** Phnom Penh 1958.
  Symbolik und Zeremonien, die mit dem Kalender, dem Hausbau, der Geburt, der Hochzeit, den Krankheiten, dem Sterben usw. zu tun haben, werden knapp und präzise dargestellt.
- Chandler, David P.: **A History of Cambodia,** 2. ed., Westview Press, Boulder, Colorado 1992.
  Guter Überblick über die politische Geschichte Kambodschas von Beginn an bis Anfang der 1990er Jahre.
- Chou Ta-Kuan: **The Customs of Cambodia,** The Siam Society Bangkok, second edition 1992.
  Detaillierte Beschreibung des Lebensalltags der Menschen im Angkor-Reich durch einen chinesischen Gesandten, der sich Ende des 13. Jahrhunderts ein Jahr lang in Angkor aufhielt.
- **Cultures of Independence. An introduction to Cambodian Arts and Culture in the 1950's and 1960's,** Reyum Publishing, Phnom Penh 2001.
  Überblick über die moderne Architektur und neue Entwicklungen in verschiedenen Kunstbereichen wie darstellende Kunst und Musik Kambodschas.

- Gaudes, Rüdiger (Hrsg.): **Kambodschanische Volksmärchen.** Akademie-Verlag, Berlin 1987.
  Übersetzung von Märchen aus der Sammlung alter Khmer-Märchen, die das Buddhistische Institut in Phnom Penh zusammentrug und herausgab. In den Märchen kann der Leser traditionelle Lebensformen und Denkweisen der Khmer, die sich teilweise auch noch bis in die Gegenwart erhalten haben, entdecken.
- Giteau, Madeleine: **Angkor,** Verlag W. Kohlhammer, Stuttgart, Berlin, Köln, Mainz 1976.
  Einfühlsame Beschreibung des Lebens der einfachen Menschen, der Adligen, der Könige und der Leute am Hofe in der Angkor-Ära. Auch die Glaubenswelt der Kambodschaner jener Zeit wird lebendig dargestellt.
- Groslier, Bernard Philippe: **Hinterindien. Kunst im Schmelztiegel der Rassen,** Holle & Co Verlag, Baden-Baden 1960.
  Erläuterung der Stile der Tempelbauten und Plastiken Kambodschas in Zusammenhang mit der Entwicklung des politischen und religiösen Lebens des Landes.
- Kiernan, Ben: **The Pol Pot Regime. Race, Power, and Genocide in Cambodia under the Khmer Rouge, 1975–79,** Silkworm Books 1996.
  Umfassende Studie über die Machtübernahme der Roten Khmer, die Konflikte zwischen verschiedenen Fraktionen der Roten Khmer, die Situation in verschiedenen Regionen Kambodschas in der Zeit der Herrschaft Pol Pots, die Machtpolitik Pol Pots und die Beziehungen des Demokratischen Kambodschas nach außen.
- Leclère, Adhemard: **Histoire du Cambodge,** Phnom Penh 1974.
  Detaillierte Beschreibung der Herrschaft einzelner Khmer-Könige von der Zeit des Reiches Funan bis zum Anfang des 20. Jahrhunderts. Auch die Beziehungen Kambodschas zu anderen Völkern werden in diesem Buch gut beleuchtet.
- Migot, André: **Les Khmers,** Paris 1960.
  Der Autor skizziert im Rahmen der Darstellung der Geschichte des Landes verschiedene Aspekte der kambodschanischen Gesellschaft. Er beschreibt den Aufstieg und den Niedergang des Khmer-Reiches, die Beziehungen Kambodschas zu den Nachbarländern, die Errichtung des französischen Protektorats und die Zeit nach Erringung der nationalen Unabhängigkeit bis Ende der 1950er Jahre.
- Osborne, Milton: **Sihanouk, Prince of light, prince of darkness,** Silkworm Books 1994.
  Darstellung der modernen politischen Geschichte Kambodschas anhand der Biografie von König Sihanouk.

- Shawcross, William: **Schattenkrieg. Kissinger, Nixon und die Zerstörung Kambodschas,** Verlag Ullstein, Berlin, Frankfurt/M., Wien 1979. Unschlagbar gute Recherche über die Einbeziehung Kambodschas in den Vietnamkrieg durch die US-Administration unter Nixon und über die Entwicklung des Kräfteverhältnisses in Kambodscha in der Zeit des Krieges von 1970 bis 1975.

Ausgewählte Internetseiten zu Kambodscha

- www.moi-coci.gov.kh
  Gemeinsamer Auftritt des Ministeriums für Information und des Ministeriums für Kultur und Schöne Künste. Der Besucher erhält ein breites Informationsangebot über Land und Leute, Kulturpolitik, Tanz, Theater und verschiedene Kunstzweige in Kambodscha.
- http://asiasource.org/cambodia
  Hier findet man verschiedene Artikel über Musik und Tanz in Kambodscha sowie Links zu mehreren Homepages, die sich mit Kulturthemen befassen.
- www.mot.gov.kh
  Homepage des Tourismusministeriums Kambodschas. Reiseinformationen, Sehenswürdigkeiten, Infos zu Öko-Tourismus und Nationalparks und Adressen von Botschaften in Kambodscha sind übersichtlich aufbereitet.
- www.auswaertiges-amt.de
  Der Besucher bekommt unter der Rubrik „Länder- und Reiseinformationen" einen knappen Überblick über Kambodscha sowie viele nützliche Reiseinfos. Reisende sollten insbesondere die Gesundheits- und Sicherheitshinweise beachten.
- www.phnompenh.gov.kh
  Die königliche Hauptstadt Phnom Penh stellt sich vor.
- www.ocm.gov.kh
  Internetseite der Königlichen Regierung Kambodschas mit aktuellen politischen Themen. Sie bietet Links zu verschiedenen staatlichen Institutionen Kambodschas.
- www.cambodia.org
  Unter dieser Adresse sind zahlreiche Verweise zu verschiedenen Foren und Homepages über Kambodscha zu finden.

Reiseführer

Kaum eine andere Region der Welt hat sich in letzter Zeit touristisch so entwickelt wie Südostasien. Gegenden, in die man jahrelang nicht reisen durfte, stehen nun dem Besucher offen. Die Reiseführer-Reihe **REISE KNOW-HOW** bietet aktuelle und komplette **Reiseführer für jedes Land der Region:**

Michael Schultze
Laos
Der komplette Reiseführer für individuelles Reisen und Entdecken
432 Seiten, 20 Karten und Pläne,
24 Seiten farbiger Atlas Indochina,
durchgehend illustriert

Andreas Neuhauser
Kambodscha
Der komplette Reiseführer für individuelles Reisen und Entdecken
504 Seiten, 24 Seiten farbiger Atlas Indochina,
70 Seiten Infos zu den Tempeln von Angkor,
durchgehend illustriert

Hella Kothmann, Wolf-Eckart Bühler
Vietnam
Handbuch für individuelles Reisen und Entdecken
664 Seiten, 50 Ortspläne und Karten, 24 Seiten farbiger Atlas Indochina, über 150 Fotos

Rainer Krack
Thailand
Der komplette Reiseführer für individuelles Reisen und Entdecken
856 Seiten, 113 Karten und Pläne,
24 Seiten farbiger Kartenatlas,
durchgehend illustriert

REISE KNOW-HOW Verlag, Bielefeld

PRAXIS – für jedes Thema der richtige Ratgeber

Wer weiß schon, wie man sich Vulkanen nähert, Höhlen sicher erkundet, sich im Dschungel orientiert, ein Kanu steuert, seine Flugangst überwindet — oder einfach nur Flüge, Unterkunft und Mietwagen am cleversten bucht und mit einer Digitalkamera auf Reisen umgeht?
Die erfahrenen Autoren der Reihe PRAXIS vermitteln in jedem der über 90 Bände eine Fülle nützlicher Informationen und praktischer Tipps für alle Themen rund um Urlaub und Freizeit.

Hier eine kleine Auswahl:

- Was kriecht und krabbelt in den Tropen?
- Als Frau allein unterwegs
- Clever buchen – besser fliegen
- Drogen in Reiseländern
- Dschungelwandern
- Essbare Früchte Asiens
- GPS Outdoor-Navigation
- Hinduismus erleben
- Inline Skating
- Kanu-Handbuch
- Mountain-Biking
- Reisefotografie digital
- Richtig Kartenlesen
- Safari-Handbuch Afrika
- Handbuch für Tropenreisen
- Tauchen in warmen Gewässern
- Wann wohin reisen?
- Wildnis-Ausrüstung
- Australien: Outback & Bush entdecken

Weitere Titel siehe Programmübersicht.

Jeder Titel 144-176 Seiten, reich illustriert, handliches Taschenformat 10,5 x 17 cm, Glossar, Register und Griffmarken zur schnellen Orientierung

REISE KNOW-HOW Verlag, Bielefeld

Alle Reiseführer von Reise

Reisehandbücher
Urlaubshandbücher
Reisesachbücher
Rad & Bike

Afrika, Bike-Abenteuer
Afrika, Durch, 2 Bde.
Agadir, Marrak./Südmarok.
Ägypten individuell
Ägypten Niltal
Alaska ⟷ Kanada
Algarve
Algerische Sahara
Amrum
Amsterdam
Andalusien
Apulien
Äqua-Tour
Argentinien, Uru., Para.
Athen
Äthiopien
Auf nach Asien!
Australien, Osten/Zentr.
Auvergne, Cevennen

Bahrain
Bali und Lombok
Bali, die Trauminsel
Bangkok
Barcelona
Berlin
Borkum
Botswana
Brasilien
Brasilien kompakt
Bretagne
Budapest
Bulgarien
Burgund

Cabo Verde
Canada ⟷ Kanada
Chile, Osterinseln
China Manual
Chinas Norden
Chinas Osten
Cornwall
Costa Blanca
Costa Brava
Costa de la Luz
Costa del Sol
Costa Dorada
Costa Rica
Cuba

Dalmatien
Dänemarks Nordseek.
Disneyland Resort Paris
Dominik. Republik
Dubai, Emirat

Ecuador, Galapagos
El Hierro
Elsass, Vogesen
England – Süden
Erste Hilfe unterwegs
Europa BikeBuch

Fahrrad-Weltführer
Fehmarn
Florida
Föhr
Friaul, Venetien
Fuerteventura

Gardasee
Golf v. Neapel, Kampan.
Gomera
Gotland
Gran Canaria
Großbritannien
Guatemala

Hamburg
Hawaii
Hollands Nordseeins.
Holsteinische Schweiz
Honduras
Hongkong, Macau, Kant.

Ibiza, Formentera
Indien Norden, Süden
Iran
Irland
Island
Israel, palästinens.
  Gebiete, Ostsinai
Istrien, Velebit

Jemen
Jordanien
Juist

Kairo, Luxor, Assuan
Kalabrien, Basilikata
Kalifornien, USA SW
Kambodscha
Kamerun
Kanada Alaska, USA
  Ost, NO, West
Kap-Provinz (Südafr.)
Kapverdische Inseln
Kenia
Kerala
Korfu, Ionische Inseln
Korsika
Krakau
Kreta
Kreuzfahrtführer

Ladakh, Zanskar
Langeoog
Lanzarote
La Palma
Laos
Lateinamerika BikeB.
Libyen
Ligurien
Litauen
Loire, Das Tal der
London

Madagaskar
Madeira
Madrid
Malaysia, Singapur,
  Brunei
Mallorca
Mallorca, Leben/Arbeiten
Mallorca, Wandern auf
Malta
Marokko
Mauritius/La Réunion
Mecklenb./Brandenb.:
  Wasserwandern
Mecklenburg-
  Vorp. Binnenland
Mexiko
Mexiko kompakt
Mongolei
Motorradreisen
München
Myanmar

Namibia
Nepal
Neuseeland BikeBuch
New York City
Norderney
Nordfriesische Inseln
Nordseeküste NDS
Nordseeküste SLH
Nordseeinseln, Dt.
Nordspanien
Normandie

Oman
Ostfriesische Inseln
Ostseeküste MVP
Ostseeküste SLH
Outdoor-Praxis

Panama
Panamericana,
  Rad-Abenteuer
Paris
Peru, Bolivien
Peru kompakt
Phuket
Polens Norden
Prag
Provence
Pyrenäen

Qatar

Rajasthan
Rhodos
Rom
Rügen, Hiddensee

Sächsische Schweiz
Salzburg
San Francisco
Sansibar
Sardinien
Schottland
Schwarzwald – Nord
Schwarzwald – Süd
Schweiz, Liechtenstein
Senegal, Gambia
Singapur
Sizilien
Skandinavien – Norden
Slowenien, Triest

Know-How auf einen Blick

Spaniens Mittelmeerk.
Spiekeroog
Sri Lanka
St. Lucia, St. Vin., Gren.
Südafrika
Südnorwegen, Lofoten
Südwestfrankreich
Sydney
Sylt
Syrien

Taiwan
Tansania, Sansibar
Teneriffa
Thailand
Thailand – Tauch- und Strandführer
Thailands Süden
Thüringer Wald
Tokyo
Toscana
Transsib
Trinidad und Tobago
Tschechien
Tunesien
Tunesiens Küste
Türkei, Hotelführer

Uganda, Ruanda
Umbrien
USA/Canada
USA, Gastschüler
USA, NO, S, SW, W
USA – Südwesten, Natur u. Wandern
USA SW, Kalifornien, Baja California
Usedom

Venedig
Venezuela
Ver. Arab. Emirate
Vietnam

Wales
Warschau

Westafrika – Sahel
Westafrika – Küste
Wien
Wo es keinen Arzt gibt

Yukatan

Zypern

Edition RKH

Abenteuer Anden
Burma – Land der Pagoden
Durchgedreht
Finca auf Mallorca
Geschichten/Mallorca
Goldene Insel
Mallorca, Leib u. Seele
Mallorquinische Reise
Please wait to be seated!
Salzkarawane, Die
Südwärts Lateinamerika
Taiga Tour
Traumstr. Panamerikana
Unlimited Mileage

Praxis
(Auswahl, vollständiges Programm siehe Homepage.)

Aktiv Algarve
Aktiv Andalusien
Aktiv Dalmatien
Aktiv frz. Atlantikküste
Aktiv Gardasee
Aktiv Gran Canaria
Aktiv Istrien
Aktiv Katalonien
Aktiv Marokko
Aktiv Polen
Aktiv Slowenien
Als Frau allein unterwegs
Australien: Reisen/Jobben
Australien: Outback/Bush
Auto durch Südamerika

Ayurveda erleben
Bordbuch Südeuropa
Clever buchen/fliegen
Clever kuren
Drogen in Reiseländern
Fernreisen, Fahrzeug
Fliegen ohne Angst
Fun u. Sport im Schnee
Geolog. Erscheinungen
Gesund. Dtl. Heilthermen
GPS f. Auto, Motorrad
GPS Outdoor
Inline-Skaten Bodensee
Inline Skating
Islam erleben
Kanu-Handbuch
Konfuzianismus erleben
Kreuzfahrt-Handbuch
Küstensegeln
Maya-Kultur erleben
Mountain Biking
Mushing/Hundeschlitten
Orientierung mit Kompass und GPS
Paragliding-Handbuch
Reisefotografie
Reisefotografie digital
Respektvoll reisen
Richtig Kartenlesen
Safari-Handbuch Afrika
Selbstdiagnose unterwegs
Shoppingguide USA
Sicherheit/Bärengeb.
Spaniens Fiestas
Sprachen lernen
Tango in Buenos Aires
Transsib – Moskau-Peking
Trekking-Handbuch
Trekking/Amerika
Trekking/Asien Afrika
Tropenreisen
Unterkunft/Mietwagen
Verreisen mit Hund
Wandern im Watt
Was kriecht u. krabbelt in den Tropen

Wein-Reiseführer Italien
Wein-Reiseführer Toskana
Wildnis-Ausrüst., Küche
Wohnmobil-Ausrüstung
Wohnmobil-Reisen
Wüstenfahren

KulturSchock

Ägypten
Argentinien
Australien
Brasilien
China, VR/Taiwan
Cuba
Famlienmanagement
Finnland
Golf-Emirate, Oman
Indien
Iran
Islam
Japan
Jemen
Kambodscha
Kaukasus
Laos
Leben in fremd. Kulturen
Marokko
Mexiko
Pakistan
Polen
Russland
Spanien
Thailand
Türkei
USA
Vietnam

Wo man unsere Reiseliteratur bekommt:
Jede Buchhandlung Deutschlands, der Schweiz, Österreichs und der Benelux-Staaten kann unsere Bücher beziehen. Wer sie dort nicht findet, kann alle Bücher über unsere **Internet-Shops** bestellen.
Auf den Homepages gibt es **Informationen** zu allen Titeln:

www.reise-know-how.de oder www.reisebuch.de

Kauderwelsch?
Kauderwelsch!

Die **Sprachführer der Reihe Kauderwelsch** helfen dem Reisenden, wirklich zu sprechen und die Leute zu verstehen. Wie wird das gemacht?

- Die **Grammatik** wird in einfacher Sprache so weit erklärt, dass es möglich wird, ohne viel Paukerei mit dem Sprechen zu beginnen, wenn auch nicht gerade druckreif.
- Alle Beispielsätze werden doppelt ins Deutsche übertragen: zum einen **Wort-für-Wort,** zum anderen in „ordentliches" Hochdeutsch. So wird das fremde Sprachsystem sehr gut durchschaubar. Ohne eine Wort-für-Wort-Übersetzung ist es so gut wie unmöglich, einzelne Wörter in einem Satz auszutauschen.
- Die **Autorinnen und Autoren** der Reihe sind Globetrotter, die die Sprache im Lande gelernt haben. Sie wissen daher genau, wie und was die Leute auf der Straße sprechen. Deren Ausdrucksweise ist häufig viel einfacher und direkter als z.B. die Sprache der Literatur. Außer der Sprache vermitteln die Autoren Verhaltenstipps und erklären Besonderheiten des Landes.
- **Jeder Band** hat 96 bis 160 Seiten. Zu jedem Titel ist ein begleitendes **Tonmaterial** erhältlich.
- **Kauderwelsch-Sprachführer** gibt es für rund 100 Sprachen in **mehr als 170 Bänden,** z.B.:

Laotisch – Wort für Wort

Khmer – Wort für Wort

Vietnamesisch – Wort für Wort

Thai – Wort für Wort

REISE KNOW-HOW **Verlag, Bielefeld**

Mit Reise Know-How ans Ziel

Die Landkarten des **world mapping project** bieten gute Orientierung – weltweit.

- Moderne Kartengrafik mit Höhenlinien, Höhenangaben und farbigen Höhenschichten
- GPS-Tauglichkeit durch eingezeichnete Längen- und Breitengrade und ab Maßstab 1:300.000 zusätzlich durch UTM-Markierungen
- Einheitlich klassifiziertes Straßennetz mit Entfernungsangaben
- Wichtige Sehenswürdigkeiten, herausragende Orientierungspunkte und Badestrände werden durch einprägsame Symbole dargestellt
- Der ausführliche Ortsindex ermöglicht das schnelle Finden des Zieles
- Wasserabstoßende Imprägnierung
- Kein störender Pappumschlag, der den behindern würde, der die Karte unterwegs individuell falzen möchte oder sie einfach nur griffbereit in die Jackentasche stecken will

Derzeit über 100 Titel lieferbar (siehe unter www.reise-know-how.de), z. B.:

Kambodscha	1:500.000
Thailand	1:1.200.000
Laos	1:600.000

world mapping project
Reise Know-How Verlag, Bielefeld

Register

A

Achtfache Pfad Buddhas 47
Akademiker 137
Albträume 199
Alltag 141, 175
Alphabet 227
Altvolk 28
Ang Duong, König 14
Angkor Wat 13, 214
Angkor Wat, Stil von 214
Angkorianische Stilepoche 210
Angkor-Reich 13
Angst 194
Anmache 231
Annam 13, 14
Annamiten 13
Anrede 67, 236
Arak 58
Arbeit 196
Arbeiter 111
Arbeitsbeziehungen 181
Arbeitskleidung 157
Arbeitslager 28, 195
Arbeitsteilung 75, 90
Architektur 206
Armut 177
Armutsbekämpfung 35
ärztliche Behandlung 139
ASEAN 31
Ausbildung 133
Ausländer 69
Autorität 79

B

Bakheng, Stil von 212
Banteay Srey, Stil von 213
Baphuon, Stil von 213
Bauern 102
Bayon, Stil von 216
Beamte 129, 131
Befreiungsbewegung 190
Befreiungsbewegung der Khmer 24
Befreiungsbewegung in Vietnam 18
Begrüßung 235
Bekleidung 153
Bekleidungsnormen 155
Berufe 68
Beschützer 58, 172
Besuche 85, 239
Bevölkerungsstruktur 186
Beziehung zu Tieren 110
Beziehungen, hierarchische 65
Beziehungen, zwischenmenschliche 66
Bildung 93
BLDP 33
Blickkontakt 228
Brahmanismus 44, 55
Bruttoinlandsprodukt 112
Buchstaben 227
Buddha 11, 53, 149
Buddhafigur 53
Buddhas, Lehre 46
Buddhismus 43
Building 169
Bürgerkrieg 197

C

Chbab proh 77
Chbab Srey 76
Chenla 12
Chenla-Zeit 208
China 20
chumneang phteah 172
Cochinchina 14
Cyclo 118
Cyclo-Geschäft 119

D

Demokratisches Kampuchea 27
Deportationen 27, 109
Dharma 53
Dialekte 227
Doppelherrschaft 17
Dorfgemeinschaft 103
Drohungen 234

E

Ehe 73
Ehekrise 181
Einladung 145, 241
Eltern 78
Emanzipation 95
England 14
Enttäuschung 233
Entwicklungshilfe 41
Erbe 75
Erntezeit 105
Erziehung 79, 177
Essengehen 141
Essgewohnheiten 143, 150
Esskultur 147
Europäer 69
Exkremente 71

F

Fahnenappell 138
Fahrradtaxi 123
Faktoren der
    Positionsbestimmung 68
Familie 66, 73
Familienbetriebe 113
Familienbeziehungen 176
Familiennamen 238
Familientrennungen 195
Farben 160
Feldarbeit 102
Festlichkeiten 141
Film 222
Frankreich 14
Frauen 76, 91, 93
Freedom Deal Zone 24, 191
Freizeitgestaltung 139
Frisur 155
Funan 12
funanesischer Stil 207
FUNCINPEC 31, 33
Füße 71

G

Gastfreundschaft 144
Gebote 48
Geister 58, 60
Generationsvertrag 177
Genfer Abkommen 19, 20
Genossenschaften 27
Gerichte 144, 148
Geschäftsbeziehungen 183
Geschenke 243
Gesprächsaufbau 229
Gewerkschaften 116
Gewürze 148
Goldverkauf 125
Götter 70, 111, 150
Götterbesänftigung 106
Gouverneur 131
Großbetriebe 113
Großeltern 82
Gründungslegende 11
Guerillakrieg 31

H

Halbgeister 60
Hände 71
Hari-Hara-Darstellungen 56

Harmonie 175
Hausbau 172
Hauseinweihung 172
Heimatverlust 193
Heirat 87, 95
Herkunft, soziale 68
Hierarchie 65
Hinterfront 195
Hochschule 133
Hochzeit 87, 95
Hochzeit, Kosten 88
Hun Sen 33
Hunger 196

I

Industrie 112
Informationsstellen 202
In-Gruppe 176
Internettipps 249
Issarak 18

J

Jayavarman II., König 13
Jeans 155
Jungen 82

K

Kampong Preah, Stil von 210
Karma 45
Karriereaussichten 134
Kautschuk 16
Kben 158
Khleang, Stil von 213
Khmer-Rumdoh 24
Kinder 80
Kinder, Bekleidung für 153
Kindererziehung 79
Kloster 54

Koh Ker, Stil von 213
Kok Thlok 11
Kolonialherrschaft 14
Kolonialvertrag 15
Kommunikation 228
Kommunikation, nonverbale 230
Kommunisten 30
Konfliktverhalten 176
Königshöfe 36
Königspalast 161
Kopf 71
Körperhaltung 235
Körperteile 71
Korruption 38
Krankheiten 197
Krieg in den 1980er Jahren 197
Krieg in der Lon-Nol-Zeit 188
Krong Kampuchea 12
Küche 148
Kulen, Stil von 211
Kultur 205
Kunst 205

L

Landbesitz 107
Landkarten 231
Landkonzessionen 15
Landwirtschaft 101
Lautstärke 228
Lebensalltag 137
Lebensrhythmus 102, 116
Lebensunterhalt 101
Lebensweise 141
Literaturempfehlungen 247
Lon Nol 21, 22, 23

M

Mädchen 81
Mahayana-Buddhismus 44

Malerei 222
Mann 75
maquis 22
Militär 132
Mittagspause 138
Modetrends 160
modus vivendi 18
Monarchie, konstitutionelle 40
Mönche 44, 51, 149, 172
Mopedtaxi 123
Musik 218
Musikgruppe 219

N

Napoleon III. 14
Nationalhymne 28
Nationalmuseum 207
Natur, Leben mit der 110
Naturgötter 111
Naturverbundenheit 109
Neak Ta 59, 150
Nebenjobs 139, 183
Neutralitätspolitik 20
Neuvolk 27
Nokor 13
Norodom, König 14
Nudelsuppenladen 137

O

Opfergaben 106
Ordensregeln 52
Ordination 51
Orientierung 231
Out-Gruppe 176

P, Q

Pali-Schule 17
Pariser Abkommen 32

Partnerwahl 95, 180
Patronagesystem 40, 85
Pause 138
Peep chriay 234
Phnom Da, Stil von 207
phteah lveng 169
phtel 152
Plastik 206
Pol Pot 26, 28, 193
Prä-angkorianischer Stil 207
Prasat Andet, Stil von 210
Preah Ko, Stil von 211
Preah Thaong 11
Preisverhandlungen 183
Prey Khmeng, Stil von 209
Produktionsbereiche 113
Protektoratsvertrag 14
Publikationen 202
Puk roluoy 38
Putsch durch Lon Nol 23
Quellenangaben 246

R

Rannarith, Prinz 33
Reihenwohnung 169
Reis 147
Reisanbau 101, 102
Reisertrag 107
Religionen 43, 55
Republik Khmer,
   Gründung der 23
Restaurants 144
Revolutionäre Volkspartei 31
Rinder 104
Rote Khmer 27, 193

S

Sambor, Stil von 208
Sam-Rainsy-Partei 35

Sangha 53
Sangkum-Reast-Niyum, Partei 21
Schimpfwörter 72, 94, 109
Schlacht von Dien Bien Phu 19
Schrein für kong-ma 173
Schrifttradition 226
Schriftzeichen 227
Schuhe 156
Schuldfrage 201
Schuldverhältnis 78
Schule 80
Schulkleidung 154
SEATO 20
Seele 175
Seelen der Vorfahren 58, 70
Seidenröcke 159
Shiva 55
Shivaiten 12
Siam 13, 14
Siamesen 13
Sihanouk, König 18
Small Talk 229
Snack 142
soziale Absicherung 177
Sozialismus 31
Sozialrepublikanische
  Partei 26
Speisen 141, 148
Sprache 225
Sprachfamilie 226
Sprechverhalten 228
Staatsdiener 129
Stellung in der Familie 67
Stelzenhäuser 163
Stiftungen 58
Stolz 136
Straßenschilder 231
Straßenverkehr 122
Studium 133
Subsistenzwirtschaft 17, 108
Sünde 54

T

Tempelbauten 206, 208
Textilindustrie 114
Theater 221
Theravada-Buddhismus 13, 43
Thomson, Charles 15
Totenfeiern 218
Touristen 69
transkontinentale
  Eheschließungen 97
Tripitaka 47
Tugend-Tage 44

U

Unabhängigkeit, nationale 19
Universität 133
UNO 33
Unzufriedenheit 233
USA 20

V

Verdienst 115, 135
Verfassung der Republik Khmer 25
Verfassung, erste 18
Verfassung, Königreich 40
Vergangenheitsbewältigung
  185, 199, 201
Verhaltensnormen für Frauen 76
Verhaltensnormen für Männer 77
Vermögenswerte 177
Verständigung 225
Vertrag von Tokio 17
Verwandte 84
Verwandtschafts-
  bezeichnungen 238
Verwandtschaftsbeziehungen 85
Verwünschungen 184
Vietcongs 21

Vietnamkrieg 21
Villen 171
Vishnu 56
Volksglauben 55
Volkspartei 31
Volksrepublik Kampuchea 30
Vorderfront 195
Vorgesetzte 182

W

Wahrheiten, vier edle 46
Wasser 152

Wasserbüffel 104
Weltwirtschaftskrise 17
Wirtschaftspolitik 31
Wochenarbeitszeit 114
Wohnblocks 168
Wohnen 161
Wohnhäuser 162
Wortentlehnungen 226
Wortschatz 226, 237

Z

Zeichen 226, 235

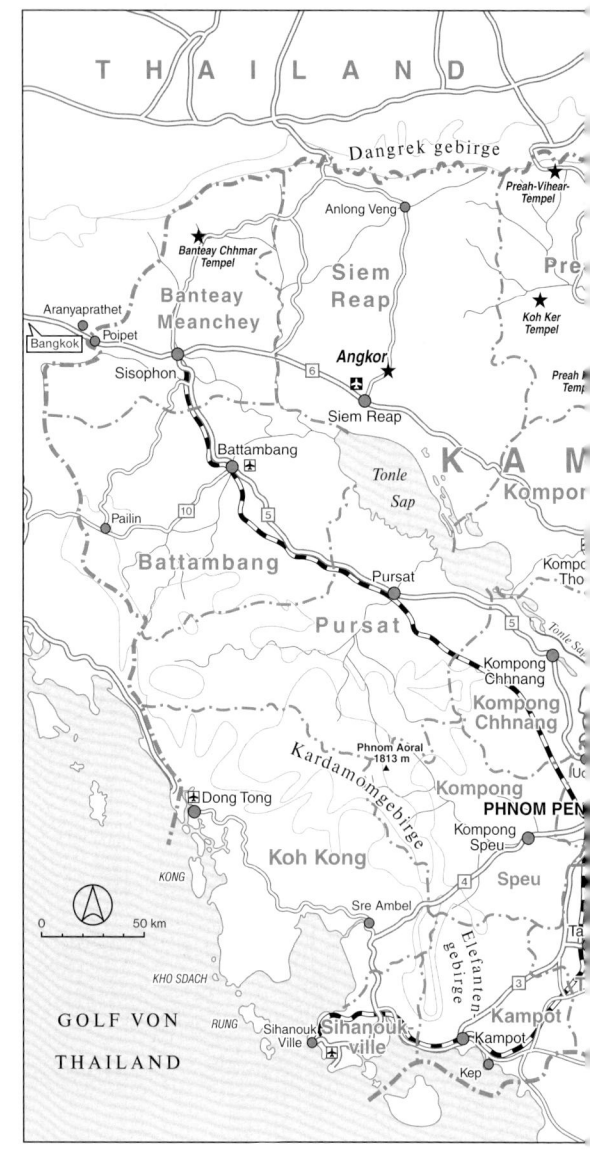

Der Autor

Sam Samnang, Jahrgang 1961, ist in Kambodscha aufgewachsen. Schon während des Studiums der Germanistik an der Humboldt-Universität in Berlin Anfang der 1980er Jahre beschäftigte ihn sehr die Denk- und Lebensweise von Menschen in unterschiedlichen Kulturkreisen. Er promovierte im Fach Geschichte Südostasiens und ging nach den ersten Parlamentswahlen in Kambodscha im Jahr 1993 nach Phnom Penh, wo er als Beamter im Außenministerium Kambodschas die Arbeit der neuen Regierung miterlebte. Wie es das Schicksal wollte, kam er dann als Diplomat nach Deutschland zurück.

Jetzt lebt er mit seiner Frau und seinem Sohn in Berlin und arbeitet als Trainer für Sprache und interkulturelle Kommunikation. Er ist Co-Autor von drei Büchern zur Khmersprache und Verfasser verschiedener Artikel über Kambodscha. Der Band „KulturSchock Kambodscha" bietet ihm eine weitere Möglichkeit, seine Erlebnisse und sein Verständnis von der Kultur der Kambodschaner mit den Lesern zu teilen.

Der Autor mit seiner Mutter beim Einkauf